长江经济带高质量发展丛书

长江经济带高质量发展指数报告 2019

彭智敏 汤鹏飞 吴晗晗 等著

长江出版社
CHANGJIANG PRESS

图书在版编目(CIP)数据

长江经济带高质量发展指数报告. 2019 / 彭智敏等著.
—武汉：长江出版社，2020.8
ISBN 978-7-5492-7079-8

Ⅰ. ①长… Ⅱ. ①彭… Ⅲ. ①长江经济带－区域经济发展－研究报告－2019 Ⅳ. ①F127.5

中国版本图书馆 CIP 数据核字(2020)第 134638 号

长江经济带高质量发展指数报告. 2019　　彭智敏 等著

责任编辑：闫彬
装帧设计：刘斯佳
出版发行：长江出版社
地　　址：武汉市解放大道 1863 号　　邮　　编：430010
网　　址：http://www.cjpress.com.cn
电　　话：(027)82926557(总编室)
　　　　　(027)82926806(市场营销部)
经　　销：各地新华书店
印　　刷：武汉精一佳印刷有限公司
规　　格：787mm×1092mm　1/16　11 印张　240 千字
版　　次：2020 年 8 月第 1 版　2020 年 11 月第 1 次印刷
ISBN 978-7-5492-7079-8
定　　价：86.00 元

前言

长江经济带覆盖上海、江苏、浙江、安徽、江西、湖北、湖南、重庆、四川、云南、贵州等11个省市，面积约205万平方千米，占全国的21%，人口和经济总量均超过全国的40%，生态地位重要、综合实力较强、发展潜力巨大，是我国经济社会发展的重要支撑。党的十八大以来，以习近平同志为核心的党中央主动适应把握引领经济发展新常态，科学谋划中国经济新棋局，作出了实施长江经济带发展战略这一既利当前又惠长远的重大决策部署。2013年7月，习近平总书记在湖北武汉考察时，就以敏锐的历史眼光和战略思维提出，“长江流域要加强合作，充分发挥内河航运作用，发展江海联运，把全流域打造成黄金水道”。2016年1月，习近平总书记在重庆主持召开推动长江经济带发展座谈会，做出“共抓大保护、不搞大开发”的历史性决断。2018年4月，习近平总书记在武汉主持召开深入推动长江经济带发展座谈会，强调正确把握五大关系，以长江经济带发展推动高质量发展。2019年10月，十九届四中全会报告中明确提出“坚持和完善社会主义基本经济制度，推动经济高质量发展”。因此，推动高质量发展是当前和今后一个时期内确定长江经济带发展思路、制定发展政策、实施宏观调控的根本要求。

高质量发展指数评价是推动长江经济带高质量发展的重要环节。在2018年的中央经济工作会议上就明确提出“必须加快形成推动高质量发展的指标体系、政策体系、标准体系、统计体系、绩效评价、政绩考核，创建和完善制度环境，推动我国经济在实现高质量发展上不断取得新进展”。如何评价长江经济带高质量发展指数？学者们从多领域、多维度展开了相关探索，湖北省社会科学院研究团队在2018年出版了《长江经济带高质量发展指数报告》。为了保持研究的连续性和动态性，进一步完善长江经济带高质量的评价，本指数报告应运而生，以长江经济带11个省市为研究对象，选取经济绩效、经济结构、科技创新、绿色环保、社会共享5大领域的34项指标，测度了长江经济带2015—2017年的高质量发展指数，并围绕5大领域进行了深入的分析、探讨和建议。

全书按照“总、分”的思路分为7章。第一章为长江经济带高质量发展的环境和动态，在分析新时期长江经济带高质量发展的内部和外部环境的基础上，梳理了近几年11个省市高质量发展的新进展以及区域合作的新动态。第二章为评价指标体系构建及评价方法，从经济绩效、经济结构、科技创新、绿色环保、社会共享5大领域构建长江经济带高质量发展评价指标体系，对指标体系设计思路、构建过程、评价方法等进行系统分析。第三章为长江经济带高质量发展指数报告，重点分析了2017年长江经济带11个省市高质量发展的指数结果，同时，对指数进行了横向和纵向比较，横向重点对11个省市和上、中、下游指数进行比较，纵向则是对2015—2017年3年的高质量发展指数及分领域指数进行比较。第四章为长江经济带经济发展报告，围绕经济绩效与经济结构，对长江经济带的经济发展基础、高质量发展指数进行详细分析，并挖掘经济高质量发展的经验和启示。第五章为长江经济带科技创新报告，在分析长江经济带科技创新的环境、投入、产出和成效的基础上，进行科技创新指数分析，并挖掘长江经济带科技创新的典型案例与实践。第六章为长江经济带绿色发展报告，以长江经济带11省市绿色环保指数为基础，挖掘长江经济带推动绿色发展的举措与典型实践，据此进一步分析长江经济带绿色发展存在的问题及相关建议。第七章为长江经济带社会共享发展报告，围绕居民可支配收入、公共服务以及城乡发展等问题进行了现状和指数评价分析，并总结了长江经济带各省市推动社会共享的典型举措。

长江经济带高质量发展评价是一项系统工程，期望通过理论和实践层面进一步深化研究内容，优化评价体系和方法，为推动长江经济带高质量发展提供科学支撑。

目录

CONTENTS

第一章　长江经济带高质量发展的环境和动态

第一节　长江经济带高质量发展的环境

一、长江经济带高质量发展的外部环境

(一)我国经济社会高质量发展成效明显

习近平总书记在党的十九大报告中指出:“我国经济已由高速增长阶段转向高质量发展阶段”。这是根据国际国内环境变化,特别是我国发展条件和发展阶段变化作出的重大判断。之后,全国各地、各部门采取有力措施,积极推动高质量发展,取得了明显的成效。

一是数字经济高速发展,带动作用显著。近年来,数字经济已经成为我国创新发展的重要抓手。以物联网、大数据、人工智能、机器人等新一代信息技术为依托的数字经济已经广泛渗透于教育、医疗、生活服务等领域,“线上”产业已成为拉动经济增长的重要动能。《中国数字经济发展与就业白皮书(2019 年)》显示,我国数字经济持续快速发展,2018 年我国数字经济规模达到 31.3 万亿元,比上年增长 20.9%,占 GDP 比重上升到 34.8%。其中,广东省规模最大,超过 4 万亿元;贵州省增速最快,超过 20%;北京市占比最高,超过 50%;工业、服务业、农业数字经济占行业增加值比重分别为 18.3%、35.9%和 7.3%。同年,我国数字经济领域就业岗位为 1.91 亿个,占当年总就业人数的 24.6%,同比增长 11.5%,显著高于同期全国总就业规模增速。

二是研发投入大幅度增加,高新技术产业发展稳中向好。2018 年,全国共投入研究与试验发展经费 19677.9 亿元,比上年增加 2071.8 亿元,增长 11.8%;研究与试验发展经费投入强度达到 2.19%,比上年提高 0.04%,超过 2017 年欧盟 15 国平均水平(2.13%)。这一年,我国高新技术产业发展继续保持稳中有进、稳中向好的势头,新技术、新产业、新模式、新业态不断涌现。量子通信、5G、人工智能等产业化发展走在世界前列;新能源汽车产业高开高走,成为全球第一大新能源汽车市场。

三是区域生态环境得到持续关注和改善。近年来,我国整体的生态环境得到了极大的改善。2018 年,京津冀、长三角和珠三角地区 PM2.5 平均浓度分别比 2013 年下降了 48%、39%和 32%。北京市 PM2.5 大幅下降,从 89.5 微克/立方米下降到 51 微克/立方米,下降

43%，空气污染得到有效控制。2018年，全国地表水1935个水质断面(点位)中，Ⅰ～Ⅲ类比例为71.0%，比2016年上升3.2%；劣Ⅴ类比例为6.7%，比2016年下降1.9%。2018年起，黄河流域的区域发展逐步成为我国区域发展的又一关注焦点，2019年黄河流域生态保护和高质量发展正式上升为国家战略，黄河流域成为我国区域生态文明建设的又一重点地区。

四是经济结构调整逐步优化。以服务业为主的第三产业"持续向好"。2018年第三产业增加值占国内生产总值的比重为53.3%，对国内生产总值增长的贡献率为59.7%。以制造业为主的实体经济部门"稳中趋好"。制造业新旧动能的加速转换，制造业和科技创新的全面融合，先进制造业和现代服务业的深度融合，使制造业部门对经济高质量发展"中流砥柱"支撑作用愈加明显。制造业投资增速上涨，尤其是高技术产业投资增速较快，投资比上年分别增长16.1%和11.1%，分别比制造业投资快6.6%和1.6%。整体消费结构升级步伐加快，食品类消费占到整个消费支出的比重呈现持续下降的走势，人均交通通信消费支出、人均教育文化娱乐消费支出增长速度较高。

(二)区域之间的竞争与合作"并存"

近年来，伴随着新一轮的区域发展战略和国土开发，我国各区域之间既有竞争也有合作。2017年4月，中共中央、国务院决定在雄安地区设立国家级新区，加快京津冀地区融合发展。2018年11月，中共中央、国务院明确要求以香港、澳门、广州、深圳为中心引领粤港澳大湾区建设，加快打造世界级城市群。2019年5月，《长江三角洲区域一体化发展规划纲要》审议通过，着力推进"一体化"和"高质量"为核心的长三角一体化发展。雄安新区和粤港澳大湾区以及长三角所在的京津冀、珠三角以及长三角地区一直以来都是我国经济发展最为发达、成长性最好、市场活力最强的区域。3年时间内，雄安新区、粤港澳大湾区、长三角先后进入国家新一轮的区域发展战略，此外，国家还提出了新一轮的东北振兴、中部崛起以及西部大开发发展战略，我国区域竞相发展的新格局日益白热化。

虽然国内区域之间的竞争压力不断加剧，但国家重点支持长江经济带高质量全面发展的力度也在不断加码，在各个领域都相继出台了大量支持性政策。2018年2月财政部出台了《关于建立健全长江经济带生态补偿与保护长效机制的指导意见》，提出完善长江流域保护和治理多元化投入机制，为长江经济带生态文明建设和区域协调发展提供重要的财力支撑和制度保障。2018年10月，发展改革委、生态环境部、农业农村部等有关部门共同制定了《关于加快推进长江经济带农业面源污染治理的指导意见》，以加大重点地区治理力度、推动农业绿色发展、推进粪污资源化利用、改善水域生态环境、加快农村人居环境整治等5个方面为重点，加快长江经济带农业农村污染治理。2019年7月交通运输部出台了《推进长江航运高质量发展的意见》，明确提出将长江航运打造成交通强国建设先行区、内河水运绿色发展示范区和高质量发展样板区，为推动长江经济带高质量发展提供坚实支撑和有力保障。

在国家政策的全面支持下，长江经济带所辖 9 省 2 市在全国区域经济发展格局中的目标定位也不断明晰，长三角地区着力抢占国家高质量发展的龙头地位、“中三角”和成渝城市群力争成为国家未来经济发展新的主要空间载体、云贵地区则力图成为我国西部地区经济发展的主要增长极，长江经济带高质量发展的前景不断明朗。

（三）外部经贸关系“忧中带喜”

一是经贸关系不确定性加剧。近年来，随着特朗普当选美国总统，在国际经贸领域采取了实用主义色彩更加明显的“美国优先”外交政策。美国以对中国发动贸易战的方式，企图迟滞中国经济的发展。2018 年，我国外贸进出口总值达 4.62 万亿美元，增长 12.6%，但对美贸易增长率只有 8.6%。

二是科技领域的全面围堵。除了经贸关系外，科技领域的发展也面临的巨大的压力。限制中国科技领域的进步，是美国维持其全球霸权地位的长期国策。一直以来，美国以国家安全之名，对我国知名的科技企业如华为、中兴等高科技企业在全球范围内进行无端干扰。2019 年 5 月浙江省的安防科技龙头企业海康威视与大华股份也被纳入美国的“实体清单”，海外市场严重受阻。此外美国还利用五眼联盟和部分欧洲国家特殊关系，对中国的高新企业在世界范围内正常的经营行为进行粗暴干涉，以期达到抑制中国科技发展的目的。

三是“一带一路”贸易通路不断拓展。近年来，我国继续加强一带一路建设，构建新的对外贸易通路。2017 年，以首届“一带一路”国际合作高峰论坛成功举办和党的十九大召开为契机，“一带一路”倡议的国际国内影响力进一步提高，“一带一路”建设取得了显著成效。国家“一带一路”倡议的不断扩展也极大推进了长江经济带的对外发展。2017 年底，中欧班列（重庆）实现从果园港首发，标志着中欧国际货运大通道与长江黄金水道“无缝连接”。2018 年，长江经济带开行中欧班列 4138 列，占全国开行总列数的 65%，同比增长 67%。“一带一路”外贸大通道极大地促进了长江经济带深化对外经贸合作。

二、长江经济带高质量发展不断取得新进展

3 年来，长江经济带发展质量和效益稳步提升。2016 年、2017 年、2018 年长江经济带地区生产总值占全国的比重分别为 43.2%、43.7%、44.1%。通过先后在上海、浙江、湖北、重庆、四川等 5 个地区设立自贸试验区，长江经济带对外开放水平明显提升。2018 年人民生活水平不断提高，城乡居民人均可支配收入分别高于全国平均增速 0.2%和 0.4%。

（一）政策支撑不断加码

2016 年 1 月 5 日以及 2018 年 4 月 26 日，习近平总书记在重庆和武汉的两次讲话，为长江经济带的发展指明了方向。推动长江经济带发展是党中央作出的重大决策，是关系国家发展全局的重大战略。大战略必须要有大规划，规划先导作用必不可少。为了落实习近平总书记的讲话精神，近 3 年来，长江经济带相关的政策法规大量出台。目前，长江经济带发

展已形成了“1+N”的规划政策体系。“1”，即《长江经济带发展规划纲要》（以下简称《规划纲要》），这是推动长江经济带发展的纲领性文件。“N”是围绕《规划纲要》落实，制定的一系列专项规划、政策文件和实施方案，具体包括10个专项规划，即长江经济带生态环境保护，沿江取水口排污口和应急水源布局，岸线保护和开发利用，森林和湿地生态系统保护与修复，综合立体交通走廊建设，创新驱动产业转型升级，国际黄金旅游带以及长三角、长江中游、成渝三大城市群发展规划等；11个实施方案，即沿江省市《规划纲要》实施方案。此外，还有省际协商合作机制、黄金水道环境污染防控治理、加快推进长江船型标准化、加强工业绿色发展、造林绿化等一系列支持政策。对于习近平总书记尤为重点强调的长江经济带绿色发展方面的问题，在2018年习总书记武汉讲话后，更多细化的生态保护方面的政策法规相继出台。例如2018年9月，推动长江经济带发展领导小组办公室印发了《关于巩固长江经济带非法码头整治成果建立监督管理长效机制的指导意见》，标志着长江干线非法码头整治从专项整治阶段转入长效监管阶段。2018年9月底在推动长江经济带发展领导小组办公室统一协调下，为了解决长江干流两岸绿化缺株断带、森林生态功能脆弱等问题，加快构筑沿江森林生态廊道，国家发改委等4部门出台了《加快推进长江两岸造林绿化的指导意见》，该指导意见重点提出了加快长江两岸护堤护岸林建设、科学推进森林质量提升、统筹国土空间规划、完善资金投入机制、健全森林建管制度等10项要求。目标到2020年，全面实现长江两岸宜林地植树造林，整体提升绿化质量，基本建成沿江绿化带。到2025年，长江两岸造林绿化全面完成，实现应绿尽绿，森林质量明显提升，沿江生态防护体系基本完善，连续完整、结构稳定的森林生态系统初步形成，岸绿景美、绵延万里的沿江美丽生态带基本建成。随后在2018年10月，为了推动长江沿线区域农业污染治理，根据推动长江经济带发展领导小组办公室会议部署，发展改革委、生态环境部、农业农村部等有关部门共同制定了《关于加快推进长江经济带农业面源污染治理的指导意见》，以加大重点地区治理力度、推动农业绿色发展、推进粪污资源化利用、改善水域生态环境、加快农村人居环境整治等5个方面为重点，加快长江经济带农业农村污染治理。2018年2月和11月分别印发了《建立健全长江经济带生态补偿与保护长效机制的指导意见》以及《长江流域水环境质量监测预警办法》。目前，长江经济带已经基本形成以《规划纲要》为统领，相关专项规划、地方实施方案和支持政策为支撑的规划政策体系，为长江经济带发展战略全面实施打下了坚实基础。

（二）生态环境持续改善

习近平总书记一再强调引导“绿水青山就是金山银山”，因此生态优先、绿色发展是长江经济带高质量发展的根本前提。不断改善生态环境是长江经济带发展的核心任务。近3年来，长江经济带的生态环境建设以持续改善长江水质为中心，统筹推进水污染治理、水生态修复、水资源保护“三水共治”，先后组织开展了非法码头整治、沿江化工污染整治、饮用水水源地整治、入河排污口检查、固体废物大排查等一系列专项行动，长江经济带的生态环境得到了长足的进步。在长江干线非法码头、非法采砂专项整治行动中，1361 座非法码头全部完成整改，其中彻底拆除 1254 座并实现生态复绿；规范提升 107 座，完善相关手续，实现了合法运营。长江经济带化工污染整治专项行动中，严禁在距离长江干流和重要支流岸线 1 千米范围内新增化工企业，鼓励存量企业搬入合规园区。其中湖北省宜昌市积极淘汰落后产能和化解化工过剩产能，推进沿江 134 家化工企业"关、转、搬"，防范化工污染风险；同时利用旧动能腾退出的新空间培育精细化工产能，引导化工产业向高端发展。长江入河排污口是水污染物进入长江的最后闸口，也是遏制长江生态环境恶化的重要突破口。在长江入河排污口专项检查行动过程中，2017 年 4 月开展的专项检查共排查 2.4 万个入河排污口，位于各类保护区内的 60 个规模以上入河排污口已整改完成 56 个。长江一些重要生态指标呈现积极变化。划定生态保护红线面积 54.42 万平方千米，占沿江 11 省市土地面积的 25.47%。据监测，2018 年，长江经济带优良水质（Ⅰ～Ⅲ类）比例为 79.3%，比 2017 年提高 5.4%；劣Ⅴ类水质比例为 1.9%，比 2017 年下降 1.1%。

（三）营商环境持续向好

习近平总书记强调，要"营造稳定公平透明、可预期的营商环境"。营商环境是建设现代化经济体系、促进高质量发展的重要基础，是一个地区市场环境、政务环境、法治环境、社会环境等方面的综合体现。能否持续优化营商环境，是一个地区吸引要素集聚的关键，最终影响地区发展的进程。在深化"放管服"改革大背景下，长江经济带 11 省市都全力投入打造良好的营商环境的工作中，在深化改革、放管服、投融资、企业减负等方面重点突破，上海、浙江、湖北、重庆、四川等 5 个地区设立自贸试验区，加大对外开放、推动制度创新。例如四川成都以成都自贸试验区改革任务为抓手，加快了成都税务改革的步伐，先后出台了"优化税收营商环境十六条举措"、《成都市税务局关于实施进一步促进民营经济健康发展若干措施的通知》《成都市税务局税务清税注销便利化指引》，还推出《成都市提升优化纳税服务行动计划》等多项优化税收工作的规章文件，极大地服务了纳税人。目前，成都已全面实现纳税工作一城通办和一次办理。成都税务推出中西部首个税务企业号，推动了移动办税跨越式发展，通过以上改革创新政策措施，成都营商环境得到极大改善。

（四）产业发展状况趋势向好

3 年来，在中美贸易战以及华为、中兴事件的影响下，同时伴随着经济新常态下新旧动能转换、供给侧改革不断深入，长江经济带各省市加快改革创新步伐，摈弃传统发展模式和路径，寻求以绿色和创新为主基调推动产业更高质量发展。沿江各省市明确了高新产业和战略性新兴产业未来发展目标，制定了相关的发展规划。2018 年底，湖北正式提出了"一芯驱动、两带支撑、三区协同"（以下简称"一芯两带三区"）区域和产业发展战略，即依托"四大国家级产业基地"和"十大重点产业"，大力发展以集成电路为代表的高新技术产业、战略性新兴产业和高端成长型产业，培育国之重器的"芯"产业集群。在相关产业规划和政策的引领下，长江经济带范围内高新产业发展突飞猛进，沿江各地新技术、新业态、新模式、新产业竞相涌动，从湖北武汉光电产业、贵州大数据、重庆人工智能、安徽合肥智能语音识别到湖南株洲轨道交通装备等一批在全国乃至全球有竞争力、影响力的优势产业集群加速成长。同时，面对存量庞大的传统产业，沿江省市坚持深化供给侧结构性改革。一方面，坚决去产能，该淘汰的果断淘汰，该退出的彻底退出，壮士断腕破解“化工围江”。另一方面，坚持用现代技术改造提升传统产业，加速“存量变革”。湖北滚动实施“万企万亿技改工程”，工业技改投资超过5000亿元；2018年，贵州通过“千企改造”对1688户工业企业实施技术改造，通过“万企融合”使上云企业突破1万户；江西深入实施工业企业技改三年行动计划。2018年，长江经济带规模以上工业企业主营业务收入46.7万亿元，占全国工业的比重为45.7%，较2014年41.6%的比重，提高了4.1%。在相关政策的有力支撑下，长江经济带产业发展环境得到极大改善，产业结构不断优化。

(五)创新创业氛围逐步加深

近年来，创新创业的思想理念开始深入人心。大众创业、万众创新的兴起，不仅加快了市场新生力量的产生，推进观念更新、制度创新，而且扩大就业和改善民生，成为激活中国经济活力的有效手段。国家陆续出台了《强化实施创新驱动发展战略进一步推进大众创业万众创新深入发展的意见》《推动创新创业高质量发展打造“双创”升级版的意见》。长江经济带11省市在国家政策的引领下，也加大了对创新创业的支持力度，部分地市紧扣国家的双创精神，结合区域实际，完善地方的创新创业的政策体系，大力推动区域创新创业的发展。如重庆两江新区两年来陆续出台了《重庆两江新区促进科技创新发展办法》《重庆两江新区科技创新券管理办法》等一系列政策，修订了《重庆两江新区促进科技创新高质量发展的若干政策》实施细则，制定了《重庆两江新区管委会完善微型企业扶持机制的实施办法》等一系列新政。在众多地方性双创支持政策引领下，整个区域创新创业能力都在不断提升。2018年长江经济带创新驱动发展能力进一步增强，研发投入占GDP的比重上升到2.4%，11省市专利授权数占国家的比重上升到47.4%。2018年沿江11省市共培育国家级众创空间超过500家、创新型企业近300家，成为引领区域创新创业发展的重要载体和引擎。

(六)区域交通水平显著提高

3年来，在长江经济带领导小组的统一协调下，长江经济带构建一体化的立体交通体系建设得到大幅提升。以长江黄金水道为主轴，加快了综合立体交通走廊建设，着力长江黄金水道功能显著。长江沿线各省市加快推进航道区段标准、船舶标准、港口码头管理、通关管理“四个统一”建设工作。目前，下游地区长江南京以下12.5米深水航道整治工程已全线贯通，5万吨海船可从长江入海口直达南京。中游湖北江段加大了荆江河段航道整治工程，武汉至安庆段航道整治工程已开工建设，完工后水深达6米，万吨轮船可达武汉。三峡船闸升船机已经建成并试通航，三峡船闸货物通过量连续5年破亿吨。上海洋山港四期智能码头建成投产，上海国际航运中心持续增强。目前，长江经济带正在大力发展铁水联运，加快长江干线港口铁水联运设施联通，努力打通铁水联运“最后一千米”。12 个长江干线港口铁水联运设施联通项目前期工作进展顺利，有 4 个已经开工。武汉至洋山江海直达 1140 集装箱示范船、宁波舟山至马鞍山 2 万吨级江海直达散货船完成首航任务。长江经济带利用通关一体化改革实现口岸、运输方式、商品全覆盖，海关直接放行报关单量达 85%以上。同时，长江经济带区域内铁路、公路、机场都在统筹推进建设中。沪昆高铁、云桂铁路已建成通车，武九、西成高铁和兰渝铁路开通运行。沿江高铁全线加速建成中，未来上海至成都、重庆的旅行时间将缩短一半以上。沪蓉、沪渝、沪昆、杭瑞高速公路全线贯通。湖北十堰机场、云南沧源机场、江西上饶机场、云南澜沧机场正式通航，重庆江北机场、武汉天河机场改扩建工程建成投运。2018 年末长江干支流高等级航道里程数达到 9430 千米，铁路营业里程数为 3.91 万千米、公路通车里程数高达 211 万千米。长江经济带现代化综合立体交通的优势和效益开始显现。

（七）协同发展理念不断加深

长江经济带是一个有机整体，既是一个经济共同体、同时也是一个生态共同体，长江经济带的发展不能仅靠单打独斗，需要 9 省 2 市的通力合作。在全流域共同发展的格局下，无论是生态治理还是产业发展，都必须正确把握自身发展和协同发展的关系。目前，在国家意志的引领下，沿江 11 省市按照长江上、中、下游划分分别签订了省际区域合作协议，例如重庆、四川、云南、贵州 4 省市签订了《长江上游地区省际协商合作机制实施细则》，在生态环境联防联控、基础设施互联互通、公共服务共建共享三方面加大区域合作。中游地区 4 省省会武汉、长沙、南昌以及合肥共同推动中心城市间的科技共享、产业互补、基础设施共建等工作。长江下游上海、江苏、浙江、安徽 4 省市已建立“三级运作、统分结合、务实高效”的合作协调机制，共同打造长三角区域一体化。区域之间合作的热情高涨，共抓生态大保护、基础设施互联、加大市场开发、促进要素流通、产业分工协作已经成为各省市发展的共识。

第二节　长江经济带高质量发展全面开花

一、上海：营商环境优化助力高质量发展

上海作为全国最大的经济中心城市，已经迈入全球城市行列，进一步提升城市软实力和核心竞争力，打造法治化、便利化、国际化营商环境是上海高质量发展的有力保证。

放管服改革成果明显。2018 年上海推出 56 项改革举措，完成 198 项“证照分离”改革试点，减少企业重复申报项目，不断简化申报流程，办事环节平均压缩 30.5%，办事时间平均压缩 52.8%。上海民营经济发展态势良好，平均每个工作日新设企业 1318 户，企业数量占全

市比重超过80%，新增就业比重超过70%，贡献了上海1/3以上的税收，2018年上半年新设民营企业占全市新设企业总数比重达到96.4%。新设企业不断增长、市场活力持续增强。

政务互联网服务全面推进。上海积极构建政务服务网络，把数据汇聚到“一网”，推进一网通办。2018年开始，上海实现人口、法人、空间地理和电子证照四大基础数据库数据的归集。目前，上海“一网通办”平台注册企业和公民用户数已经超过950万，已接入1339项政务服务事项，90%的网上办事事项可实现“只跑一次、一次办成”，167项民生服务事项实现全市通办。

降负融资行动成果显著。2012—2017年“营改增”试点期间，上海累计为企业减税3248亿元。2019年2月上海发布关于小规模纳税人减半征收“六税两费”的规定，对中小微企业提供税费支持。2018年11月上海实施了3个100亿企业支持行动计划，分别对经营发展较为困难的国有企业、优质民营企业以及中小微企业提供100亿元的资金资助。其中首期规模50亿元国有纾困基金已正式投入运作，优质中小企业百亿信用担保融资也使用完毕。新一轮信用融资计划正在启动，计划到2020年底前为千家中小企业再提供信用和信用担保贷款100亿元。

配套法规制度建设不断强化。近两年，上海出台了若干推进优化区域营商环境的规章文件。2018年3月正式施行《进一步深化本市社会投资项目审批改革实施办法》及实施细则。2019年1月推出《进一步优化营商环境2.0版》。2019年2月出台《关于全面提升民营经济活力大力促进民营经济健康发展的若干意见》。2019年3月提出《着力优化营商环境加快构建开放型经济新体制行动方案》。2019年7月上海市人民政府出台《关于促进上海创业投资持续健康高质量发展的若干意见》。

国际化进程不断深化。2018年7月，上海成功引进特斯拉，成为上海有史以来最大的外资制造业项目。2018年11月首届中国国际进口博览会在上海国家会展中心举办。2018年上海市国际性展会的办展面积超过了1400万平方米，展会规模和质量居于全国领先地位。

二、江苏：生态保护优先助力长江大保护

推动长江经济带发展是国家发展全局的重大战略，江苏把生态保护放在优先位置，推动江苏绿色发展走在全国前列。

政策法规不断完善。江苏省地两级先后出台《江苏省生态公益林条例》和《江苏省湿地保护条例》，实行最严格的资源有偿使用和生态补偿制度。

“4+1”工程扎实推进。江苏省加大推进城镇污水垃圾、化工污染、农业面源污染、船舶污染及尾矿库治理“4+1”工程力度。2019年上半年，全省新增污水处理能力31万立方米/日，新建污水管网767千米，完成年度任务的64%。截至8月，沿江八市化工园区（集中区）33个，较2017年减少4个，化工生产企业入园进区率从2017年的23.5%，提高到了46%。2019年年底，江苏全省大型规模养殖场粪污处理率将达100%。目前，江苏全省沿江沿海港口已

全部完成船舶污染物接收设施建设,内河港口码头已完成70%以上。

沿江覆绿行动有序推进。目前,江苏沿江八市已经建成9个沿江特色示范段,还有38个沿江岸线整治提升和生态修复工程正在推进实施。2016年开始启动的南通沿江覆绿行动中,截至目前腾退岸线5.5千米,新增造林6平方千米,生态修复14平方千米。南通市以举办"2019中国森林旅游节"为抓手,实施大规模增绿、高品质植绿、抢救性复绿,精心编织沿江生态绿腰带,2019年以来完成沿江生态林建设6626亩。2018年5月,泰州泰兴沿江生态廊道开工建设,实施长江生态湿地和绿色廊道工程,项目建成后,将恢复湿地3000亩,造林1200亩。张家港将双山岛功能划定为"休闲旅游度假",确定"长江慢岛、沙上绿洲"发展定位,陆续启动了全岛搬迁、生态修复、设施配套三大工程,实现生态岸线"全覆盖",将16.8千米环岛岸线转变为景观岸线。截至目前,江苏长江两岸已完成生态景观绿化5100亩,占2019年年度计划任务5710亩的89%,发展态势良好。

绿色信贷作用发挥。江苏充分发挥金融在生态保护中的重要作用。截至7月末,国开行在江苏长江经济带领域累计投放贷款7700亿元,支持了常州新北区长江大保护、苏州常熟市长江大保护、扬农石化退城入园,以及一批生态保护、交通互联互通、产业转型升级和海上风电项目。

截至2018年底,江苏建成的自然保护地总数达209个,总面积超过9500平方千米,包括陆地和海域。其中,建成湿地公园71个,国家级的有26处,省级的有45处;湿地保护小区382处,保护自然湿地达97.3万公顷,自然湿地保护率达49.8%。

三、浙江:民营经济再发展助力高质量发展

民营经济强则浙江强,民营企业好则浙江好。改革开放以来,浙江是我国经济发展质量最高的地区之一,最主要贡献在于浙江民营经济的大发展。长期以来,浙江经济结构中,2/3的经济总量、超过7成的税收和出口以及近9成的地方就业都由民营经济占据,一大批优质的民营企业成为浙江经济发展的中流砥柱。但近年来,随着宏观经济的新变化,给民营经济发展带来了巨大障碍,甚至一度出现了"国进民退"的现象。2018年11月,习近平总书记在民营企业座谈会上充分肯定了我国民营经济的重要地位和作用,为浙江民营经济的再次发展指明了方向。

市场主体培育成效显著。近年来,浙江通过实施"小微企业三年培养计划"和《服务民营企业行动方案》,加大市场培育力度,推动创新创业发展。创新中心杭州,在政策引领下,创新创业的热潮高起,大量创新创业人才涌入,新业态、新模式不断涌现,目前每千人中小企业拥有数量已超过50家,达到发达国家水平。双创空间达到4842万平方米,在孵企业6万多家,人才净流入率和海外人才净流入率均位居全国第一。截至2018年底,浙江共有各类市场主体654.23万户,其中民营经济市场主体627.35万户,占比达95.9%。

减负融资效果明显。针对当前民营经济融资难、负担重的特征,浙江采取了多重措施进

行应对。在减税降费方面，民营经济享受了优惠。2019年上半年，浙江民营经济累计新增减税734.6亿元，占全部减税额的86.7%。对于解决就业的中坚力量小微企业，更是加大了倾斜力度，浙江在全国首推小微企业大比例减征"六税两费"新政。在解决民营企业融资难的问题上，浙江大力实施"融资畅通工程"，在政府层面主动联系银行、保险等金融机构，搭建了"杭州e融"平台，构建"政府＋金融机构＋企业"的政企银关联模式，为民营经济特别是中小企业提供贷款抵押担保。截至2019年4月底，浙江小微企业贷款余额3.65万亿元，余额、增量、户数均保持全国首位。

营商环境不断优化。浙江加大了改革力度，推进简政放权，简化影响企业经营的各项手续，推行了"一件事""最多90天""多评合一、结果互认""标准地制度""三服务"等多项利民利企政策，极大地促进了民营企业的创业投资热情，2019年1—5月，浙江民间投资增长10.5%，占投资总额的64.6%。

四、安徽：创新发展理念助力高质量发展

安徽为深入贯彻落实创新发展理念，在全国省级层面率先建立了创新发展统计监测体系，反映全省创新发展进程。2018年，安徽创新环境指数为113.1，创新环境指数自2015年以来连续4年保持10%以上的增长幅度。

创新平台建设卓有成效。2016年6月，国务院批复建设合芜蚌国家自主创新示范区，着力打造产业创新引领区。2017年合肥综合性国家科学中心正式获批，离子医学中心、人工智能中心等7大创新平台同步启动建设，打造原始创新策源地。2018年10月，合肥滨湖科学城正式启动，着力打造技术创新密集区。2018年，安徽共有国家重点(工程)实验室26个，省实验室10个，省重点试验室152个；有省级以上工程(技术)研究中心717家，其中国家级39家。拥有企业技术中心总数达1308家，比上年新增144家。

科技创新服务不断优化。2018年安徽出台支持科技创新97条新政，全面激发全社会创新积极性。目前，安徽新登记注册企业25.1万户，增长20.1%。已入库科技型中小企业4014家，新增科技企业孵化器在孵企业1083家。

高端人才引进力度持续加大。近年来，安徽着力实施高层次科技人才团队在皖创新创业扶持计划，在全国率先探索"人才＋成果＋金融＋基地"的模式，共吸引398个高层次科技人才团队落户安徽创新创业，引进各类高端人才3000多人。目前，安徽共有国家高层次人才引进计划专家408人，拥有各类研发活动人员近24万人。82个国家企业技术中心拥有研发人员6.7万人，其中具有中高级职称人员5.1万人，占比76.1%。

创新投入不断加码。近年来，安徽政府和企业密切联动，不断加大对创新发展的投入。目前，安徽全省投入财政科技资金249.6亿元，增长14.7%，增速比财政收入快3.9%。企业层面，全省82家国家企业技术中心共投入研发经费163.3亿元，增长8.1%。其中，新产品开发经费79亿元，增长11.2%，新产品开发经费占全部研发经费的比重为48.4%，同比

提高 1.4%。

由于安徽在创新发展驱动方面的持续推进，安徽区域创新能力连续 6 年位居全国第一方阵、中部地区前列。

五、湖北：十大战略性举措推进长江经济带发展

2018 年 8 月底，湖北省为了进一步贯彻习近平总书记的武汉讲话精神，实施了长江经济带绿色发展十大战略性举措，包括加快发展绿色产业、构建综合立体绿色交通走廊、推进绿色宜居城镇建设、实施园区循环发展引领行动、开展绿色发展示范等，规划总投资 1.3 万亿元。一年内，湖北省长江经济带绿色发展十大战略性举措 58 项重大事项全部启动，并按时序进度持续推进。

绿色产业项目进展顺利。存储器、商业航天、智能网联汽车和新能源汽车、网络安全人才与创新“四大国家级产业基地”有序推进，华星光电、京东方、中金数谷武汉大数据中心等一批百亿重大项目顺利实施。

综合立体绿色交通走廊构建有序。目前，武汉花山港建成长江中游首个 5G 智慧港口。武汉至安庆段航道整治工程已开工建设。武汉至洋山江海直达 1140 集装箱示范船江海直达散货船完成首航任务。沿江高铁全线加速建设。天河机场三号航站楼投入使用。亚洲第一大货运机场鄂州机场项目初步设计获批，各项配套工程加速推进。

绿色宜居城镇建设有方。武汉借助第七届世界军人运动会召开，加快了城市面貌的改善和城市功能的提升，武汉黄陂区将“办赛事”与“乡村振兴”相结合，创新性规划布局沿线美丽乡村示范带，辐射带动沿线村湾集聚建设和发展，精致打造“一带一片”生态宜居的美丽乡村。东西湖区将场馆建设与新城区建设相结合，积极构建和谐发展的滨水生态绿城。

园区循环发展引领行动取得进展。2019 年武汉青山工业区循环化改造通过国家验收。

绿色发展示范全面展开。武汉市成为 3 个国家级示范区之一，在绿色发展方面引领全国。同时，全省 5 家国家级、9 家省级园区循环化改造示范试点全面实施。

探索“两山”理念实现路径取得成效。2018 年宜昌率先试行生态补偿机制，水质与奖励资金、开矿指标挂钩，黄柏河治理提速升级。2019 年 1—5 月，18 个生态补偿监测断面Ⅲ类水质达标率为 100%、Ⅱ类水质达标率为 97.51%，较 2018 年同期上升 2.7%和 14.67%，流域水质稳中向好且优质率不断提升。

长江黄金国际旅游带核心区建设成果显著。2018 年 7 月，湖北已全面启动以长江旅游带为重点的文化旅游重大项目谋划工作，已完成 110 个项目、1100 亿元总投资的谋划任务，三峡国际游轮中心、武汉江汉朝宗文化旅游区、荆州纪南城生态文化旅游区、鄂州恒大童世界等 20 个沿江重大旅游项目推进顺利，全力支持 33 个全域旅游示范区建设。2019 年 9 月，武汉市黄陂区、恩施州恩施市和宜昌市夷陵区成果获批“国家全域旅游示范区”称号。

绿色金融项目获得支持。截至 2019 年 6 月，湖北长江经济带 91 个重大项目中已有 28

个单体项目获得了绿色信贷授信,绿色债券发行已经超过 94.3 亿元,环境污染责任保险为 254 家企业提供 18.33 亿元风险保障。

绿色交易平台发展国内领先。目前,湖北碳排放绿色交易平台的交易规模全国第一,碳排放成交总量、交易额分别占全国的 55.3%、62.8%。

绿色消费方式和生活模式全面铺开。湖北城乡垃圾分类工作全面部署,4 家绿色商场、106 家绿色饭店获国家认定。

至 2019 年 8 月,湖北长江经济带绿色发展十大战略性举措 91 项重大项目开工 86 项,完工 8 项,累计完成投资 5871.8 亿元,占规划总投资的 45.2%。

六、湖南:制造强省战略助推高质量发展

一直以来,湖南都是我国重要的制造业发展省份。新中国第一台铁路干线电力机车"韶山 1 号"、第一套地铁车辆电机电器成套设备、第一辆城市轻轨车、第一批航空发动机等多项新中国"第一"均来自湖南制造。当前在国家长江经济带发展战略的引导下,湖南借力新兴工业化和信息化的有利契机,着力推进制造业的升级改造,打造制造强省,推动区域高质量发展。

智能制造示范作用日趋显现。目前,湖南以"打造以中国智能制造示范引领区为目标的现代制造业基地"为目标,推动智能制造示范进程。湖南进一步扩大智能制造试点示范认定范围,增加认定数量,在智能制造、高端装备等新兴产业发展方面设立了制造强省专项资金和总规模 50 亿元的新兴产业发展基金,加快示范项目推进。成果方面,湖南在全国率先实施首台套重大装备和首批次重点新材料产品应用示范认定奖励制度。到 2018 年底,湖南 16 家企业被列入国家智能制造试点示范,27 个项目被列入国家智能制造专项,试点示范和专项项目数居全国前列。省会长沙在智能制造领域的优势明显,试点示范和专项项目获批数量居全国省会城市第一,智能制造"长沙现象"开始显现。

三年行动计划稳步推进。3 年来,湖南力争在人工智能产业、大数据产业、超高清视频产业、5G 应用创新等领域,加快智能制造快速推进。目前,重点实施"100 个重大产品创新"项目,建设 143 个重点项目,培育国家首批"专精特新"优质企业 10 家。

优势产业领先地位明显。目前,湖南着力在优势产业领域打造领军企业、形成优势产业集群,打造特色园区,推动优势产业领域继续发展壮大。工程机械和轨道交通是湖南在全国乃至全球具有绝对领先地位的制造领域。三一重工、中联重科、山河智能等 3 大工程机械巨头入选 2019 年世界工程机械品牌 50 强,集聚地长沙正在成为"世界工程机械之都"。以智能化为导向的三一重工的数字化智能生产车间以及中联重科的"互联网+"4.0 产品升级,正在成为引领全球工程机械发展的新方向。在轨道交通方面,2018 年,湖南省轨道交通设备制造行业完成主营业务收入 692.48 亿元,电力机车全球市场占有率超过 20%,位居世界第一。目前,20 个工业新兴优势产业链基本形成,每条产业链上都培育 3~5 家重点企业,发

挥龙头带动作用，长沙“创新谷”、株洲“动力谷”、湘潭“智造谷”等特色园区优势集群已现雏形。2019 年上半年，工程机械、先进轨道交通装备、自主可控计算机及信息安全等产业链实现营业收入分别增长 47.9%、13.8%、35%。

七、江西：绿色崛起思路助推高质量发展

江西坚持“生态优先、绿色发展”的理念为引领，加大生态保护和资源利用，培育新经济与新业态，将“绿色崛起”作为江西高质量发展的重要抓手。

生态屏障建设成效显著。2018 年 5 月起，江西省生态环境保护委员会办公室组织 25 个工作组，对长江江西段和赣江干流段的 5 个设区市 25 个县区开展了大规模综合执法检查，共发现 1225 个问题。截至目前，已完成整治 1178 个，完成率 96.2%。2018 年 7 月，江西省以“一湖五河三屏”为格局，出台《生态保护红线》，推进江西全域的森林防护、水源涵养、生物多样性维护和水土保持等工作。2018 年九江市开展长江保护修复“八大行动”，持续推进沿江岸线、山体复绿和绿色廊道建设，沿江岸线栽植各类乔木、灌木共 427.4 万株，累计关停矿山 340 家、治理废弃矿山 5700 亩，建成百里长江风光带。

经济“绿色含量”不断提升。江西以高质量发展为根本要求，推进江西省航空、电子信息、中医药等优势产业快速增长。2018 年高新技术产业、战略性新兴产业增加值占规模以上工业比重分别由 25.7%、13.7%提升到 33.8%、17.1%，研发比重从 1.1%提高到 1.4%左右，发展的质量和效益明显提升。

工业绿色改造重点突破。九江钢铁作为江西的重点工业企业，2015 年开始摈弃原有的生产模式，大力改造生产工艺，积极采用国内外先进环保技术，加大对废弃粉尘、废气、废渣的循环利用，推进厂区绿化覆盖，启动生态森林旅游式工厂建设。2018 年九江钢铁厂区绿化率超过 25%，传统废旧的钢铁产区转变为集清洁生产、科普教育、文化体验、风光游览为一体的经典工业主题景区，成为江西省工业旅游示范基地。2018 年，九江钢铁盈利 47.5 亿元，实现了企业的绿色转型发展。

农业绿色发展稳步推进。近年来，江西通过实施绿色生态农业“十大行动”，加大优质农产品及知名农业品牌培育。2018 年底，江西新增“三品一标”农产品 1245 个，庐山云雾茶、赣南脐橙、南丰蜜橘等农产品品牌成为“最受消费者喜爱的中国农产品区域公用品牌”。

绿色发展示范区顺利获批。2018 年 5 月，推动长江经济带发展领导小组召开会议，九江与上海崇明岛、湖北武汉共同为长江经济带绿色发展示范区首批创建城市。

八、四川：文旅融合思路助推高质量发展

近年来，四川利用其丰富的旅游资源，加快旅游大省向旅游强省的转化。2018 年，四川实现旅游总收入 10112 亿元，旅游业强势迈入“万亿级产业集群”，其中文化及相关产业增加值达到 1700 亿元。文化与旅游融合发展已经成为四川推动旅游发展的有效手段。

特色文旅小镇已现雏形。四川对一些具有独特文化历史资源的街区，加大文化历史复古改造建设力度，着力发挥其历史文化特色。2017 年，成都打造的川西民俗文化休闲街——锦里，游客达到近千万人次，商品销售收入达 2.7 亿元。2019 年 9 月，由背街小巷改造而成的，融合了中医药文化元素的枣子巷中医药文旅特色街区正式亮相，成为成都市首个“医养游”特色街区。同时，高品质建设国际音乐之都的成都，周边洛带、白鹿、街子、安仁、平乐 5 座音乐小镇已初具雏形。

文化传承创新工程有序实施。目前，眉山全力推进东坡文化传承“七个一”工程，对三苏祠、苏坟山、连鳌山、蟆颐观、三苏湖等遗迹遗址沿线有效串联，充分挖掘苏东坡的人生传奇和时代精神，展现东坡文化内涵和眉山城市形象。在绵阳江油，青莲镇则以李白文化为依托，自 2017 年起，正式恢复正月十六“太白长寿会”这一民俗节日，经过 3 年的发展，“太白长寿会”已经从原有的民俗祭祀逐渐转变成为江油集文化传承、商业娱乐、贸易投资为主体的民俗商贸活动。

旅游商贸平台建设成果显著。四川通过举办中国（四川）国际旅游投资大会、国际文化旅游节、旅游交易博览会等节会活动，实现旅游投资建设“双千亿”，让旅游成为对外交往的重要平台和广阔舞台。2019 年 9 月第五届中国（四川）国际旅游投资大会总共签订 103 个、投资额高达 2190 亿元，涉及景区、酒店、旅游综合体等传统项目以及文创产品、创意设计、研学旅行、情感旅游等各类新产品和新业态的重大文旅项目。同时，在 2019 四川国际文化旅游节投资推介会上，自贡签约步步高大安新天地、梵华汇都市生活美学中心等 7 个重大文旅项目，总投资 178 亿元，涉及音乐艺术、动漫创意、休闲旅游、文旅特色小镇和乡村旅游等领域。

九、重庆：内陆开放高地建设助力高质量发展

建设内陆开放高地，是中央赋予重庆的重大使命和任务，是重庆发展的重大机遇和责任。重庆坚持战略导向，积极推进内陆开放高地建设步伐，以开放倒逼改革，以高水平开放推动高质量发展。

一带一路通道建设不断强化。2019 年上半年，中欧班列（重庆）累计开行超过 4100 班，中欧班列（重庆）货值累计超过 1550 亿元，境外集结分拨点覆盖 11 个国家 30 多个城市。陆海新通道已形成铁海联运班列、跨境公路班车、国际铁路联运班列 3 种方式，通达 90 个国家的 190 个港口。果园港港口型国家级物流枢纽获批，陆海新通道铁海联运班列开行突破 1200 班，充分释放长江黄金水道的航道资源，“一带一路”和长江经济带实现无缝衔接。

对外重点示范项目持续扩展。重庆作为中新互联互通项目的重要节点城市，在项目实施 4 年来，在金融服务、航空产业、交通物流、信息通信等 4 大重点领域，不断取得进展，将中新互联互通项目作为推动区域开放的重大举措。2019 年上半年，金融方面，重庆与新加坡实现互联互通落地跨境融资项目 105 个，跨境融资额累计超过 100 亿美元；航空领域，重庆

航空正式复航直飞新加坡航线，每日一班，便利两地人员往来；交通物流领域，中新（重庆）辉联埔程多式联运智慧物流项目正式开工建设；信息通信领域，成功举办中新（重庆）信息通信技术项目对接会，成立中新信息通信媒体联合创新发展资金。

贸易平台创新成果不断涌现。为了进一步服务对外开放，重庆自由贸易试验区积极推进制度创新，截至2019年，重庆自贸试验区首创铁路提单信用证融资结算、大力推进海关特殊监管区域“四自一简”、创新知识价值信用融资新模式、支持设立陆海新通道人民币国际投资基金、普及市场综合监管大数据平台等重大改革措施，累计形成197项制度创新成果，极大促进了自贸区发展。江津综合保税区作为重庆国际贸易“单一窗口”试点，通过“单一窗口”系统，通关环节优化30%以上，企业只需要提交1次报关单据，就可快速通关，时间缩短10%以上，成本下降10%以上，极大地优化了通关作业流程和减少了外贸审批手续。

开放型经济建设成果显著。重庆加大贸易平台建设的同时，积极发展开放型经济体系建设，大力推动智能制造和对外贸易。目前，重庆已经聚集了3000多家大数据智能化的企业，“芯屏器核网”等智能制造产业集群不断扩大，1000余家传统企业实现智能化升级、绿色化转型。2019年上半年，重庆全市外贸进出口2663.6亿元、增长16.5%，外商直接投资13.78亿美元、增长5.9%。

十、贵州：数字经济导向战略助推高质量发展

在国家大数据战略的引领之下，贵州紧抓国家科技发展的有利契机，适时启动数字经济导向战略，加大了技术的引进力度。通过布局大数据发展，成为中国大数据发展的沃土，极大地推动了贵州经济的脱胎换骨，实现了高质量发展。

国家大数据中心建设有序推进。2014年2月贵州省先后出台《关于加快大数据产业发展应用若干政策的意见》和《贵州省大数据产业发展应用规划纲要（2014—2020年）》两大纲领性政策，推动大数据产业在贵州发展。2015年2月贵州成为全国首个获批开展大数据产业发展集聚区创建的省份，成为国家明确的大数据综合试验区。2015年4月贵州率先成立全球首座大数据交易所。2016年3月全国首个国家（贵州）大数据综合试验区正式揭牌，在数据资源管理、数据整合、数据分析应用等领域开展系统测试。2019年5月，全球第一个大数据主题国家级博览会——中国（贵阳）国际大数据产业博览会成功举行。

企业集聚效应开始显现。2016年1月贵州省政府和美国高通公司合资成立贵州华芯通半导体技术有限公司，加快贵州大数据综合试验区的创新，助推中国“互联网+”、大数据国家战略发展。2017年10月，苹果公司在贵州投资10美元兴建iCloud中国数据中心，2018年2月，苹果公司将iCloud中国云服务转由云上贵州大数据产业发展有限公司负责运营。近两年来，贵州已经成为国内外有影响力的大数据企业集聚地，既有苹果、微软、英特尔、戴尔、惠普、甲骨文等国外知名企业，也有阿里巴巴、华为、腾讯、百度、京东等全国互联网应用领域领军企业集聚发展。

数字科技行业渗透力不断加大。贵州正着力推进大数据在多领域的应用，在助推数字经济产业规模持续做大的同时，贵州大力将大数据等现代信息技术广泛应用于农业产品服务、旧工业项目改造、社会民生服务等领域，促进科技与社会的深度融合。农业农村方面，2018 年，贵州全省所有行政村实现光纤宽带和 4G 网络 100%覆盖，建成县级电商运营服务中心 70 余个，村级电商服务站点 10250 个，全省所有乡镇快递物流实现全覆盖。项目改造方面，贵阳市实施大数据与工业融合项目 260 个，总投资额 314.7 亿元。民生服务方面，在政府公共服务平台，省级政务服务事项网上可办率达 83.10%，连续 3 年省级政府网上政务服务能力排名全国前 3，大数据促进保障和改善民生，大幅提升了政府公共服务水平。2018 年，贵州大数据与实体经济深度融合发展水平达到 36.9，全省共建设 102 个融合标杆项目、1050 个融合示范项目，带动融合企业 1625 户，大数据与实体经济深度融合发展水平正从初级阶段向更高阶段迈进。

经过近 5 年的高速发展，贵州数字经济规模持续高速增长。2018 年贵州数字经济增加值已经占全省 GDP 的 26.9%，增速达到 24.6%。贵州数字经济增速连续 4 年排名中国第一，数字经济吸纳就业增速连续两年排名中国第一，高质量发展成果显著。

十一、云南：绿色发展“三张牌”战略助力高质量发展

当前，我国经济发展已由高速增长阶段转向高质量发展阶段。云南虽然在长江经济带 11 省市中经济发展水平较为落后，但具有生态环境好，绿色资源丰富的独有特征，绿色发展潜力巨大。2018 年初，依托丰富的绿色资源和良好的生态环境，云南省提出了绿色发展的“三张牌”战略，推动云南经济高质量发展。

“绿色能源牌”前景无限。云南绿色能源储量十分丰富，水能、风能以及太阳能等绿色能源储量和可开发量在全国都居领先地位，云南发展绿色能源生产以及绿色能源利用具有广阔前景。大力推进清洁能源生产。目前，云南绿色能源装机占比达 84.5%，居中国第一。2019 年上半年，云南电力市场交易电量达 511 亿千瓦时，同比增长 27%，其中清洁能源市场交易电量达 494 亿千瓦时，占比超过 96%，同比提高 0.5%，再创新高。积极引进新能源项目。云南正依托极为丰富的可开发绿色能源资源，面向全球大力引进技术装备先进、研发能力强的清洁能源产业项目。近年来云南新能源汽车项目加快建设，2018 年全年推广新能源汽车 16875 辆，增长 45.79%，新增公共充电桩 4522 个。2018 年 12 月，北汽集团昆明新能源汽车研发中心首车下线。2019 年 5 月，江铃集团新能源汽车昆明基地项目总装车间首车下线。截至目前，云南还有多个新能源汽车及配套项目正在加快推进中。

“绿色食品牌”持续推进。云南省提出了“大产业＋新主体＋新平台”的发展思路，以农产品精深加工为突破口，着力引进和培育一批标杆企业，打造从种子种畜到农产品精深加工的全产业链，不断提升农产品绿色附加值。2018 年，云南实施名牌打造行动计划，在全省范围以茶、花、果、菜为重点，树立了一批知名的云南农业企业的标杆和名品、名牌。

"旅游康养牌"进展顺利。依托云南良好的生态环境和独特的人文风光，云南着力构建以特色小镇为载体的，集旅游、休闲、康养为一体的健康生活生态产业链。云南各地将丰富的旅游资源有序进行保护性开发，着力推进云南全域旅游。2018 年以来，"普洱茶康养小镇""德泽温泉康养小镇""扎民谷康养小镇"等一大批重点康养项目开工建设建成，云南打造国内"健康生活目的地"行动计划进展顺利。

第三节　长江经济带区域合作动态

一、长三角区域合作动态

2018 年 7 月，《长三角地区一体化发展三年行动计划（2018—2020 年）》正式印发，三年行动计划覆盖了交通能源、科创、产业、信息化、信用、环保、公共服务、商务金融等 12 个合作专题，并聚焦交通互联互通、能源互济互保、产业协同创新、信息网络高速泛在、环境整治联防联控、公共服务普惠便利、市场开放有序等 7 个重点领域，形成了一批项目化、可实施的工作任务。

2018 年 9 月 28 日，江苏省南通市、盐城市、徐州市，浙江省嘉兴市、宁波市、省本级，安徽省滁州市、马鞍山市等 8 个统筹地区率先成为长三角地区异地就医门诊费用直接结算首批试点。

2018 年 12 月 1 日，上海、杭州、宁波 3 地使用同一个 APP 就可以扫码通行三城地铁，长三角成为国内首个实现地铁互联互通的城市群。

2019 年 5 月 13 日，中共中央政治局召开会议，会议审议了《长江三角洲区域一体化发展规划纲要》，明确责任主体上海、江苏、浙江、安徽树立"一体化"意识和"一盘棋"思想，紧扣"一体化"和"高质量"两个关键，深入推进重点领域一体化建设，强化创新驱动，建设现代化经济体系，提升产业链水平，加强各领域互动合作，带动整个长江经济带和华东地区发展，形成高质量发展的区域集群。

2019 年 6 月，长三角 9 城市通过《长三角 G60 科创走廊贯彻落实〈长江三角洲区域一体化发展规划纲要〉实施意见》（以下简称《实施意见》），《实施意见》明确走"科创＋产业"道路，促进创新链与产业链深度融合，全力打造世界级先进制造业集群，构建服务长三角一体化发展国家战略的重要平台。

2019 年 10 月，长三角生态绿色一体化发展示范区正式获批，交通一体化率先启动。上海青浦、江苏吴江、浙江嘉善 3 地交通部门将共同统一编制示范区综合交通规划、公共交通规划、区域公交规划等相关规划；建立健全示范区交通联勤联动执法监管机制，统一执法监管依据，推动监管数据信息互联共享，实现执法决定互认；在线路设置方面，将严格按照示范区公交线网规划实施，鼓励采用大站快车模式，提升运行效率和出行服务体验。

二、中三角区域合作动态

2017 年 4 月 10 日，在长江中游城市群省会城市第五届会商会上，武汉、长沙、南昌以及合肥 4 市共同签署了《长江中游城市群省会城市合作行动计划（2017—2020 年）》，明确建设“90 分钟互达”高铁网、建立互为旅游目的地的客源联动机制、共建重大疾病联防联控机制、建立信息和技术资源共享平台、探索医生跨市多点执业试点等目标任务。

2019 年 5 月 29 日，赤壁市司法局与毗邻湖南省岳阳市临湘市司法局共同续签两市边界矛盾纠纷联防联调协作协议书。协议要求双方联合做好矛盾纠纷排查调处工作，定期召开协调会或相互走访，确保信息共通、资源共享、纠纷共调、情感共融。从源头上预防、减少边界矛盾纠纷的发生，把边界地区的矛盾纠纷化解在基层、解决在萌芽状态，实现边界地区长期和谐稳定，促进边界地区经济社会又好又快地发展。

2019 年 8 月 7 日，岳阳、九江、咸宁 3 市文化旅游区域合作结盟正式启动。3 市将深化文化旅游合作，以岳阳楼、庐山、赤壁等旅游资源为载体，促进“岳九咸精品旅游欢乐行”旅游产品开发和旅游市场推广，共同打造 3 市文化旅游品牌。3 市居民在 3 市地域内旅游，可以享受当地的地接旅游优惠服务。

2019 年 8 月 28 日江西、湖南签署《湘赣边区域河长制合作协议》，协议明确双方将建立跨省河流信息共享机制、协同管理机制、联合巡查执法机制、河流联合保洁机制、水质联合监测机制、流域生态环境事故协商处置机制，以及跨省河流管护联席会议制度、联络员制度。

2019 年 9 月，岳阳市临湘市与赤壁市联合开展巡查黄盖湖工作，两地联合巡查人员先后对黄盖湖赤壁市流域范围的水环境治理情况、黄盖湖大堤沿线环境整治工作以及排渍口运行和水质、保洁等情况，进行了仔细查看。

三、成渝城市群区域合作动态

2017 年 11 月，为深度加大川渝合作、积极承接重庆产业转移，达州市以 OPPO 布局重庆、川渝合作为切入点，在大竹县设立以电子信息、智能终端为主导产业的川渝合作（达州·大竹）示范园区。

2018 年 6 月 19 日，四川、重庆两地签订《深化川渝合作深入推动长江经济带发展行动计划（2018—2022 年）》，按照此次签署的行动计划，川渝两地将共同打造高端装备制造业集群，鼓励两地汽摩企业深化合作，引导广安、内江、达州、泸州、资阳、南充等地承接配套重庆汽摩产业，打造川渝汽摩产业集群。同时深化轨道交通、智能制造、节能环保等高端装备领域协同合作。

2018 年 6 月 6 日，重庆潼南区与四川遂宁市签订《推进区域协同发展战略合作协议》，提出建立涪江和琼江的跨流域联动机制，年度滚动对跨界流域沿线主要污染企业开展交叉核查；建立环境风险数据库，推动信息共享、上下联动预警、事故联合处置、舆情共同管控；建立跨境河流水情、雨情等信息共享和通报制度，缓解涪琼两江区域防洪防汛压力。

2019 年 3 月 21 日成渝城市群一体化发展毗邻地区合作联盟筹备工作会召开。会议强调要强化一体化发展的理念，变竞争为合作，着力推动基础设施一体化，在铁路、公路、航空、水运、能源等方面加强规划对接，做到大动脉贯通、毛细血管连通。要着力推动产业发展一体化，共同优化营商环境。

2019 年 7 月 10 日，在推进川渝经济社会发展全面合作座谈会上，四川和重庆签署了《深化川渝合作推进成渝城市群一体化发展重点工作方案》(以下简称《方案》)，《方案》明确以规划编制、生态环境、基础设施、产业合作、开放平台等领域为重点，推动两省市建立健全横向联动、定期会商、运转高效的工作机制，加强两省市协商合作，共同推动成渝城市群一体化发展上升为国家战略。

四、云贵两地区域合作动态

2016 年 12 月，云贵两省交通互联的标志性工程北盘江大桥顺利通车，云南宣威市区至贵州六盘水的车程将从此前的 5 个小时左右，缩短为 1 个多小时。

2018 年 9 月 20 日，宣威 · 威宁 · 水城 · 盘州等云贵四县市区域旅游开发推进会举行，四地深入协商研讨了加强云贵两省四县市区域旅游合作发展相关事宜，形成了联合打造旅游品牌、共同开拓旅游市场、强化区域旅游的共商共建，构建全域旅游新合力宗旨。

第二章　评价指标体系构建及评价方法

在遵循科学性、完备性、适用性、可得性、可比性和导向性原则的基础上，从经济绩效、经济结构、科技创新、绿色发展、社会共享五个方面构建长江经济带高质量发展评价的指标体系，运用主客观权重相结合的方法，测度和评价长江经济带高质量发展指数，为推动长江经济带高质量发展提供参考依据。

第一节　指标体系设计思路

一、指标体系设定原则

（一）科学性原则

要求各级指标的概念、原理、定义和论证都能够对评价对象进行客观合理的评估。主要包括：其一，要以科学的理论为基础；其二，要基于客观可靠的指标；其三，要基于科学的评价方法。高质量评价指标体系必须基于党中央关于高质量发展的正确论断，选择科学的评价方法进行测度，并充分反映当下长江经济带高质量发展存在的问题。

（二）完备性原则

高质量发展是经济高效、结构优化、区域协调、绿色环保和创新驱动的有机统一。在高质量发展过程中，要注重经济发展过程中的提质增效、结构优化、生态环保、科技创新和社会公共服务等多方面问题。因此高质量发展评价体系，应该全面地反映出各个省市在高质量发展各个方面的表现。

（三）适用性原则

从宏观角度来看，我国指标体系通常有针对国家、省级、地市级和县级等层面的评价指标体系，例如《中国区域创新能力报告》的评价对象包括中国 31 个省级行政区划单位，县域经济考核体系的考核对象则包括全国所有县级行政单位。从微观角度来说，也包含针对企业、个人等的评价指标体系，这些不同类型的指标体系有其不同的适用范围，如在指标统计口径等问题上，省级层面的指标体系不适用于地级市的评价；从区域层面来说，不同区域现实情况不同，导致某些评价指标并非完全适用于所有评价对象。因此，在设计指标体系的时候，必须重视指标的适用性问题，从而选取适用于长江经济带高质量发展的评价指标，便于更为精准地反映长江经济带经济社会发展质量。

(四)可得性原则

可得性原则要求评价指标从权威可靠的渠道获得。可得性首先要求该项统计指标有明确的来源,所选指标可从相关统计年鉴、政府官方网站、统计数据库、实地调研等途径获取,如果确定该项指标无法从官方可靠的渠道中获得,那么该项指标将无法用于评价。

(五)可比性原则

可比性原则要求指标的选取能够保证个体之间可比。可比性要求每一项指标能够正确反映省份之间的差距,例如在衡量环境污染方面,可能某一省份主要污染形式是大气污染,但是另一省份主要污染形式是水污染,如若单一采用水污染指标,则难以实现评价对象之间的横向可比。

(六)导向性原则

导向性原则主要要求体系能够体现正确的价值导向和政策导向。在当今高质量发展成为主流认知的大背景下,进行高质量发展水平的评价必须体现"创新、协调、绿色、开放、共享"新发展理念的要求,坚持"生态优先、绿色发展"的规矩意识,深刻把握习近平总书记关于正确处理长江经济带发展过程中的"五大关系"论断,即正确把握整体推进和重点突破、生态环境保护和经济发展、总体谋划和久久为功、破除旧动能和培育新动能、自身发展和协同发展的关系,努力将长江经济带打造成为有机融合的高效经济体。

二、指标体系框架

基于上一版《长江经济带高质量发展指数报告》,本书在遵循指标体系设定原则的基础上,围绕长江经济带高质量发展的内涵,继续从经济绩效、经济结构、科技创新、绿色发展、社会共享 5 个方面构建长江经济带高质量发展评价的指标体系。

评价指标设计框架如图 2-1 所示。

(一)经济绩效

相比于经济速度和经济总量,通过更为全面的指标体系去衡量经济发展绩效,有利于对高质量发展水平作出更为客观的评价。收入水平全面地衡量了一个地区的发展水平,因此,在衡量经济绩效的时候,应该将收入水平作为最基本的尺度。财政在经济生活中发挥资源优化配置、促进经济发展、提供公共服务等重要作用,是一个地区政府服务于经济发展能力的重要保证。企业是最为重要的经济主体,激发企业活力是保证市场经济健康发展最重要的前提,包括资产贡献率、利润率等指标在内的企业经营效率数据可以较好地反映一个地区的工业发展绩效。本书通过人均 GDP 等指标,从不同维度体现了经济绩效。规模以上工业企业经营效率也是经济绩效的重要体现,本书通过规模以上工业企业总资产贡献率等指标衡量规模以上企业经营效率。

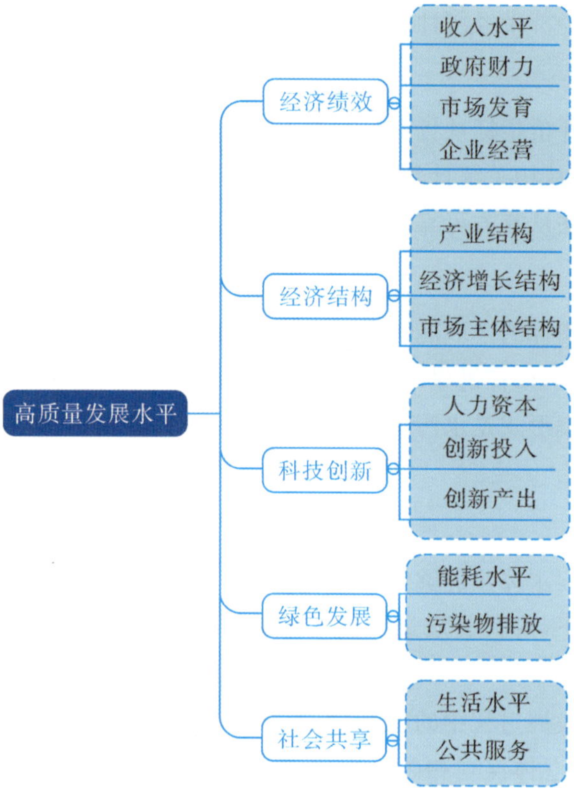

图 2-1　评价指标设计框架图

（二）经济结构

经济结构可以通过产业结构、经济增长结构、市场主体结构等角度来体现。产业结构主要通过服务业比重来体现。经济增长结构反映在投资、消费和净出口等层面。市场主体结构的优化有利于经济效率的提升，要加强国企改革，提升国有经济的综合效率，同时，必须重视激发民营经济活力，提高我国的民营经济竞争力。常住人口城镇化率可以反映经济活动在城乡间的分布，在当前我国城镇化快速发展阶段，城镇化水平越高，城乡发展差距相对越小。“开放”作为五大发展理念之一，在当今经济全球化时代，提高开放的深度广度有利于更好地促进经济发展。金融业是经济发展的重要支撑，承担着经济发展的输血功能，因此金融业的发展水平也从侧面反映了服务业的发展水平。

（三）科技创新

科技创新可以从人力资本、创新投入和产出两方面来衡量。从人力资本来看，一个地区的科教资源、企业科技人员等因素构成了人力资本的重要来源，体现了一个地区的科技创新潜力，因此，在评价体系内要包含科技活动人员。创新投入主要包括政府投入和企业投入，这两方面构成了企业创新资本的两大来源。创新产出主要体现在专利数和发明数上，一般包括专利发明、技术市场发育程度。

（四）绿色发展

绿色发展是当前经济发展的重要指导思想，“绿水青山就是金山银山”，在经济发展过程中，生态文明建设也需要同步进行。绿色发展水平可以从能耗和污染两大角度来衡量，能源使用效率越高，就意味着有发展绿色经济的基础越好，污染物排放则直接衡量了环境污染水平，从这两大角度衡量环境污染，可以更全面地去衡量绿色发展水平。

（五）社会共享

社会共享指标主要从社会公平的角度体现了高质量发展水平，是高质量发展的重要价值取向。共享可以主要从生活水平和公共服务两大角度来进行衡量，一般来说，收入水平基本决定了一个地区居民生活水平的高低，除此之外，在我国当前医疗资源紧缺的条件下，医疗条件也是体现高质量发展的一大重要条件。

第二节　指标体系构建及说明

一、指标体系构建

在遵循指标体系设定原则的基础上，围绕长江经济带高质量发展内涵，结合现有研究基础，从经济绩效、经济结构、科技创新、绿色发展、社会共享 5 个方面，选择了 34 项三级指标进行长江经济带 11 省市的高质量发展水平评价（表 2-1）。其中，每一类二级指标均选择了 6～9 项三级指标进行评价：科技创新指数选择了 9 项三级评价指标，绿色环保选择了 7 项三级评价指标，经济绩效、经济结构、社会共享均选择了 6 项三级评价指标。

表 2-1　长江经济带高质量发展评价指标体系

一级指标	二级指标	编码	三级指标	单位	性质
高质量发展水平（S）	经济绩效（A）	A1	人均 GDP	万元	正
		A2	人均一般公共财政预算收入	万元	正
		A3	人均社会消费品零售总额	万元	正
		A4	规模以上工业企业总资产贡献率	%	正
		A5	规模以上工业企业成本费用利润率	%	正
		A6	规模以上工业企业产品销售率	%	正
	经济结构（B）	B1	常住人口城镇化率	%	正
		B2	第三产业增加值占 GDP 比重	%	正
		B3	水运货运周转量占总货运周转量比重	%	正
		B4	民营经济增加值占 GDP 比重	%	正
		B5	外资依存度	%	正
		B6	金融相关比	%	正

续表

一级指标	二级指标	编码	三级指标	单位	性质
高质量发展水平(S)	科技创新(C)	C1	万人拥有规模以上工业企业 R&D 人员全时当量	人	正
		C2	万人在校大学生数	人	正
		C3	财政科技支出占财政支出比重	%	正
		C4	财政教育支出占财政支出比重	%	正
		C5	R&D 内部经费支出占 GDP 比重	%	正
		C6	万人专利授权数	件	正
		C7	万人拥有规模以上工业企业有效专利发明数	件	正
		C8	每万元 GDP 合同技术交易额	元	正
		C9	规模以上工业企业 R&D 项目数	件	正
	绿色环保(D)	D1	万元 GDP 能耗	吨标准煤	逆
		D2	万元 GDP 能耗降低率	%	正
		D3	万元 GDP 废水排放量	吨	逆
		D4	万元 GDP 工业废水排放量	吨	逆
		D5	万元 GDP 废气中烟粉尘排放量	吨	逆
		D6	万元 GDP 废气中二氧化硫排放量	吨	逆
		D7	工业固体废弃物综合利用率	%	正
	社会共享(E)	E1	城镇居民人均可支配收入	元	正
		E2	农村居民人均可支配收入	元	正
		E3	城乡收入比	—	逆
		E4	万人拥有卫生机构床位数	张	正
		E5	农村居民恩格尔系数	—	逆
		E6	城市建成区绿地覆盖率	%	正

二、指标说明

(一)经济绩效指标

1. 人均 GDP(A1)

GDP 是一国或者地区所有常住单位在一定时期内生产活动的最终价值总和,是经济活动的最综合体现,衡量了一个地区的经济发展总水平。人均 GDP 为 GDP 除以一个国家或者地区的常住人口之比。尽管该指标存在忽略经济效率、经济结构和环境污染成本之类的问题,但是仍然是衡量经济发展水平的最重要依据。国内生产总值有 3 种表现形态:价值形态、收入形态和产品形态,相应也就存在 3 种计算方式。本书采用支出法下的 GDP,考虑到统计公报和统计年鉴等不同来源的数据存在差异，以统计年鉴的数据为准。

2. 人均一般公共财政预算收入(A2)

财政收入是衡量地区政府财力的重要指标，政府在社会经济活动中提供公共物品和服务的范围及数量依赖于财政收入的充裕状况。该指标体现了经济系统的财政创收能力，其值越高，政府财力越充足，越有利于发挥财政作用。为了反映人均财力水平，采用人均一般公共财政预算收入衡量政府财力。

3. 人均社会消费品零售总额(A3)

社会消费品零售总额是国民经济各部门售给城乡居民及社会集团的消费品和售给农民的农业生产资料以及农民直接售给非农业居民的消费品总额，包括各种经济类型的商业零售额、饮食业零售额、工业零售额、其他行业零售额以及农民对非农业居民零售额 5 个部分。它反映了零售市场的总容量与动态，说明社会商品购买力的实现程度。人均社会消费品零售总额可反映社会消费平均水平。本书通过社会消费品零售总额除以常住人口得到人均社会消费品零售总额，来衡量社会消费水平。

4. 规模以上工业企业总资产贡献率(A4)

该指标反映了企业全部资产的获利能力，是评价和考核企业盈利能力的核心指标。总资产贡献率的计算公式为：总资产贡献率＝(利润总额＋税金总额＋利息支出)/平均资产总额×100 %。其中：税金总额为产品销售税金及附加与应交增值税之和，平均资产总额为期初期末资产总计的算术平均值。根据统计各省市统计年鉴的数据，对总资产贡献率的核算以规模以上企业为对象，因此，选取此项指标估计社会资产的获利能力。

5. 规模以上工业企业成本费用利润率(A5)

成本费用利润率是企业在一定期间内的利润总额与成本费用总额的比率。利润总额和成本费用总额来自企业的损益表，成本费用一般指主营业务成本及附加和 3 项期间费用(销售费用、管理费用和财务费用)。分析时，可将成本费用与营业利润对比，计算成本费用营业利润率指标。其计算公式为：成本费用利润率＝营业利润额/成本费用总额。

6. 规模以上工业企业产品销售率(A6)

产品销售率指报告期工业销售产值与当期全部工业总产值之比，是反映工业产品已实现销售的程度。该指标可以用于研究工业产品满足社会需求的程度。其计算公式为：产品销售率＝工业销售产值/工业总产值(现价)。

(二)经济结构指标

1. 常住人口城镇化率(B1)

城镇化是经济社会发展的必然结果，城镇化发展伴随着生产力的发展、产业结构的优化、生活方式的现代化。通过城镇人口占比，可以反映经济结构的变化。目前较为通用的衡量城镇化的方式为城镇人口占比，当前城镇常住人口最为客观地衡量了我国城镇人口数量，因此采用城镇常住人口比重来衡量城镇化水平。

2. 第三产业增加值占 GDP 比重(B2)

随着经济发展水平的提高，劳动人口从农业向制造业，进而向服务业转移是社会发展的普遍趋势。因此，理想的产业结构应该是“三、二、一”形式。第三产业的发展既有利于支持工业和农业的发展，也有利于绿色发展。因此，本书采用第三产业增加值占 GDP 比重来衡量产业结构的优化程度。

3. 水运货运周转量占总货运周转量比重(B3)

水运运输方式具有低成本、大批量、远距离运输的优点。长江是横贯长江经济带东西的水运动脉。2016 年《长江经济带发展规划纲要》强调以长江黄金水道为依托，发挥上海、武汉、重庆的核心作用，以沿江主要城镇为节点，构建沿江绿色发展轴。因此水运发展有利于优化长江经济带交通运输结构。有关水运的指标大多通过货运周转量来衡量，因此，本书使用水运货运周转量占总货运周转量的比值来衡量交通运输结构。其计算公式为：水运货运周转量占总货运周转量比重＝水运货运周转量/总货运周转量。

4. 民营经济增加值占 GDP 比重(B4)

民营经济是我国重要的市场主体，对我国经济发展作用巨大。习近平总书记在党的十九大报告中指出：“必须坚持和完善我国社会主义基本经济制度和分配制度，毫不动摇巩固和发展公有制经济，毫不动摇鼓励、支持、引导非公有制经济发展”，进一步明确了民营经济在我国的重要地位。民营经济的发展有利于市场资源的优化配置，民营经济增加值占 GDP 比重可以衡量民营经济发展对经济增长的贡献度，从而反映当地市场发育程度。其计算公式为：民营经济增加值占 GDP 比重＝民营经济增加值/GDP。

5. 外资依存度(B5)

对外开放是我国的基本国策，也是五大发展理念之一。外资充裕程度，一方面体现了该地区的开放度，另一方面也体现了当地对外资的吸引力，可体现该地参与国际经济的程度。其计算公式为：外资依存度＝实际利用外资/GDP。

6. 金融相关比(B6)

在金融与经济发展的关系上，美国经济学家雷蒙德·W·戈德史密斯提出了金融相关比指标，通过全部金融资产价值与全部实物资产价值之比衡量金融上层结构相对规模。随着经济发展水平的提高，金融体系不断发展成熟，金融相关比也会随之提高，因此金融相关比从金融和实体经济之间的关系层面衡量了经济结构的优化程度。目前，学界较多地使用年末金融机构存贷款余额衡量金融资产，以 GDP 衡量实物资产，从而得到了金融相关比。其计算公式为：金融相关比＝年末金融机构存贷款余额/GDP。

(三)科技创新指标

1. 万人拥有规模以上工业企业 R&D 人员全时当量(C1)

科技人力投入是一个地区科技创新的基础，R&D 人员全时当量是国际上通用的用于比较科技人力投入的指标，指 R&D 全时人员(全年从事 R&D 活动累积工作时间占全部工作时间的 90%及以上人员)工作量与非全时人员按实际工作时间折算的工作量之和。该指标比较准确地衡量了科技人力实际有效投入，考虑到数据来源，采用规模以上工业企业拥有 R&D 人员全时当量和常住人口之比，得到万人拥有规模以上工业企业 R&D 人员全时当量指标。这一指标衡量地区科技人力投入水平。

2. 万人在校大学生数(C2)

在校大学生是一个地区的人力资本的组成部分，可以在一定程度上转化为地区创新能力，它是一个地区的科技创新潜力的体现。因此，本书采用万人在校大学生数衡量该地区的科技创新潜力。

3. 财政科技支出占财政支出比重(C3)和财政教育支出占财政支出比重(C4)

财政科技支出和财政教育支出均是财政支出的重要组成部分，衡量了政府对科技创新和教育事业的支持力度，可采用财政科技支出占财政支出比重来衡量政府对科技创新的支持力度，采用财政教育支出占财政支出比重衡量政府对教育事业的支持力度。

4. R&D 内部经费支出占 GDP 比重(C5)

R&D 内部经费支出指研究与开发机构当年用于本机构内部的实际支出。该指标衡量了规模以上工业企业在科技创新方面的资金投入，R&D 内部经费支出占 GDP 比重越高，该地区科研经费投入就越高，因此，采用规模以上工业企业 R&D 内部经费支出占 GDP 比重来衡量规模以上工业企业科研经费投入力度。

5. 万人专利授权数(C6)

专利授权数是科技创新产出的主要衡量指标之一，包括所有申请专利中实际获得授权的数量，通过除以常住人口进行相对化处理。

6. 万人拥有规模以上工业企业有效专利发明数(C7)

有效专利发明是指经国家知识产权局审批已经授权并且正常维护、处于有效期的专利和发明，可以衡量企业有效专利拥有量，通过除以常住人口进行相对化处理。

7. 每万元 GDP 合同技术交易额(C8)

技术交易额指登记合同成交总额中，明确规定属于技术交易的金额，即从合同成交总额中扣除所提供的设备、仪器、零部件、原材料等非技术性费用后实际技术交易额，但合理数量的物品已直接进入研究开发成本的除外，本书采用 GDP 对该指标进行相对化处理。

8. 规模以上工业企业 R&D 项目数(C9)

该指标反映了企业的科研项目数量,有利于提升企业的科研能力,采用规模以上工业企业 R&D 项目数可以反映企业的科技创新活力。

(四)绿色环保指标

1. 万元 GDP 能耗(D1)

万元 GDP 能耗是反映能源消费水平和节能降耗状况的主要指标。该指标说明一个国家经济活动中对能源的利用程度,反映经济结构和能源利用效率的变化。其计算公式为:万元 GDP 能耗=能源消费总量/GDP。

2. 万元 GDP 能耗降低率(D2)

万元 GDP 能耗降低率是基于万元 GDP 能耗而计算,反映了该省万元 GDP 能耗相对于上一年的变化。

3. 万元 GDP 废水排放量(D3)

废水属于“三废”之一,采用万元 GDP 废水排放量体现了经济发展过程中的水污染状况。其计算公式为:万元 GDP 废水排放量=废水排放总量/GDP。

4. 万元 GDP 工业废水排放量(D4)

工业废水属于废水的一类,采用万元 GDP 工业废水排放量体现了经济发展过程中的工业水污染状况。其计算公式为:万元 GDP 工业废水排放量=工业废水排放总量/GDP。

5. 万元 GDP 废气中烟粉尘排放量(D5)

通过废气中烟粉尘排放量除以 GDP 反映了经济发展过程中的烟粉尘排放强度,有利于衡量经济发展的绿色化程度。其计算公式为:万元 GDP 废气中烟粉尘排放量=废气中烟粉尘排放量/GDP。

6. 万元 GDP 废气中二氧化硫排放量(D6)

二氧化硫是最常见、最简单的硫氧化物,世界卫生组织国际癌症研究机构将二氧化硫列为致癌物质,因此二氧化硫是大气污染中重要的污染来源。其计算公式为:万元 GDP 废气中二氧化硫排放量=废气中二氧化硫排放量/GDP。

7. 工业固体废弃物综合利用率(D7)

工业固体废弃物综合利用率是指工业固体废物综合利用量占工业固体废弃物产生量的百分率,可以一定程度衡量地区环境污染治理的力度。工业固体废弃物综合利用率体现了该省在环境污染方面的治理力度。其计算公式为:工业固体废弃物综合利用率=工业固体废弃物综合利用量/(工业固体废弃物产生量+综合利用往年贮存量)×100%。

(五)社会共享指标

1. 城镇居民人均可支配收入(E1)

城镇居民人均可支配收入是反映居民家庭全部现金收入能用于安排家庭日常生活的那部分收入，是家庭总收入扣除交纳的所得税、个人交纳的社会保障费以及调查户的记账补贴后的收入。它反映了城镇居民的收入水平。

2. 农村居民人均可支配收入(E2)

农村居民人均可支配收入是指按农村居民人口平均的“农村居民纯收入”，反映的是一个国家或地区农村居民收入的平均水平。其中，“农村居民纯收入”是指农村居民当年从各个来源渠道得到的总收入，相应地扣除获得收入所发生的费用后的收入总和。该指标反映了农村居民的收入水平。

3. 城乡收入比(E3)

城乡收入比是城乡差距的体现，通过城镇居民人均可支配收入和农村居民人均可支配收入的比值，可以衡量城乡之间的总体差距。

4. 万人拥有卫生机构床位数(E4)

卫生机构床位数是医疗资源的体现，在我国一般采用人均拥有卫生机构床位数来衡量我国的医疗资源。其计算公式为：万人拥有卫生机构床位数＝卫生机构床位数/常住人口。

5. 农村居民恩格尔系数(E5)

恩格尔系数是世界上较为通用的衡量生活水平的指数，指食物支出在总支出中的比例，该指数越低表明生活水平越高。其计算公式为：农村居民恩格尔系数＝农村居民食品消费支出/农村居民消费总支出。

6. 城市建成区绿地覆盖率(E6)

城市建成区绿地覆盖率有利于衡量城市公共绿地，有利于提升城镇居民生活品质。其计算公式为：城市建成区绿地覆盖率＝城市公共绿地面积/城市建成区面积。

第三节　评价方法

一、评价总体思路

指标权重赋值是进行评价的关键环节，总体可分为主观赋权法和客观赋权法两大类。主观赋权法主要有专家打分法和层次分析法，客观赋权法主要有变异系数法、熵值法、灰色关联法。主观赋权法通过专家意见、指标重要性来对指标进行赋权，但是主观评价可能存在忽略统计学规律的问题。客观赋权法通过指标离散程度进行赋权，即个体间差异更大的指标理应在评价中占据更为重要的地位，但是其完全靠统计差异进行权重赋值，导致权重结果缺乏经济意义。基于此，本书拟结合专家打分法和熵值法两种方法进行权重赋值，具体思路如图 2-2 所示。

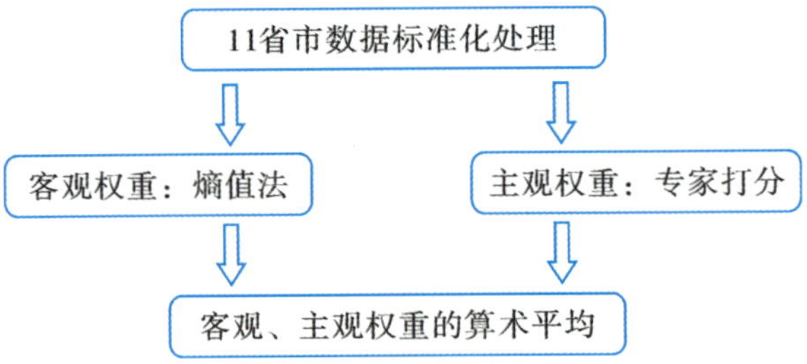

图 2-2　长江经济带高质量发展指数测算思路

二、评价方法

(一)熵值法

在信息论中，熵是对不确定性的一种度量。根据熵的特性，熵值可以用来判断某个指标的离散程度，指标的离散程度越大，该指标对综合评价的影响越大。根据各项指标的变异程度，利用信息熵这个工具，计算出各个指标的权重，为多指标综合评价提供依据。熵值法计算过程如下：

(1)假设依据 m 个指标对 n 个目标进行评价，相应可以构建一个 $m \times n$ 阶矩阵 A_{mn}，记第 i 个个体第 j 个指标数值为 a_{ij}。

(2)对矩阵进行标准化处理，对于负向指标首先对其进行取倒数处理，对于正向指标则采用原始值，然后通过式(2-1)对矩阵进行标准化处理，得到标准化决策矩阵 B_{mn}，记第 i 个个体第 j 个指标数值为 b_{ij}。式(2-1)如下：

$$b_{ij}=[a_{ij}-\min a_{ij}]/[\max a_{ij}-\min a_{ij}](i=1,2,\cdots,m;j=1,2,\cdots,n;\text{若 } a \text{ 为正向指标})$$
$$b_{ij}=[\max a_{ij}-a_{ij}]/[\max a_{ij}-\min a_{ij}](i=1,2,\cdots,m;j=1,2,\cdots,n;\text{若 } a \text{ 为负向指标})\tag{2-1}$$

(3)计算第 i 个个体对第 j 个指标的贡献度，构建的新的 $m \times n$ 阶矩阵 C_{mn}，记第 i 个个体第 j 个指标数值为 c_{ij}：

$$c_{ij}=\frac{b_{ij}}{\sum_{i=1}^{m} b_{ij}}\tag{2-2}$$

(4)计算第 j 项指标的熵值：

$$e_j=-\ln n \times \sum_{i}^{m}(c_{ij} \times \ln c_{ij})\tag{2-3}$$

(5)计算第 j 项指标的信息效用值：

$$d_j = 1 - e_j \tag{2-4}$$

(6)计算各项指标的权值：

$$w_j = \frac{d_i}{\sum_{j=1}^{n} d_j} \tag{2-5}$$

熵值法得到的各项指标的客观权值，可以判断各指标在长江经济带高质量发展水平测算中的重要性。由于客观赋值法存在过于依赖统计方法而忽视经济意义的现象，在熵值法的基础之上继续进行专家打分，对指标权重进行进一步的修正。

(二)专家打分法

专家打分法通过匿名方式征询有关专家意见，并对专家意见进行归纳和分析，客观地综合大多数专家的经验与主观判断，对大量难以采用技术方法进行定量分析的因素作出合理估算，经过多轮意见征询、反馈和调整后，最终确定指标体系的权重。

专家打分法步骤包括：第一步，确定评价指标体系和打分方式；第二步，选择该领域的优秀专家并提供背景资料，匿名征询专家意见；第三步，对专家意见进行分析汇总并反馈，专家根据反馈结果提出修正意见，经过多轮匿名征询和意见反馈，形成最终分析结论。

专家打分法的依据如下：第一步，将指标重要性分为“不重要”“有点重要”“重要”“非常重要”“极其重要”5 个档次；第二步，以 2/3 为界限，若选择“重要”“非常重要”“极其重要”的比例合计小于 2/3，则删除该指标；第三步，把“不重要”“有点重要”“重要”“非常重要”“极其重要”分别赋值 1、2、3、4、5，记某项所有专家打分得分均值为 S_i，则该项指标权重为 $w_i = \frac{S_i}{\sum_{i=1}^{m} S_i}$。

三、权重结果

按照评价思路和评价方法，取主客观权重相结合的算术平均值，最终得到 34 项三级指标评价的权重值(表 2-2)，据此测算长江经济带 11 省市 2015—2017 年的高质量发展指数及 5 类分领域指数。

表 2-2　评价指标权重值

一级指标	二级指标	权重	编号	三级指标	权重
高质量发展水平	经济绩效	0.202	A1	人均 GDP	0.044
			A2	人均一般公共财政预算收入	0.043
			A3	人均社会消费品零售总额	0.032
			A4	规模以上工业企业总资产贡献率	0.024
			A5	规模以上工业企业成本费用利润率	0.030
			A6	规模以上工业企业产品销售率	0.029

续表

一级指标	二级指标	权重	编号	三级指标	权重
高质量发展水平	经济结构	0.199	B1	常住人口城镇化率	0.040
			B2	第三产业增加值占 GDP 比重	0.049
			B3	水运货运周转量占总货运周转量比重	0.022
			B4	民营经济增加值占 GDP 比重	0.032
			B5	外资依存度	0.031
			B6	金融相关比	0.025
	科技创新	0.207	C1	万人拥有规模以上工业企业 R&D 人员全时当量	0.032
			C2	万人在校大学生数	0.018
			C3	财政科技支出占财政支出比重	0.026
			C4	财政教育支出占财政支出比重	0.016
			C5	R&D 内部经费支出占 GDP 比重	0.016
			C6	万人专利授权数	0.032
			C7	万人拥有规模以上工业企业有效专利发明数	0.031
			C8	每万元 GDP 合同技术交易额	0.017
			C9	规模以上工业企业 R&D 项目数	0.019
	绿色环保	0.199	D1	万元 GDP 能耗	0.039
			D2	万元 GDP 能耗降低率	0.028
			D3	万元 GDP 废水排放量	0.021
			D4	万元 GDP 工业废水排放量	0.025
			D5	万元 GDP 废气中烟粉尘排放量	0.032
			D6	万元 GDP 废气中二氧化硫排放量	0.024
			D7	工业固体废弃物综合利用率	0.030
	社会共享	0.193	E1	城镇居民人均可支配收入	0.041
			E2	农村居民人均可支配收入	0.045
			E3	城乡收入比	0.033
			E4	万人拥有卫生机构床位数	0.023
			E5	农村居民恩格尔系数	0.030
			E6	城市建成区绿地覆盖率	0.021

第三章　长江经济带高质量发展指数报告

牢固把握长江经济带高质量发展的内涵及关键，围绕高质量发展指数以及经济绩效、经济结构、科技创新、绿色环保、社会共享5大分领域指数，探讨2017年长江经济带高质量发展的情况，并分区段、分省市对长江经济带2015—2017年的高质量发展进行横向和纵向比较。旨在探讨长江经济带高质量发展的现状及特征，以期对长江经济带高质量发展以及区域协调发展提出有效建议。

第一节　2017年长江经济带高质量发展指数

运用第二章的研究方法，测算和分析2017年长江经济带11省市高质量发展指数和经济绩效、经济结构、科技创新、绿色环保以及社会共享等分项指数，并通过上、中、下游以及分省市等不同层面的比较，挖掘2017年长江经济带11省市高质量发展的现状及特征。

一、高质量发展指数综合分析

根据2017年长江经济带11省市高质量发展指数测算结果（表3-1），分析其主要特征主要表现在以下几个方面：

一是2017年长江经济带高质量发展指数均值为0.499，低于均值的省市居多。高于2017年长江经济带高质量发展指数均值的省市仅为长三角地区的上海、江苏和浙江，而其余8省市的高质量发展指数均低于均值，其中，湖北2017年高质量发展指数为0.486，相对较为接近均值。低于2017年长江经济带高质量发展指数均值省份居多的原因在于11省市高质量发展指数差距悬殊，高质量发展指数最高的上海是指数相对最低的云南的3倍多。

二是江苏、上海、浙江3省市领跑长江经济带高质量发展，湖北、重庆是中、上游地区高质量发展的重要支撑。上海、江苏和浙江3省市2017年的高质量发展指数分别为0.837、0.715和0.716，居长江经济带11省市前3位，不仅高于其余8省市，而且差距相对较大。中游地区的湖北2017年高质量发展指数为0.486，在长江经济带排名第4，而上游地区的重庆2017年高质量发展指数为0.459，在长江经济带11省市中排名第5，湖北和重庆是长江经济带中、上游地区高质量发展的重要支撑。值得注意的是，长江上游的重庆、四川，中游的湖北、湖南、江西以及下游地区安徽，6省市高质量发展指数均在0.4～0.5，指数差距不大，高质量发展水平较为接近。

表 3-1　　2017 年长江经济带高质量发展指数结果及排名

区域划分	省份	总得分	总排名
下游地区	上海	0.837	1
	江苏	0.715	3
	浙江	0.716	2
	安徽	0.450	6
中游地区	江西	0.404	9
	湖北	0.486	4
	湖南	0.436	7
上游地区	重庆	0.459	5
	四川	0.409	8
	贵州	0.296	10
	云南	0.277	11
均值		0.499	—

三是长江经济带高质量发展的空间梯度格局明显。空间梯度格局主要表现为随着长江自上而下，其高质量发展指数总体呈现上升趋势(图 3-1)。长江下游地区的上海、江苏、浙江处于第一梯队，3 省市高质量发展指数均高于 0.7，且远高于其他省市；下游地区的安徽，中游地区的湖北、江西、湖南和上游地区的重庆和四川处于第二梯队，6 省市的高质量发展指数处于 0.4～0.5，且差距相对较小；上游地区的贵州和云南处于第三梯队，高质量发展指数处于 0.2～0.3。同时，除长三角地区的江苏、上海、浙江 3 省市外，长江北岸沿线省市的高质量发展水平要高于南岸沿线省市。

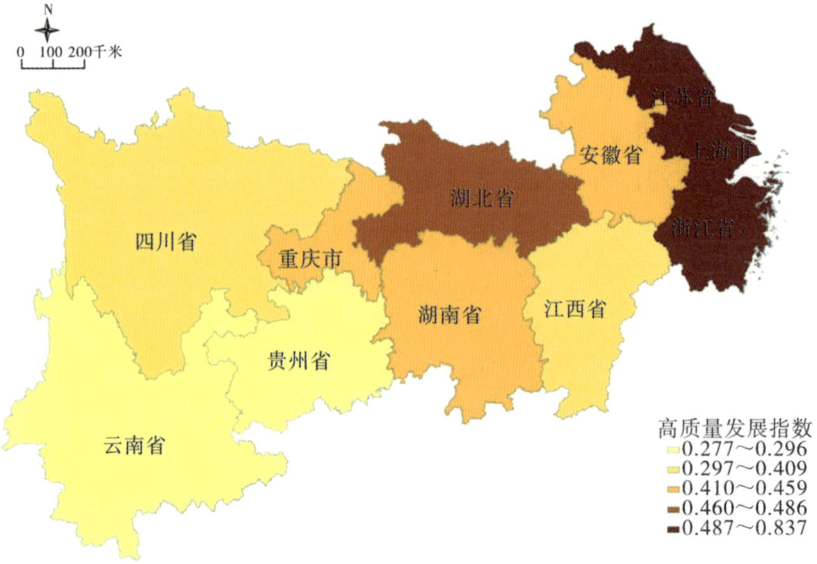

图 3-1　2017 年长江经济带 11 省市高质量发展指数空间分布图

二、分领域指数分析

(一)经济绩效指数

2017 年长江经济带 11 省市的经济绩效指数如表 3-2 所示,经济绩效指数平均值为 0.086,高于均值的省市依次为上海、江苏、浙江和重庆,其余 7 省市均低于经济绩效指数均值。

表 3-2　　2017 年长江经济带 11 省市经济绩效指数

区域划分	省份	指数	排名
长江下游	上海	0.185	1
	江苏	0.126	2
	浙江	0.111	3
	安徽	0.055	9
	下游均值	0.119	—
长江中游	江西	0.081	5
	湖北	0.075	6
	湖南	0.068	7
	中游均值	0.075	—
长江上游	重庆	0.089	4
	四川	0.066	8
	贵州	0.051	10
	云南	0.045	11
	上游均值	0.063	—

从流域上、中、下游来看,下游地区江苏、上海、浙江、安徽 4 省市 2017 年的经济绩效指数均值为 0.119,高于 11 省市经济绩效指数均值;中游地区湖南、湖北、江西 3 省 2017 年的经济绩效指数均值为 0.075,低于长江经济带经济绩效指数均值;上游地区云南、贵州、四川、重庆 4 省市 2017 年的经济绩效指数为 0.063。长江经济带下游地区的经济绩效指数相对最高,分别比中游和上游地区高 0.044 和 0.056;其次是中游地区,而上游地区的经济绩效指数相对较低,与中游地区相差 0.012。

从 11 省市来看,2017 年经济绩效指数排在前 3 位的依次为上海、江苏和浙江,3 省市经济绩效领跑长江经济带。重庆市 2017 年的经济绩效指数为 0.089,不仅高于长江经济带 11 省市经济绩效指数均值,而且高于长江中、上游的 7 省市,成为长江经济带中、上游地区经济绩效的"领跑者"。经济绩效指数相对较低的省份为安徽、贵州和云南。总体而言,长江经济带经济绩效指数的空间结构表现为长江自上而下呈现递增的趋势,但上游地区也存在经济绩效的"高地"重庆，而下游地区也有经济绩效发展相对的"凹地"安徽。2017 年长江经济带 11 省市经济绩效指数空间分布如图 3-2 所示。

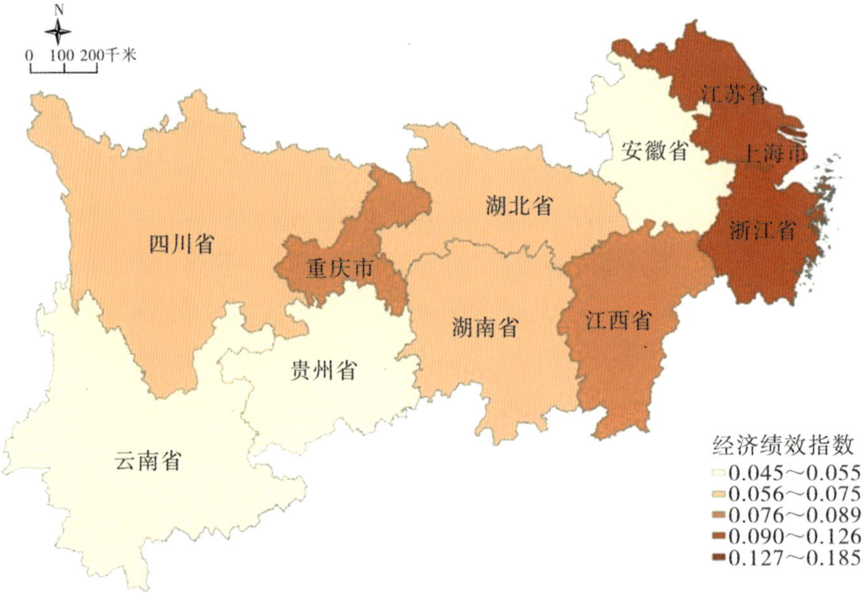

图 3-2　2017 年长江经济带 11 省市经济绩效指数空间分布图

(二)经济结构指数

2017 年长江经济带 11 省市的经济结构指数如表 3-3 所示，经济结构指数均值为 0.078，高于均值的省市依次为上海、江苏、浙江和重庆，其余 7 省市经济结构指数均低于均值，其中，安徽 2017 年的经济结构指数为 0.077，在低于经济结构指数均值的 7 省市中相对最高。

表 3-3　2017 年长江经济带 11 省市经济结构指数

区域划分	省份	指数	排名
长江下游	上海	0.165	1
	江苏	0.097	3
	浙江	0.121	2
	安徽	0.077	5
	下游均值	0.115	—
长江中游	江西	0.067	7
	湖北	0.065	8
	湖南	0.069	6
	中游均值	0.067	—

续表

区域划分	省份	指数	排名
长江上游	重庆	0.085	4
	四川	0.057	9
	贵州	0.040	10
	云南	0.027	11
	上游均值	0.052	—

从流域上、中、下游来看，下游地区江苏、上海、浙江、安徽 4 省市 2017 年的经济结构指数均值为 0.115，高于 11 省市经济结构指数均值。中游地区湖南、湖北、江西 3 省 2017 年的经济结构指数均值为 0.067，低于长江经济带经济结构指数均值，同时，3 省的经济结构指数较为接近，实力相当。上游地区云南、贵州、四川、重庆 4 省市 2017 年的经济结构指数均值为 0.052，重庆最高，为 0.085，而云南相对较低，为 0.027，相差 0.058。总体而言，长江经济带下游地区的经济结构指数最高，其次是中游地区，下游地区的经济结构指数相对较低。同时，长江经济带下游地区的安徽的经济结构指数与江苏、上海、浙江 3 省市还存在一定的差距，上游地区的云南和贵州 2 省经济结构指数与重庆市还存在一定的差距。

从 11 省市来看，2017 年经济结构指数排在前 3 位的依次为上海、浙江和江苏，说明 3 省市经济结构相对优于长江经济带其他省市。重庆市 2017 年的经济结构指数为 0.085，该指数在长江经济带中位列第 4 位，与经济绩效指数一样，不仅高于长江经济带 11 省市经济结构指数均值，也高于长江中、上游其他 7 省市，说明其经济结构在长江经济带中、上游地区相对最优。经济结构指数相对较低的省份为四川、贵州、云南，其中经济结构指数相对较低的云南与指数最高的上海，该指数相差 0.138，存在较大差距。总体而言，除了重庆经济结构指数在中、上游地区相对较高之外，长江经济带经济结构指数的空间梯度格局明显，下游地区的江苏、上海、浙江为第一梯队，湖南、湖北、江西、安徽 4 省经济结构指数实力较为接近，是长江经济带经济结构第二梯队，而云南、贵州、四川 3 省的经济结构指数在长江经济带中则相对较低。2017 年长江经济带 11 省市经济结构指数空间分布如图 3-3 所示。

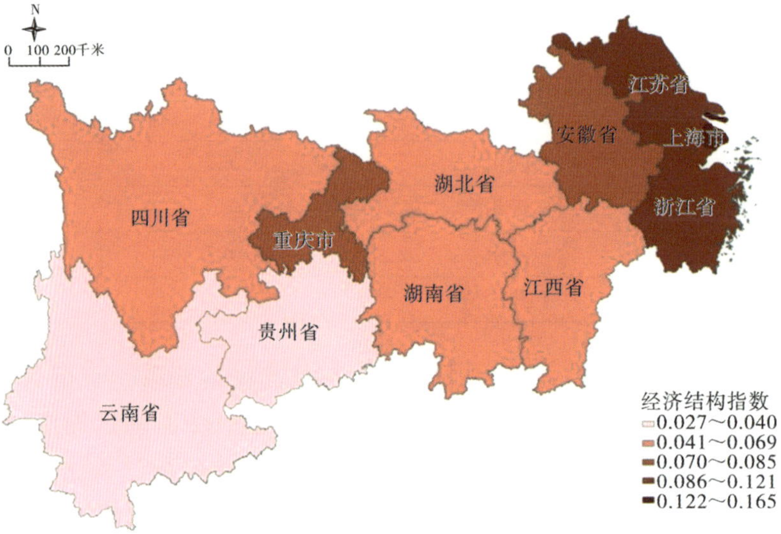

图 3-3　2017 年长江经济带 11 省市经济结构指数空间分布图

(三)科技创新指数

2017 年长江经济带 11 省市的科技创新指数如表 3-4 所示，科技创新指数均值为 0.081，高于均值的省市依次为江苏、浙江和上海。湖北省 2017 年的科技创新指数与长江经济带科技创新指数均值一致，位列长江经济带 11 省市中第 4 位。

表 3-4　　2017 年长江经济带 11 省市科技创新指数

区域划分	省份	指数	排名
长江下游	上海	0.147	3
	江苏	0.169	1
	浙江	0.154	2
	安徽	0.074	5
	下游均值	0.136	—
长江中游	江西	0.059	6
	湖北	0.081	4
	湖南	0.033	10
	中游均值	0.058	—
长江上游	重庆	0.056	7
	四川	0.049	8
	贵州	0.045	9
	云南	0.028	11
	上游均值	0.045	—

从流域上、中、下游来看，上游地区2017年的科技创新指数均值为0.045，低于长江经济带科技创新指数均值，其中，重庆科技创新指数在上游地区最高，而云南科技创新指数在上游地区则相对较低。中游地区的科技创新指数均值为0.058，高于上游地区，低于下游地区，中游地区科技创新指数最高的省份为湖北，而湖南在中游地区的科技创新指数相对较低。下游地区2017年的科技创新指数均值为0.136，比中游地区科技创新指数均值高0.078，且是上游地区科技创新指数均值的3倍。由此可见，长江经济带上、中、下游的科技创新指数还存在较大的差距。

从11省市来看，2017年科技创新指数排在前3位的省市依次为江苏、浙江和上海，且3省市的科技创新指数较为接近。江苏省作为科教大省，不仅人才资源丰富，而且在工业企业创新领域的成果相对突出。同样作为科教大省的湖北，2017年该省科技创新指数为0.081，领跑长江中、上游地区，但与下游地区的江苏、上海、浙江仍然存在一定的差距。而科技创新指数较低的省份为贵州、湖南和云南。2017年长江经济带11省市科技创新指数空间分布如图3-4所示。

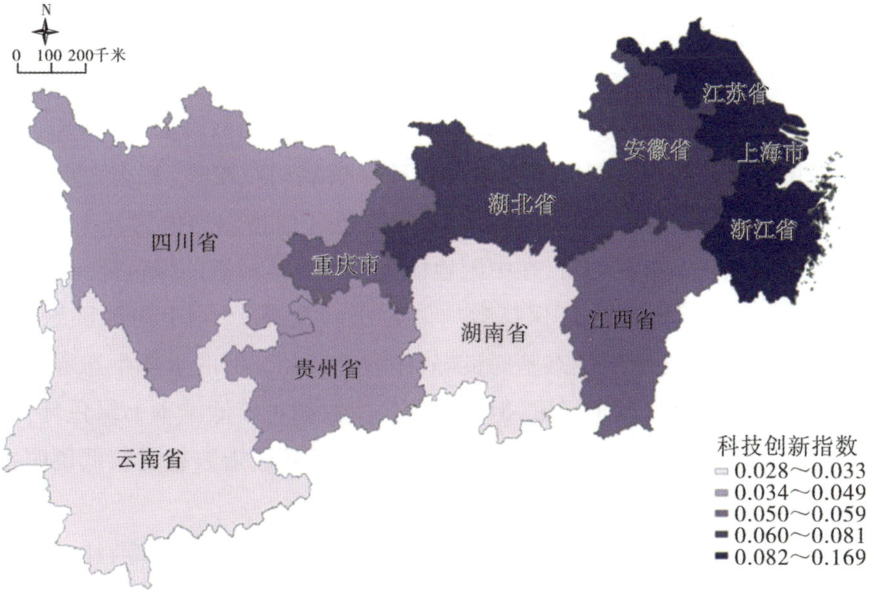

图3-4　2017年长江经济带11省市科技创新指数空间分布图

(四)绿色环保指数

2017年长江经济带11省市的绿色环保指数如表3-5所示，绿色环保指数均值为0.150，高于均值的省市达到7个，按照指数高低依次为江苏、上海、浙江、湖南、安徽、四川和湖北。重庆2017年的绿色环保指数为0.148，接近长江经济带绿色环保指数的均值水平。

表 3-5　　2017 年长江经济带 11 省市绿色环保指数

区域划分	省份	指数	排名
长江下游	上海	0.184	2
	江苏	0.185	1
	浙江	0.178	3
	安徽	0.162	5
	下游均值	0.177	—
长江中游	江西	0.106	11
	湖北	0.151	7
	湖南	0.163	4
	中游均值	0.140	—
长江上游	重庆	0.148	8
	四川	0.153	6
	贵州	0.116	9
	云南	0.108	10
	上游均值	0.131	—

从流域上、中、下游来看，上游地区 2017 年的绿色环保指数均值为 0.131，低于长江经济带 11 省市绿色环保指数均值，其中，四川绿色环保指数相对较高，其次为重庆，而贵州和云南的绿色环保指数相对较低。中游地区 2017 年绿色环保指数均值为 0.140，同样低于长江经济带 11 省市绿色环保指数均值，在中游地区 3 省市中江西省的绿色环保指数为 0.106，相对较低。下游地区 2017 年绿色环保指数均值为 0.177，高于中、上游地区绿色环保指数均值。虽然长江经济带上游地区生态基底良好，作为长江经济带的重要生态屏障，对于保障全流域生态安全、保护母亲河举足轻重，但绿色环保指数相对较低。本书绿色环保指数侧重考察了污染排放及环境治理等领域的因素，上游地区绿色环保指数相对较低说明在环境保护、循环发展和污染治理等领域仍须加大力度。

从 11 省市来看，绿色环保指数排在前 3 位的依次为江苏、上海和浙江，均为长江下游地区省市，说明下游地区在绿色环保方面的成效相对显著。湖南省作为我国“两型社会”建设综合配套改革试验区，绿色环保成效也较为显著，2017 年湖南绿色环保指数为 0.163，位列长江经济带第 4 位。同样作为“两型社会”建设综合配套改革试验区的湖北，2017 年绿色环保指数为 0.151，虽然高于长江经济带绿色环保指数均值，但低于湖南、安徽、四川等省，说明湖北在绿色发展和环境保护领域仍须加大力度。绿色环保指数相对较低的省市分别为贵州、云南和江西，建议 3 省在充分发挥良好生态基底优势的同时，加强环保环境保护，推动产业绿色发展。2017 年长江经济带 11 省市绿色环保指数空间分布如图 3-5 所示。

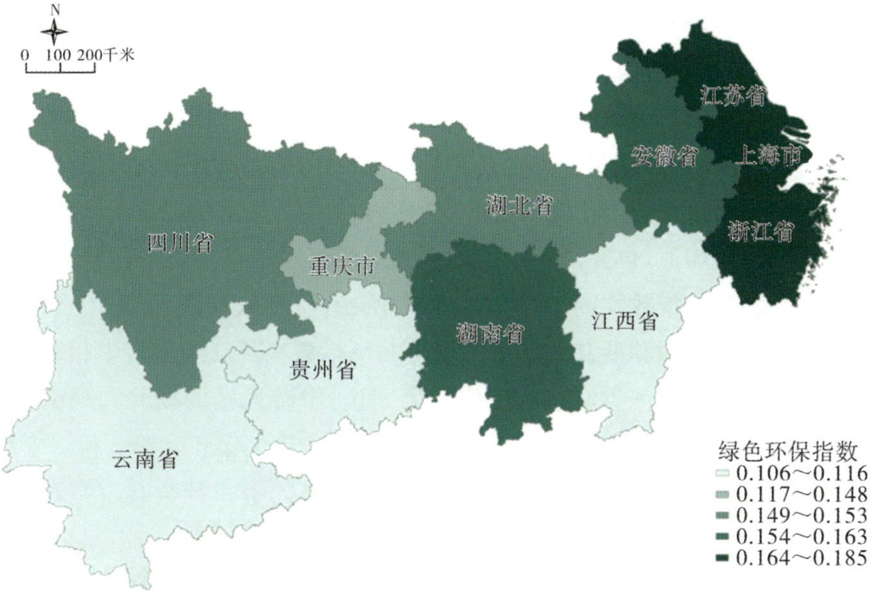

图 3-5　2017 年长江经济带 11 省市绿色环保指数空间分布图

(五)社会共享指数

2017 年长江经济带 11 省市的社会共享指数如表 3-6 所示，社会共享指数均值为 0.101，高于均值的省市达到 5 个，按照指数高低依次为上海、浙江、江苏、湖北和湖南。

表 3-6　　2017 年长江经济带 11 省市社会共享指数

区域划分	省份	指数	排名
长江下游	上海	0.157	1
	江苏	0.137	3
	浙江	0.153	2
	安徽	0.082	8
	下游均值	0.132	—
长江中游	江西	0.091	6
	湖北	0.113	4
	湖南	0.102	5
	中游均值	0.102	—
长江上游	重庆	0.080	9
	四川	0.084	7
	贵州	0.044	11
	云南	0.069	10
	上游均值	0.069	—

从流域上、中、下游来看，上游地区 2017 年的社会共享指数均值为 0.069，低于长江经济带 11 省市社会共享指数均值，重庆和四川的社会共享指数在上游地区相对较高，而贵州的社会共享指数相对较低。中游地区 2017 年的社会共享指数均值为 0.102，略高于长江经济带社会共享指数均值，其中湖北和湖南高于长江经济带社会共享指数均值，江西则略低于长江经济带社会共享指数均值。下游地区 2017 年社会共享指数均值为 0.132，不仅高于长江经济带社会共享指数均值，也要高于中游地区和上游地区。下游地区除安徽外，江苏、上海、浙江 3 省市的社会共享指数均高于长江经济带社会共享指数均值。

从 11 省市来看，上海和浙江 2 省市的社会共享指数在长江经济带中相对较高，位列前 2 位，且实力相当；其次是江苏省，位列 11 省市第 3 位；中游地区的湖北和湖南 2 省社会共享指数分别为 0.113 和 0.102，分别位列长江经济带 11 省市的第 4 和第 5 位。安徽、重庆和四川 3 省市的社会共享指数接近，实力相当。而上游地区的贵州社会共享指数相对较低。总体而言，长江经济带社会共享指数空间格局总体表现为沿长江自上而下呈递增趋势，仅下游地区的安徽省社会共享指数相对江苏、上海、浙江以及中游的湖南、湖北、江西等省市偏低。2017 年长江经济带 11 省市社会共享指数空间分布如图 3-6 所示。

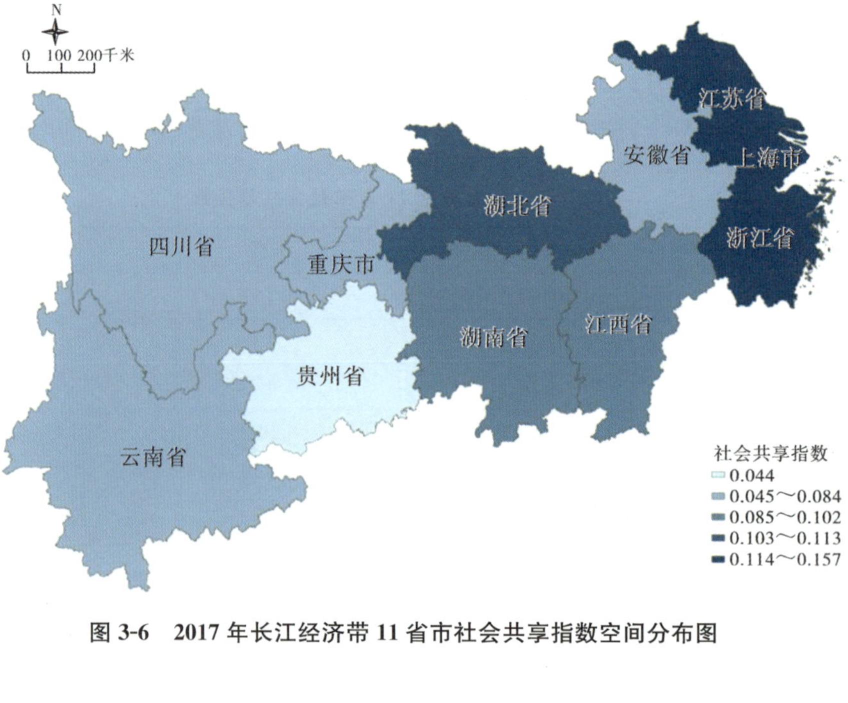

图 3-6　2017 年长江经济带 11 省市社会共享指数空间分布图

三、指数贡献度分析

考察长江经济带 11 省市高质量发展综合指数所包括的 5 类指数贡献度，即每一具体指数占高质量发展指数的比重，根据测算结果（表 3-7 和图 3-7）可发现以下几个方面的特征：

表 3-7　　2017 年长江经济带 11 省市高质量发展 5 类指数的贡献度

地区	高质量发展贡献度(%)				
	经济绩效	经济结构	科技创新	绿色环保	社会共享
上海	22.1	19.7	17.5	21.9	18.8
江苏	17.6	13.6	23.7	25.9	19.2
浙江	15.4	16.9	21.5	24.8	21.4
安徽	12.2	17.1	16.5	36.0	18.2
江西	20.1	16.6	14.7	26.1	22.5
湖北	15.4	13.5	16.7	31.1	23.3
湖南	15.6	15.9	7.7	37.4	23.4
重庆	19.4	18.6	12.3	32.3	17.4
四川	16.1	14.1	12.0	37.3	20.5
贵州	17.2	13.7	15.1	39.2	14.8
云南	16.2	9.8	10.2	39.0	24.8
均值	17.0	15.4	15.3	31.9	20.4

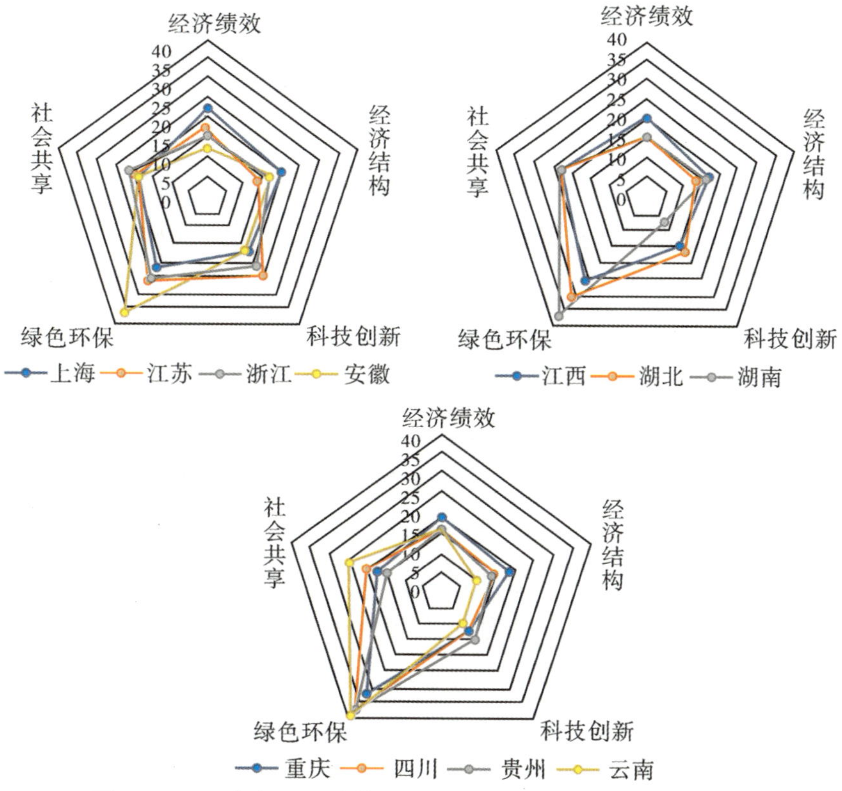

图 3-7　2017 年长江经济带 11 省市高质量发展 5 类指数贡献度

一是绿色环保是长江经济带高质量发展的重要贡献指数。11省市绿色环保指数对于高质量发展指数的贡献度均值为31.9%，位列5类指数中的第1位，尤其是中、上游地区省市的绿色环保指数贡献度比较高。

二是11省市的5类指数对高质量发展贡献度依次为绿色环保（31.9%）、社会共享（20.4%）、经济绩效（17.0%）、经济结构（15.4%）、科技创新（15.3%）。同时，计算11省市5个指数贡献度的标准差来反映各个指数贡献度的离散程度，发现5类指数贡献度离散程度从高至低依次为绿色环保、科技创新、社会共享、经济结构和经济绩效。据此判断，绿色环保对高质量发展指数贡献度较高，但各省市绿色环保对高质量发展指数贡献度也存在较大的差距，而且11省市科技创新指数对高质量发展指数贡献度的差异也较大。

三是部分省市5类指数对高质量发展指数的贡献度相对较为均衡，以标准差作为判断依据，5类指数对高质量发展指数贡献度相对均衡前4位的省市依次为上海、浙江、江西和江苏，主要分布在长江下游和中游地区。

四是部分省市5类指数对高质量发展指数的贡献度存在明显的短板，比如云南的经济结构指数贡献度仅为9.8%，科技创新指数贡献度为10.2%，而绿色环保指数贡献度达到39%；湖南的科技创新指数贡献度为7.7%，而绿色环保指数贡献度达到37.4%。

第二节　长江经济带省市高质量发展指数分析

对长江经济带上、中、下游的11省市2015—2017年高质量发展指数进行分析，一方面挖掘11省市各高质量发展指数及5项分领域指数的变化，另一方面分上、中、下游对各省市高质量发展指数进行比较，以期挖掘长江经济带高质量发展的现状及特征。

一、下游地区省市高质量发展指数比较

（一）上海

上海作为长江经济带高质量发展的龙头，其高质量发展走在长江经济带发展前列，高质量发展指数从2015年的0.749上升到2017年的0.837，稳居长江经济带11省市第1位。从5类分领域指数来看，除经济结构指数外均呈现上升趋势，经济绩效指数从2015年的0.156上升到2017年的0.185，科技创新指数从2015年的0.133上升到2017年的0.147，绿色环保指数从2015年的0.159上升到2017年的0.184，社会共享指数从2015年的0.127上升到2017年的0.157；而经济结构指数则略有下降，从2015年的0.173下降到2017年的0.165（图3-8）。

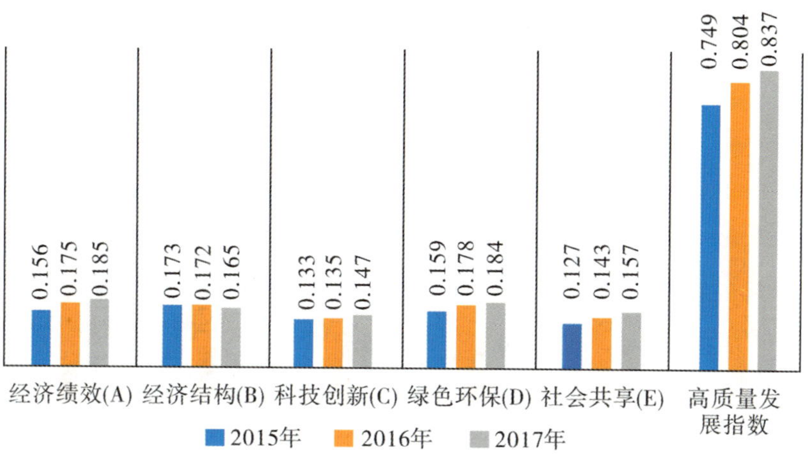

图 3-8　上海 2015—2017 年高质量发展指数变化

从分领域指数排名来看，上海的经济绩效指数、经济结构指数在 2015—2017 年稳居长江经济带第 1 位，社会共享指数从 2015 年的第 2 位上升到 2016 年和 2017 年的第 1 位，绿色环保指数从 2015 年和 2016 年的第 1 位下降到 2017 年的第 2 位，科技创新指数则一直位列长江经济带 11 省市中的第 3 位。从分领域指数的增长情况来看，增长速度最快的指数是社会共享指数，由 2015 年的 0.127 上升到 2017 年的 0.157，增长 23.6%，其次是经济绩效指数和绿色环保指数，分别增长 18.6%和 15.7%(图 3-9)。

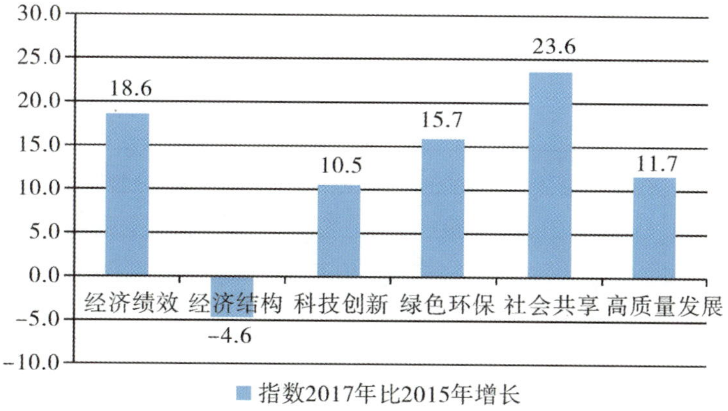

图 3-9　上海 2017 年比 2015 年高质量发展指数增长(单位:%)

(二)江苏

江苏的高质量发展指数从 2015 年的 0.620 上升到 2017 年的 0.715，增长 15.3%。5 类分领域指数均呈上升趋势，经济绩效指数从 2015 年的 0.112 上升到 2017 年的 0.126，经济结构指数从 2015 年的 0.094 上升到 2017 年的 0.097，科技创新指数从 2015 年的 0.150 上升到 2017 年的 0.169，绿色环保指数从 2015 年的 0.154 上升到 2017 年的 0.185，社会共享指数从 2015 年的 0.110 上升到 2017 年的 0.137(图 3-10)。

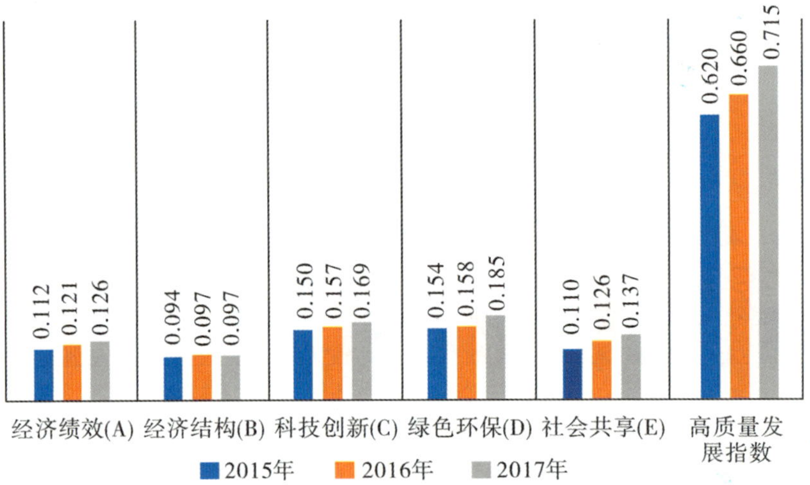

图 3-10　江苏 2015—2017 年高质量发展指数变化

从分领域指数排名来看，江苏 2015—2017 年的科技创新指数在长江经济带 11 省市中稳居第 1 位，绿色环保指数由 2015 年的第 2 位上升到 2017 年的第 1 位，2015—2017 年的经济绩效和经济结构指数分别稳居第 2 位和第 3 位，社会共享指数也稳居在第 3 位。从分领域指数的增长情况来看，社会共享指数增长最高，2017 年比 2015 年增长 24.5%，其次是绿色环保指数，2017 年比 2015 年增长 20.1%，再次是科技创新指数和经济绩效指数，分别增长 12.7%和 12.5%(图 3-11)。

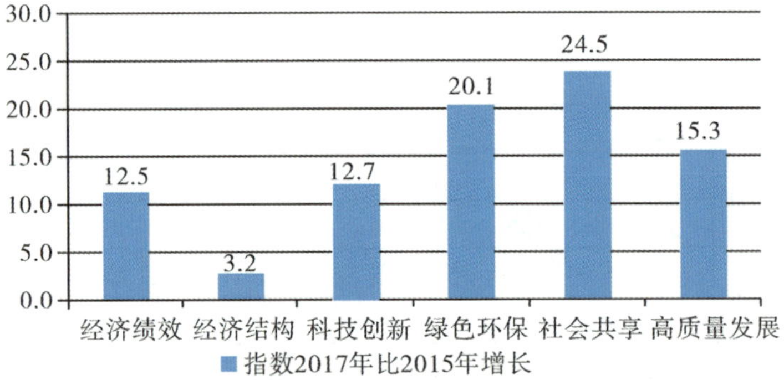

图 3-11　江苏 2017 年比 2015 年高质量发展指数增长(单位:%)

(三)浙江

浙江的高质量发展指数从 2015 年的 0.611 上升到 2017 年的 0.716，增长 17.2%，排名由 2015 年的第 3 位上升到 2017 年的第 2 位。此外，5 类分领域指数均呈上升趋势，经济绩效指数从 2015 年的 0.091 上升到 2017 年的 0.111，经济结构指数从 2015 年的 0.112 上升到 2017 年的 0.121，科技创新指数从 2015 年的 0.143 上升到 2017 年的 0.154，绿色环保指数从 2015 年的 0.136 上升到 2017 年的 0.178，社会共享指数从 2015 年的 0.129 上升到

2017 年的 0.153(图 3-12)。

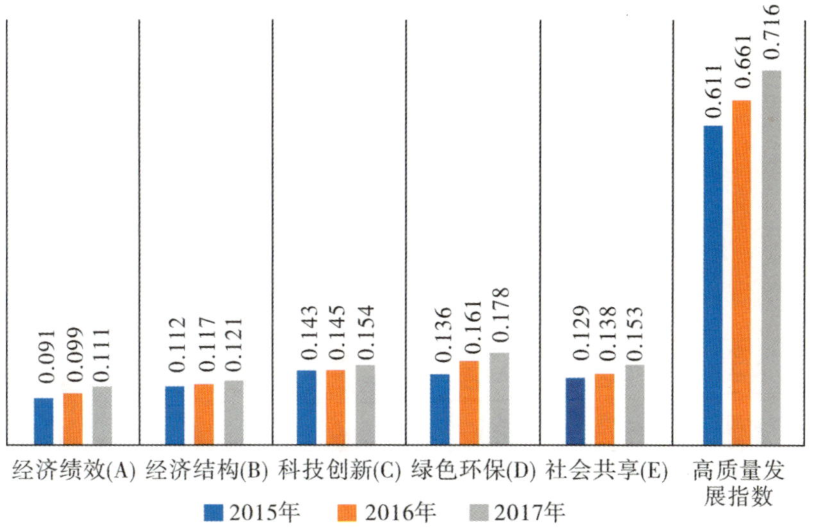

图 3-12　浙江 2015—2017 年高质量发展指数变化

从分领域指数排名来看,浙江在经济结构指数和科技创新指数在 2015—2017 年稳居第 2 位,经济绩效指数位列第 3 位,社会共享指数由 2015 年的第 1 位下降到 2017 年的第 2 位。从分领域指数的增长情况来看,浙江省绿色环保指数增长最快,该指数 2017 年比 2015 年增长 30.9%;其次是经济绩效指数和社会共享指数,2017 年比 2015 年分别增长 22.0%和 18.6%(图 3-13)。

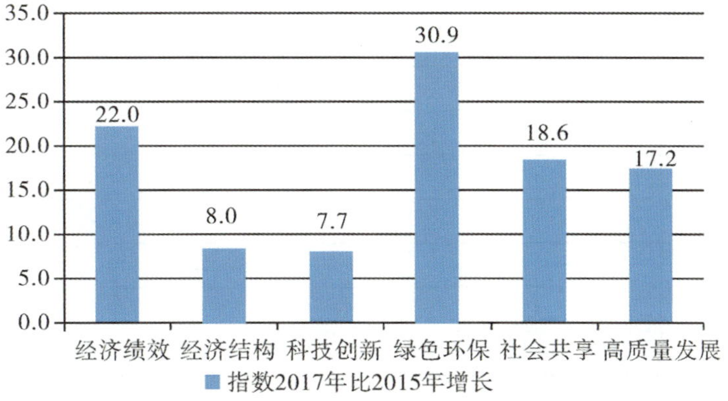

图 3-13　浙江 2017 年比 2015 年高质量发展指数增长(单位:%)

(四)安徽

安徽的高质量发展指数从 2015 年的 0.324 上升到 2017 年的 0.450,增长 38.9%。5 类分领域指数均呈上升趋势,经济绩效指数从 2015 年的 0.045 上升到 2017 年的 0.055,经济结构指数从 2015 年的 0.064 上升到 2017 年的 0.077,科技创新指数从 2015 年的 0.055 上升到 2017 年的 0.074，绿色环保指数从 2015 年的 0.100 上升到 2017 年的 0.162，社会共享指数从 2015 年的 0.059 上升到 2017 年的 0.082(图 3-14)。

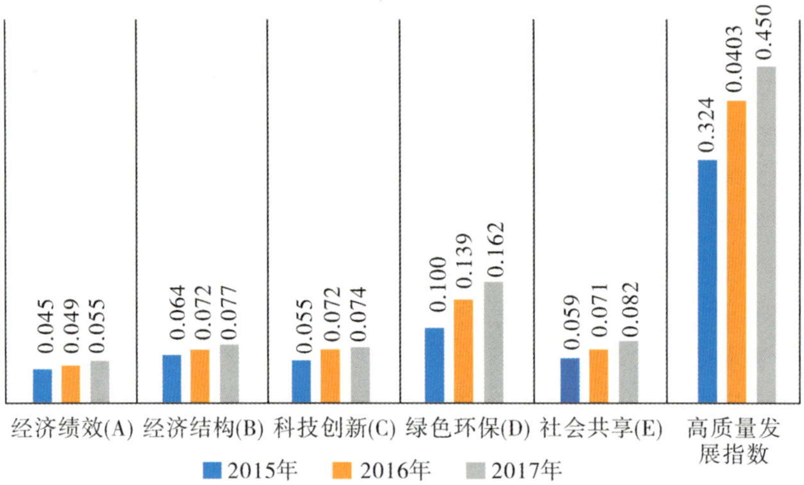

图 3-14　安徽 2015—2017 年高质量发展指数变化

从分领域指数排名来看，安徽在经济结构指数、科技创新指数在 2015—2017 年均位居第 5 位，绿色环保指数则由 2015 年的第 8 位上升到 2017 年的第 5 位，经济绩效指数则由 2015 年的第 9 位上升到 2017 年的第 8 位。从分领域指数的增长情况来看，安徽绿色环保指数增长最快，该指数由 2015 年的 0.100 上升到 2017 年的 0.162，增长 62.0%；其次是社会共享指数和科技创新指数，两个指数 2017 年比 2015 年分别增长 39.0% 和 34.5%，也保持了较快的增长速度(图 3-15)。

图 3-15　安徽 2017 年比 2015 年高质量发展指数增长(单位:%)

(五)江苏、上海、浙江、安徽 4 省市高质量发展指数指标比较

通过比较长江下游地区江苏、上海、浙江、安徽 4 省市高质量发展指数(表 3-8)，可以概括为以下几个特点：一是上海是下游地区高质量发展的“领头羊”，不仅承担着引领下游地区

高质量发展的责任，也联合江苏和浙江承担着引领长江经济带高质量发展的任务。二是各省市在 5 大发展领域各有所长，比如，上海在经济绩效、经济结构和社会共享领域；江苏在科技创新和经济绩效领域；浙江则在 5 大领域发展比较均衡，在经济结构、科技创新、社会共享领域均位列长江经济带第 2 位。三是浙江与江苏高质量发展指数相当，仅 2015 年两省高质量发展指数相差 0.009，在 2016 年和 2017 年仅相差 0.001。四是安徽在下游地区的高质量发展指数相对较低，2017 年的高质量发展指数位列长江经济带 11 省市的第 6 位，而在经济绩效指数和社会共享指数排名也相对较为靠后，均排在长江经济带 11 省市的第 8 位。值得注意的是，虽然安徽高质量发展指数在下游地区虽然较低，但该指数增速相对最快，2017 年比 2015 年增长 38.9%。

表 3-8　长江经济带下游地区 2015—2017 年高质量发展指数

年份	地区	经济绩效(A)		经济结构(B)		科技创新(C)		绿色环保(D)		社会共享(E)		高质量发展	
		指数	排名	指数	排名	指数	排名	指数	排名	指数	排名	指数	排名
2015 年	上海	0.156	1	0.173	1	0.133	3	0.159	1	0.127	2	0.749	1
	江苏	0.112	2	0.094	3	0.150	1	0.154	2	0.110	3	0.620	2
	浙江	0.091	3	0.112	2	0.143	2	0.136	3	0.129	1	0.611	3
	安徽	0.045	9	0.064	5	0.055	5	0.100	8	0.059	8	0.324	7
2016 年	上海	0.175	1	0.172	1	0.135	3	0.178	1	0.143	1	0.804	1
	江苏	0.121	2	0.097	3	0.157	1	0.158	3	0.126	3	0.660	3
	浙江	0.099	3	0.117	2	0.145	2	0.161	2	0.138	2	0.661	2
	安徽	0.049	9	0.072	5	0.072	5	0.139	7	0.071	8	0.403	6
2017 年	上海	0.185	1	0.165	1	0.147	3	0.184	2	0.157	1	0.837	1
	江苏	0.126	2	0.097	3	0.169	1	0.185	1	0.137	3	0.715	3
	浙江	0.111	3	0.121	2	0.154	2	0.178	3	0.153	2	0.716	2
	安徽	0.055	8	0.077	5	0.074	5	0.162	5	0.082	8	0.450	6

二、中游地区省市高质量发展指数比较

(一)江西

江西的高质量发展指数从 2015 年的 0.297 上升到 2017 年的 0.404，增长 36.0%，排名稳定在第 9 位。5 项分领域指数均呈上升趋势，经济绩效指数从 2015 年的 0.079 上升到 2017 年的 0.081，经济结构指数从 2015 年的 0.054 上升到 2017 年的 0.067，科技创新指数从 2015 年的 0.043 上升到 2017 年的 0.059，绿色环保指数从 2015 年的 0.057 上升到 2017 年的 0.106，社会共享指数从 2015 年的 0.065 上升到 2017 年的 0.091(图 3-16)。

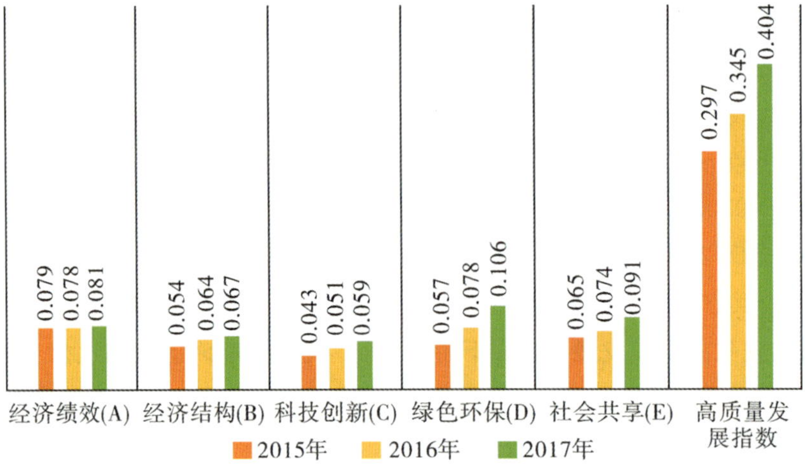

图 3-16　江西 2015—2017 年高质量发展指数变化

从分领域指数排名来看，江西的经济绩效指数排名最高，排在长江经济带 11 省市第 5 位，其次是社会共享指数，在长江经济带各省市中排名第 6，科技创新指数由 2015 年的第 7 位上升到 2017 年的第 6 位。从分领域指数的增长情况来看，江西的绿色环保指数从 2015 年的 0.057 增长到 2017 年的 0.106，增长 86.0%，但由于长江经济带 11 省市绿色环保指数均呈现较快的增长，江西省绿色环保指数的排名停留在 11 位，排名靠后。其次是社会共享指数和科技创新指数，分别增长 40.0%和 37.2%(图 3-17)。

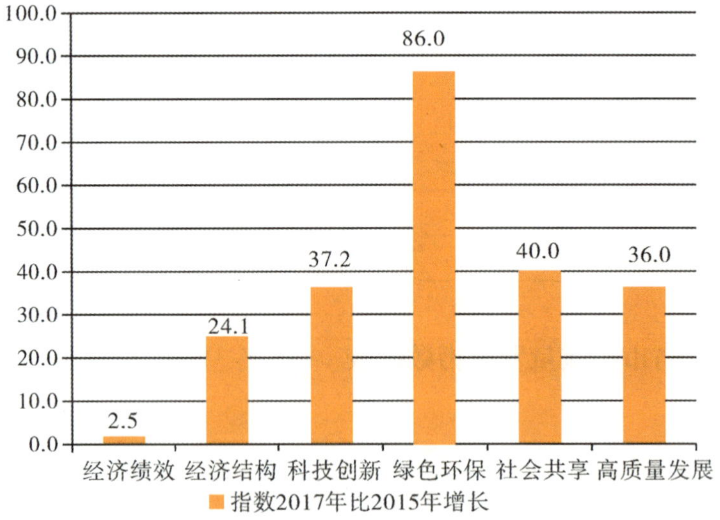

图 3-17　江西 2017 年比 2015 年高质量发展指数增长(单位:%)

(二)湖北

湖北的高质量发展指数从 2015 年的 0.406 上升到 2017 年的 0.486，增长 19.7%，排名稳定在第 4～5 位。5 项分领域指数均呈上升趋势，经济绩效指数从 2015 年的 0.065 上升到

2017 年的 0.075，经济结构指数从 2015 年的 0.054 上升到 2017 年的 0.065，科技创新指数从 2015 年的 0.070 上升到 2017 年的 0.081，绿色环保指数从 2015 年的 0.123 上升到 2017 年的 0.151，社会共享指数从 2015 年的 0.094 升到 2017 年的 0.113(图 3-18)。

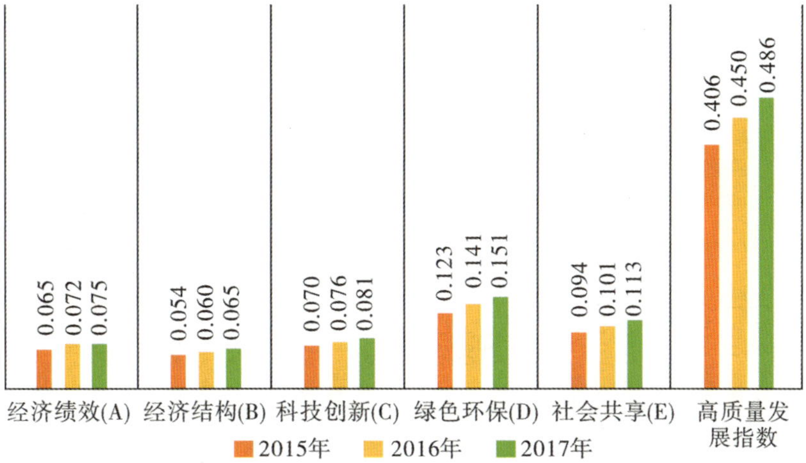

图 3-18　湖北 2015—2017 年高质量发展指数变化

从分领域指数排名来看，湖北的科技创新指数和社会共享指数在 2015—2017 年均稳定在第 4 位，经济绩效指数从 2015 年的第 7 位上升到 2017 年的第 6 位，而经济结构和绿色环保指数的排名略有下降。从分领域指数的增长情况来看，指数增长最快的是绿色环保指数，2017 年比 2015 年增长 22.8%，增长速度相对较慢的是经济绩效指数，2017 年比 2015 年增长 15.4%。经济结构指数和社会共享指数均实现 20%左右的增长(图 3-19)。

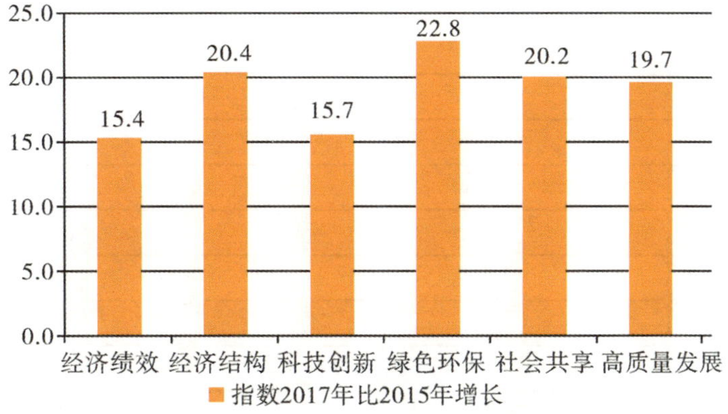

图 3-19　湖北 2017 年比 2015 年高质量发展指数增长(单位:%)

(三)湖南

湖南的高质量发展指数从 2015 年的 0.342 上升到 2017 年的 0.436，增长 27.5%，排名从 2015 年的第 6 位下降到 2017 年的第 7 位。经济绩效指数虽然从 2015 年的 0.067 上升到

2017 年的 0.068，但是 2017 年的经济绩效指数却比 2016 年的低 0.003，经济结构指数从 2015 年的 0.054 上升到 2017 年的 0.069，科技创新指数从 2015 年的 0.027 上升到 2017 年的 0.033，绿色环保指数从 2015 年的 0.117 上升到 2017 年的 0.163，社会共享指数从 2015 年的 0.076 上升到 2017 年的 0.102（图 3-20）。

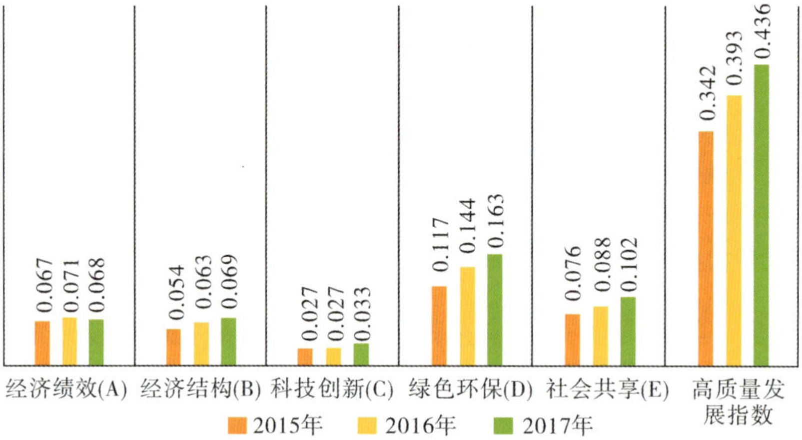

图 3-20　湖南 2015—2017 年高质量发展指数变化

从分领域指数排名来看，湖南在社会共享指数排名较为靠前，排在长江经济带 11 省市第 5 位，绿色环保指数也从 2015 年的第 6 位上升到 2017 年的第 4 位，经济结构排名从 2015 年的第 8 位上升到 2017 年的第 6 位。湖南的科技创新指数排名相抵较为靠后，2015—2017 年排名在第 10 位。从分领域指数增长情况来看，湖南绿色环保指数从 2015 年的 0.117 增长到 2017 年的 0.163，增长 39.3%；其次是社会共享指数，2017 年比 2015 年增长 34.2%；再次是经济结构指数，2017 年比 2015 年增长 27.8%（图 3-21）。

图 3-21　湖南 2017 年比 2015 年高质量发展指数增长（单位：%）

(四)湖南、湖北、江西 3 省高质量发展指数指标比较

通过比较长江中游地区湖南、湖北、江西 3 省高质量发展指数(表 3-9),可以概括为以下几个特点:一是湖北高质量发展指数排名相对靠前,其次是湖南,江西在高质量发展指数排名校对靠后;但是 3 省高质量发展指数的差距呈逐步缩小的过程,比如湖北与江西的高质量发展指数由 2015 年的相差 0.109 缩小到 2017 年的 0.082。二是在 5 类分领域指数中 3 省各具优势,湖北在科技创新指数和社会共享指数的优势显著,湖南在绿色环保指数中游地区中领先,江西的经济绩效指数则领先于湖南和湖北。三是中游地区 3 省的经济结构指数和社会共享指数差距较小,实力相当,处于长江经济带中游水平。四是省在 5 类分领域指数中也存在明显短板,湖北的经济结构指数相对较低,湖南的科技创新指数排在长江经济带第 10 位,而江西的绿色环保指数也在长江经济带排名靠后。

表 3-9　　长江经济带中游地区 2015—2017 年高质量发展指数

年份	地区	经济绩效(A)		经济结构(B)		科技创新(C)		绿色环保(D)		社会共享(E)		高质量发展	
		指数	排名	指数	排名	指数	排名	指数	排名	指数	排名	指数	排名
2015 年	江西	0.079	5	0.054	7	0.043	7	0.057	11	0.065	6	0.297	9
	湖北	0.065	7	0.054	6	0.070	4	0.123	5	0.094	4	0.406	4
	湖南	0.067	6	0.054	8	0.027	10	0.117	6	0.076	5	0.342	6
2016 年	江西	0.078	5	0.064	6	0.051	7	0.078	11	0.074	6	0.345	9
	湖北	0.072	6	0.060	8	0.076	4	0.141	6	0.101	4	0.450	5
	湖南	0.071	7	0.063	7	0.027	10	0.144	5	0.088	5	0.393	7
2017 年	江西	0.081	5	0.067	7	0.059	6	0.106	11	0.091	6	0.404	9
	湖北	0.075	6	0.065	8	0.081	4	0.151	7	0.113	4	0.486	4
	湖南	0.068	7	0.069	6	0.033	10	0.163	4	0.102	5	0.436	7

三、上游地区省市高质量发展指数比较

(一)重庆

重庆高质量发展指数从 2015 年的 0.399 上升到 2017 年的 0.459,增长了 15.0%,2015 年和 2017 年排名第 5,2016 年排名第 4。5 项分领域指数分为两种情况,一种是总体呈上升趋势的,比如,经济绩效指数从 2015 年的 0.080 上升到 2017 年的 0.089,社会共享指数从 2015 年的 0.050 上升到 2017 年的 0.080。另外一种是先增后降,即 2016 年比 2015 年实现增长,而 2017 年的指数比 2016 年有所回落,比如,经济结构指数从 2015 年的 0.085 到 2016 年的 0.087,而在 2017 年则又下降与 2015 年持平的 0.085;科技创新指数由 2015 年的 0.051 上升到 2016 年的 0.068,而在 2017 年指数又下降到 0.056;绿色环保指数由 2015 年

的 0.134 上升到 2016 年的 0.152，在 2017 年又回落到 0.148(图 3-22)。

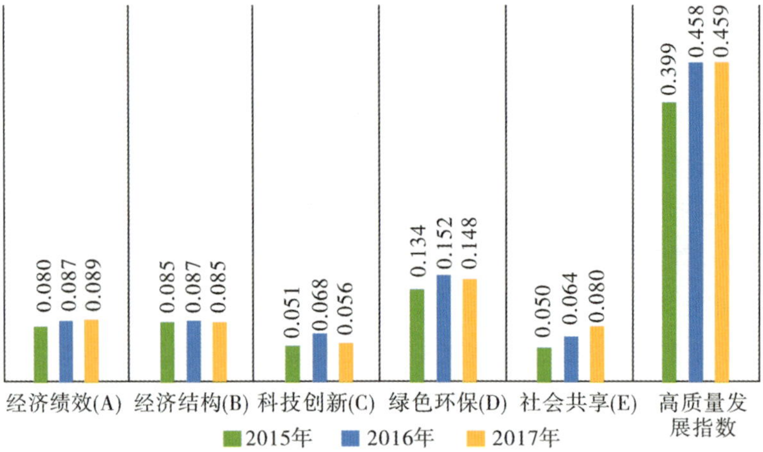

图 3-22　重庆 2015—2017 年高质量发展指数变化

从分领域指数排名来看，重庆的经济绩效指数和经济结构指数在 2015—2017 年均稳定在第 4 位；社会共享指数在长江经济带排名稳定在第 9 位，排名相对靠后；科技创新指数在 2015 年和 2016 年排在第 6 位，2017 年下降到第 7 位；而绿色环保指数排名下降较快，从 2015 年的第 4 位下降到 2017 年第 8 位。从分领域指数的增长情况来看，重庆的社会共享指数增长加快，2017 年相比 2015 年增长 60.0%；其次是经济绩效指数和绿色环保指数，分别增长 11.3%和 10.4%；增长速度较慢的指数是经济结构指数，2017 年和 2015 年该指数持平(图 3-23)。

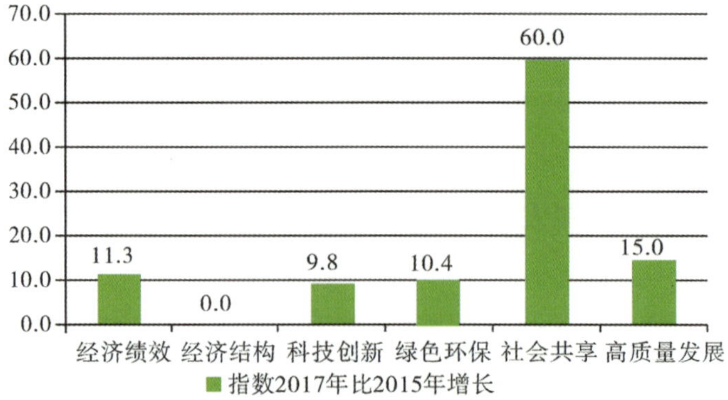

图 3-23　重庆 2017 年比 2015 年高质量发展指数增长(单位:%)

(二)四川

四川高质量发展指数从 2015 年的 0.305 上升到 2017 年的 0.409，增长了 34.1%，排在长江经济带 11 省市中第 8 位。5 项分领域指数均呈上升过程，经济绩效指数从 2015 年的 0.045 上升到 2017 年的 0.066，经济结构指数从 2015 年的 0.048 上升到 2017 年的 0.057，科技创新指数从2015年的0.040上升到2017年的0.049,绿色环保指数从2015年的0.111上升到2017年的0.153,社会共享指数从2015年的0.061升到2017年的0.084(图3-24)。

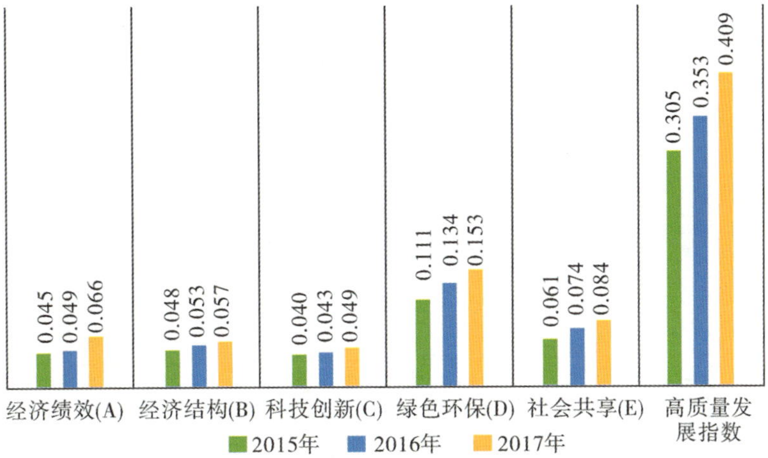

图3-24　四川2015—2017年高质量发展指数变化

从分领域指数排名来看,四川的社会共享指数、科技创新指数和经济结构指数在2015—2017年,分别稳定地排在第7位、第8位和第9位;绿色环保指数排名相对靠前,由2015年的第7位上升到2017年的第6位;经济绩效指数和经济结构指数排名相对靠后,2017年均排在长江经济带11省市中第9位。从分领域指数的增长情况来看,四川的经济绩效指数增长最快,从2015年的0.045上升到2017年的0.066,增长了46.7%;其次是社会共享指数和绿色环保指数,2017年比2015年分别增长37.7%和37.8%;经济结构指数增长在5项分领域指数中增长虽然最低,但也达到了18.8%(图3-25)。

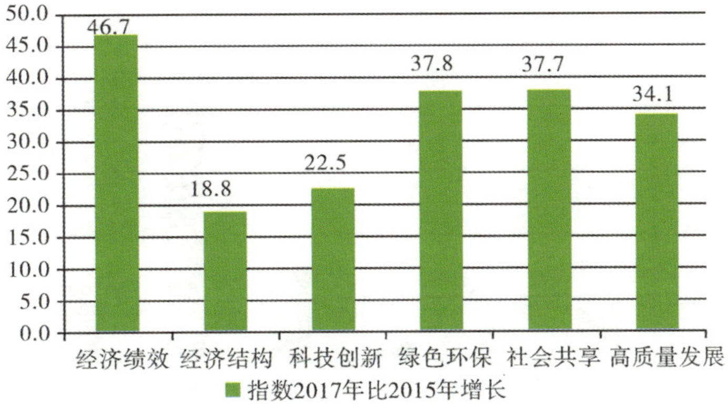

图3-25　四川2017年比2015年高质量发展指数增长(单位:%)

(三)贵州

贵州高质量发展指数从2015年的0.180上升到2017年的0.296,增长64.4%。虽然高质量发展指数实现较高增长,但排名相对靠后,2015年该指数排在长江经济带第11位,

2016 年和 2017 年上升到第 10 位。从 5 项分领域指数来看，经济绩效指数从 2015 年的 0.032 上升到 2016 年的 0.057，在 2017 年虽然回落到 0.051，但比 2015 年仍实现增长；经济结构指数从 2015 年的 0.031 上升到 2017 年的 0.04，科技创新指数从 2015 年的 0.037 上升到 2017 年的 0.045，绿色环保指数从 2015 年的 0.066 上升到 2017 年的 0.116，社会共享指数从 2015 年的 0.014 升到 2017 年的 0.044(图 3-26)。

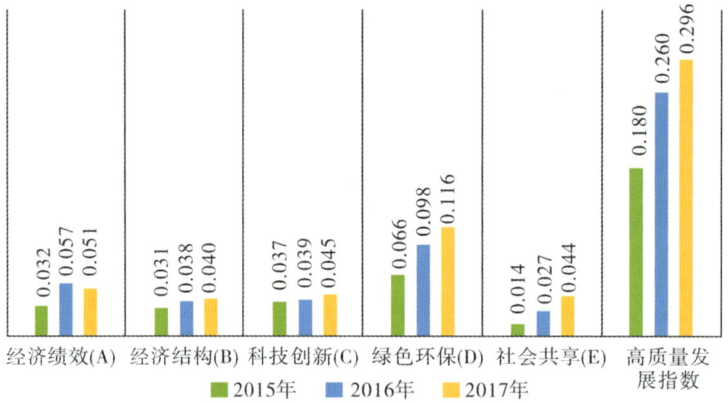

图 3-26　贵州 2015—2017 年高质量发展指数变化

从分领域指数排名来看，贵州在 2015—2017 年经济结构指数和社会共享指数分别稳定在第 10 位和第 11 位，科技创新指数和绿色环保指数均稳定在第 9 位；而经济绩效指数从 2015 年的第 10 位上升到 2016 年的第 8 位，由于该指数在 2017 年比 2016 下降了 0.006，在 2017 年则退回到第 10 位。从分领域指数的增长情况来看，贵州的社会共享指数增长最快，2017 年的社会共享指数是 2015 年的 3 倍多，其次是绿色环保指数，2017 年比 2015 年增长 75.8%(图 3-27)。

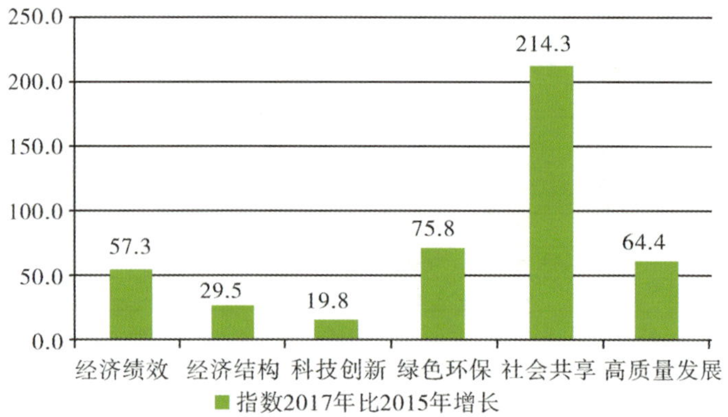

图 3-27　贵州 2017 年比 2015 年高质量发展指数增长(单位:%)

(四)云南

云南高质量发展指数从 2015 年的 0.182 上升到 2017 年的 0.277，指数虽然增长

52.2%，但排名相对有所下降，由 2015 年的第 10 位下降到 2017 年的第 11 位。5 项分领域指数总体呈上升过程，经济绩效指数从 2015 年的 0.030 上升到 2017 年的 0.045，经济结构指数从 2015 年的 0.019 上升到 2017 年的 0.027，科技创新指数从 2015 年的 0.020 上升到 2017 年的 0.028，绿色环保指数从 2015 年的 0.078 上升到 2017 年的 0.108，社会共享指数从 2015 年的 0.035 升到 2017 年的 0.069（图 3-28）。

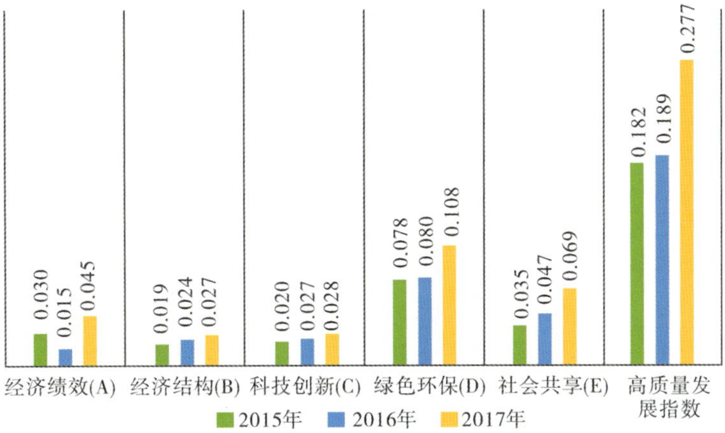

图 3-28　云南 2015—2017 年高质量发展指数变化

从分领域指数排名来看，云南在绿色环保指数和社会共享指数排在长江经济带 11 省市的第 10 位，而经济绩效指数、经济结构指数、科技创新指数则均排在第 11 位。从分领域指数的增长情况来看，社会共享指数增长速度较快，从 2015 年的 0.035 上升到 2017 年的 0.069，增长 97.1%，接近实现翻番；其次是经济绩效指数和经济结构指数，2017 年比 2015 年分别增长 50.0%和 42.1%（图 3-29）。

图 3-29　云南 2017 年比 2015 年高质量发展指数增长（单位：%）

（五）云南、贵州、四川、重庆 4 省市高质量发展指数指标比较

通过比较长江上游地区云南、贵州、四川、重庆 4 省市高质量发展指数（表 3-10），可以概括为以下几个特点：一是重庆是上游地区高质量发展的“领头羊”，高质量发展指数位列上游

地区第1位，优势主要体现在经济绩效、经济结构和科技创新。二是四川省的绿色环保指数和社会共享指数高于长江上游地区其他省市，说明四川省在绿色环保和社会共享领域发展良好，处于上游地区领先地位。三是上游地区的经济绩效指数和经济结构指数相差较大，重庆的两项指数在长江经济带排名第4位，而云南的则在长江经济带11省市中排名第11位，两个省份在经济绩效指数和经济结构指数分别相差0.044和0.058。

表3-10　长江经济带上游地区2015—2017年高质量发展指数

年份	地区	经济绩效(A)		经济结构(B)		科技创新(C)		绿色环保(D)		社会共享(E)		高质量发展	
		指数	排名	指数	排名	指数	排名	指数	排名	指数	排名	指数	排名
2015年	重庆	0.080	4	0.085	4	0.051	6	0.134	4	0.050	9	0.399	5
	四川	0.045	8	0.048	9	0.040	8	0.111	7	0.061	7	0.305	8
	贵州	0.032	10	0.031	10	0.037	9	0.066	9	0.014	11	0.180	11
	云南	0.030	11	0.019	11	0.020	11	0.078	10	0.035	10	0.182	10
2016年	重庆	0.087	4	0.087	4	0.068	6	0.152	4	0.064	9	0.458	4
	四川	0.049	10	0.053	9	0.043	8	0.134	8	0.074	7	0.353	8
	贵州	0.057	8	0.038	10	0.039	9	0.098	9	0.027	11	0.260	10
	云南	0.015	11	0.024	11	0.024	11	0.080	10	0.047	10	0.189	11
2017年	重庆	0.089	4	0.085	4	0.056	7	0.148	8	0.080	9	0.459	5
	四川	0.066	9	0.057	9	0.049	8	0.153	6	0.084	7	0.409	8
	贵州	0.051	10	0.040	10	0.045	9	0.116	9	0.044	11	0.296	10
	云南	0.045	11	0.027	11	0.028	11	0.108	10	0.069	10	0.277	11

第三节　长江经济带上、中、下游高质量发展指数比较

长江经济带覆盖上海、江苏、浙江、安徽、江西、湖北、湖南、重庆、四川、云南、贵州等11省市，从西至东依次划分为上游、中游和下游三个区域，其中下游地区包括上海、江苏、浙江、安徽三省一市，中游包括江西、湖北、湖南三省，上游包括重庆、四川、云南、贵州三省一市。对长江经济带上、中、下游的高质量发展指数进行比较分析，挖掘上、中、下游的优势和短板，为推动长江经济带上、中、下、游协调发展提供参考。

一、高质量发展指数比较

长江经济带11省市2015—2017年高质量发展指数均值以及上、中、下游地区高质量发展指数均值如图3-30和图3-31所示，根据结果可以发现以下几个特点：一是上、中、下游高质量发展指数均呈上升趋势，下游地区从2015年的0.576上升到2017年的0.680，中游地

区从 2015 年的 0.348 上升到 2017 年的 0.442，上游地区从 2015 年的 0.267 上升到 2017 年的 0.360。二是中游和上游地区高质量发展指数均低于长江经济带 11 省市均值，其主要原因是下游地区高质量发展指数较高，提升了长江经济带高质量发展指数的均值。三是虽然中、上游地区高质量发展指数增长相对较快，但与下游地区差距仍呈现扩大趋势。中游和上游地区 2017 年的高质量发展指数相比 2015 年分别增长了 27.0%和 34.8%，而下游地区 2017 年高质量指数相比 2015 年增长了 18.1%。虽然中游和上游地区高质量发展指数实现较大增长，但与下游地区高质量发展指数仍呈扩大趋势，中游地区与下游地区高质量发展指数差距由 2015 年的 0.228 扩大到 2017 年的 0.238；上游地区与下游地区高质量发展指数差距由 2015 年的 0.309 扩大到 2017 年的 0.320。

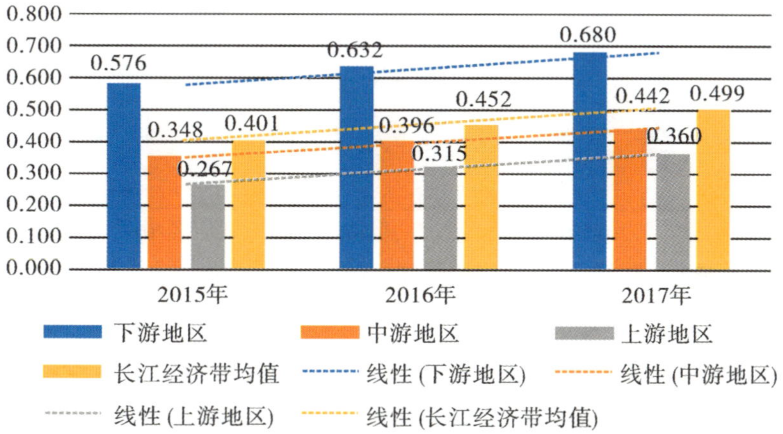

图 3-30　2015—2017 年长江经济带上、中、下游高质量发展指数

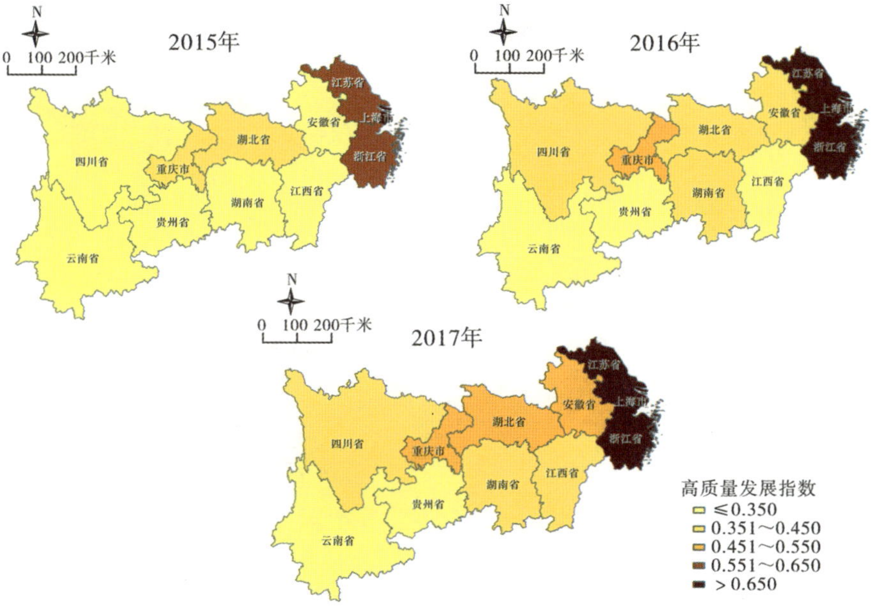

图 3-31　2015—2017 年长江经济带 11 省市高质量发展指数空间分布图

二、经济绩效指数比较

长江经济带11省市经济绩效指数从2015年的0.073增长到2017年的0.086，增长17.8%，在5项分领域指数中的增长速度位列第3位。长江经济带上游地区经济绩效指数由2015年的0.047上升到2017年的0.063，增长34.0%；中游地区的经济绩效指数由2015年的0.070上升到2017年的0.075，增长7.1%，尤其是在2016—2017年，指数仅增长了0.001；下游地区经济绩效指数由2015年的0.101上升到2017年的0.119，增长了17.8%（图3-32和图3-33）。

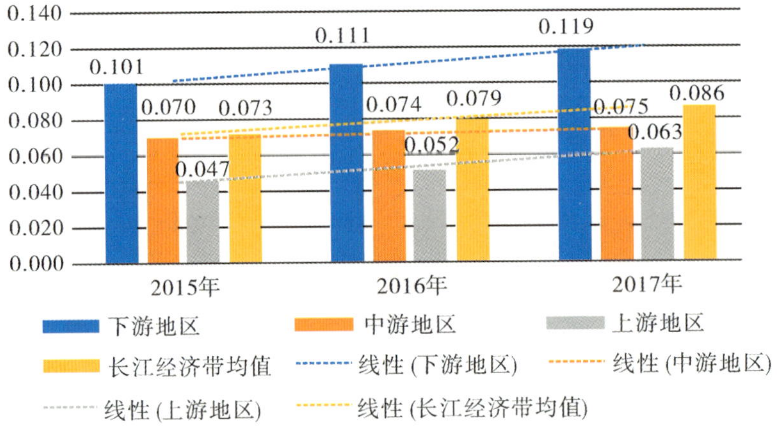

图3-32　2015—2017年长江经济带上、中、下游经济绩效指数

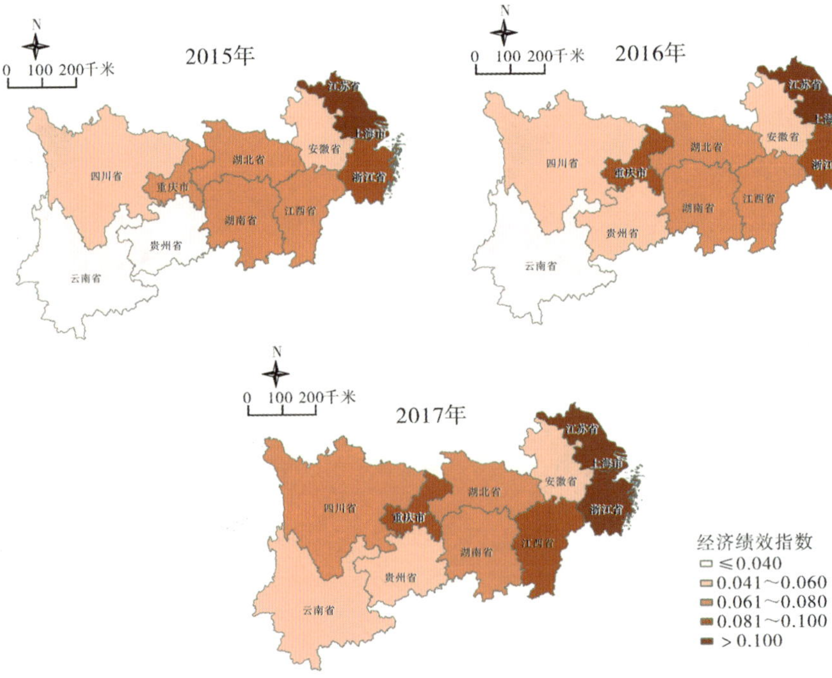

图3-33　2015—2017年长江经济带11省市经济绩效指数空间分布图

比较而言，一是长江经济带下游地区的经济绩效指数在2015—2017年一直保持最高，而中游和上游地区的经济绩效指数则低于长江经济带经济绩效指数均值。二是长江上游地区2017年经济绩效指数相比2015年的增长速度最快，其次是下游地区，而中游地区的经济绩效指数增长相对较为缓慢。三是长江经济带下游地区与中游地区的经济绩效指数差距逐步扩大，由2015年的相差0.031扩大到2017年的0.044，与上游地区的经济绩效指数差距也由2015年的0.054扩大到2016年的0.056；而中游与上游的经济指数差距则逐步缩小，差距由2015年的0.023缩小到2017年的0.012。

三、经济结构指数比较

长江经济带11省市经济结构指数从2015年的0.072增长到2017年的0.079，增长9.7%，在5项分领域指数中的增长速度排在最末，说明长江经济带在经济结构转型领域的发展速度相对较慢。长江经济带下游地区经济结构指数由2015年的0.111上升到2017年的0.115，增长3.6%，且2016年和2017年的经济结构指数维持不变；中游地区的经济结构指数由2015年的0.054上升到2017年的0.067，增长24.1%；上游地区经济结构指数由2015年的0.046上升到2017年的0.053，增长15.2%(图3-34和图3-35)。

比较而言，一是长江中游地区经济结构指数增长较快，反映出该地区经济结构的优化速度较快；其次是上游地区，而下游地区的经济结构指数增长较慢，主要是下游地区的江苏、上海、浙江经济结构本来就相对较优，导致其优化速度则相对较慢。二是下游地区的经济结构指数高于中游地区，而中游地区的经济结构指数则高于上游地区。三是上、中、下游的经济结构指数在2016年的增长水平均高于2017年的增长水平，反映出长江经济带2017年的经济结构指数增长变缓。四是由于下游地区经济结构指数增长相对较慢，导致下游地区与中游和上游地区的经济结构指数差距逐年变小；而中游与上游的经济结构指数差距则有所增加，差距由2015年的0.008扩大到2017年的0.014。

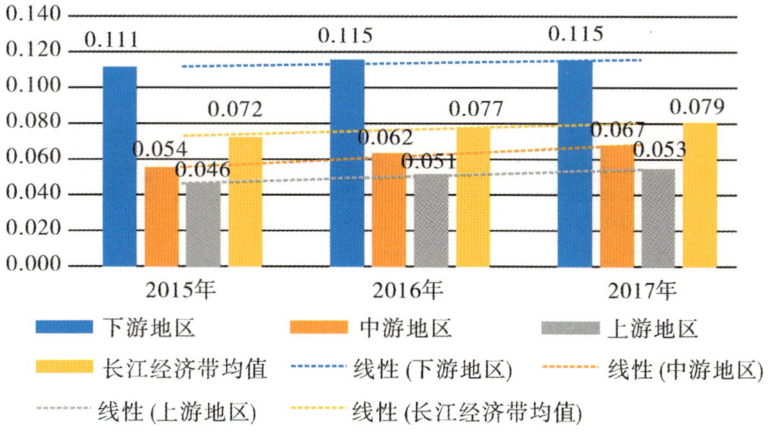

图3-34　2015—2017年长江经济带上、中、下游经济结构指数

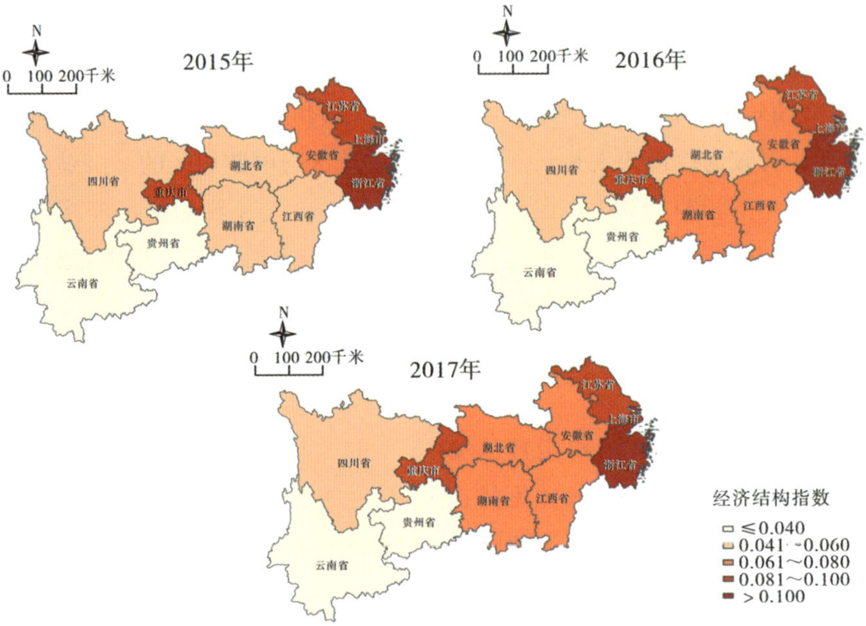

图 3-35　2015—2017 年长江经济带 11 省市经济结构指数空间分布图

四、科技创新指数比较

长江经济带 11 省市科技创新指数从 2015 年的 0.070 增长到 2017 年的 0.082，增长 17.1%，在 5 项分领域指数中的增长速度位列第 4 位，增长速度也相对较为缓慢。长江经济带下游地区科技创新指数由 2015 年的 0.120 上升到 2017 年的 0.136，增长 13.3%；中游地区的科技创新指数由 2015 年的 0.047 上升到 2017 年的 0.058，增长 23.4%；上游地区科技创新指数由 2015 年的 0.037 上升到 2017 年的 0.045，增长 21.6%（图 3-36 和图 3-37）。

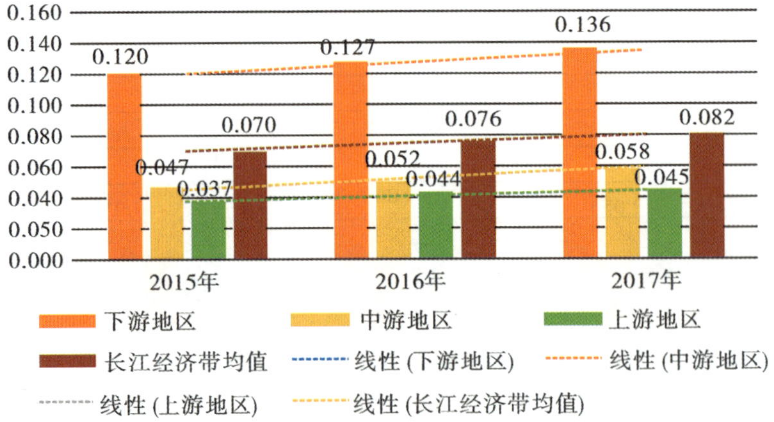

图 3-36　2015—2017 年长江经济带上、中、下游科技创新指数

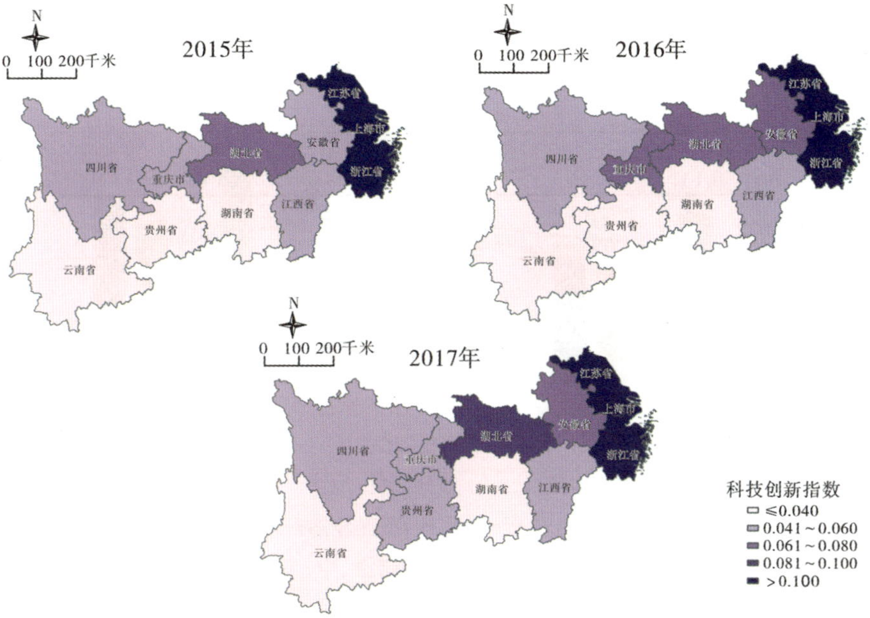

图 3-37　2015—2017 年长江经济带 11 省市科技创新指数空间分布图

据此分析，一是下游地区的科技创新指数在 2015—2017 年始终保持最高，且中、上游地区与下游地区仍存在较大的差距。二是中游地区的科技创新指数保持较快的增长，该指数 2017 年比 2015 年增长 23.4%，其次是上游地区，而下游地区的增长相对较小。三是虽然中游地区的科技创新指数增长较快，但与下游地区的科技创新指数仍呈扩大趋势，差距由 2015 年的 0.073 扩大到 2017 年的 0.078；而中游地区与上游地区的科技创新指数也呈扩大趋势，差距由 2015 年的 0.010 扩大到 2017 年的 0.013。

五、绿色环保指数比较

长江经济带 11 省市绿色环保指数从 2015 年的 0.112 增长到 2017 年的 0.15，增长 33.9%，在 5 项分领域指数中的增长速度位列第 2 位。长江经济带下游地区绿色环保指数由 2015 年的 0.137 上升到 2017 年的 0.177，增长 29.2%；中游地区的绿色环保指数由 2015 年的 0.099 上升到 2017 年的 0.140，增长 41.4%；上游地区绿色环保指数由 2015 年的 0.097 上升到 2017 年的 0.131，增长 35.1%（图 3-38 和图 3-39）。

据此分析，一是长江经济带绿色环保指数的快速增长，说明长江经济带各省市在“共抓大保护，不搞大开发”的规矩意识下，在加强长江经济带生态保护和加快绿色发展方面取得了一定的成效。二是下游地区绿色环保指数相对较高，但由于中游地区绿色环保指数增长加快，下游与中游地区绿色环保指数的差距呈现逐步缩小的趋势，差距由 2015 年的 0.038 缩小到 2017 年的 0.037。三是上游地区绿色环保指数虽然也保持了加快的增长，但由于绿色环保指数基数相对较低，与中游和下游地区的绿色环保指数差距逐步扩大，差距由 2015

年的 0.002 扩大到 2017 年的 0.009。因此，上游地区要充分发挥生态基底优势，承担好长江经济带上游生态屏障的功能，加快产业绿色发展和循环发展步伐。

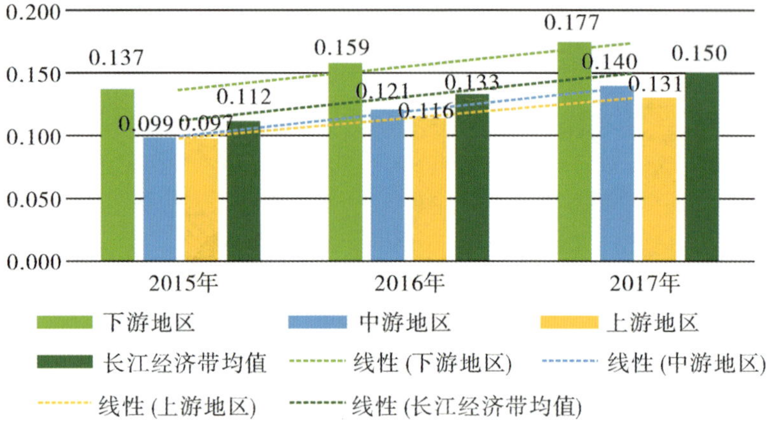

图 3-38　2015—2017 年长江经济带上、中、下游绿色环保指数

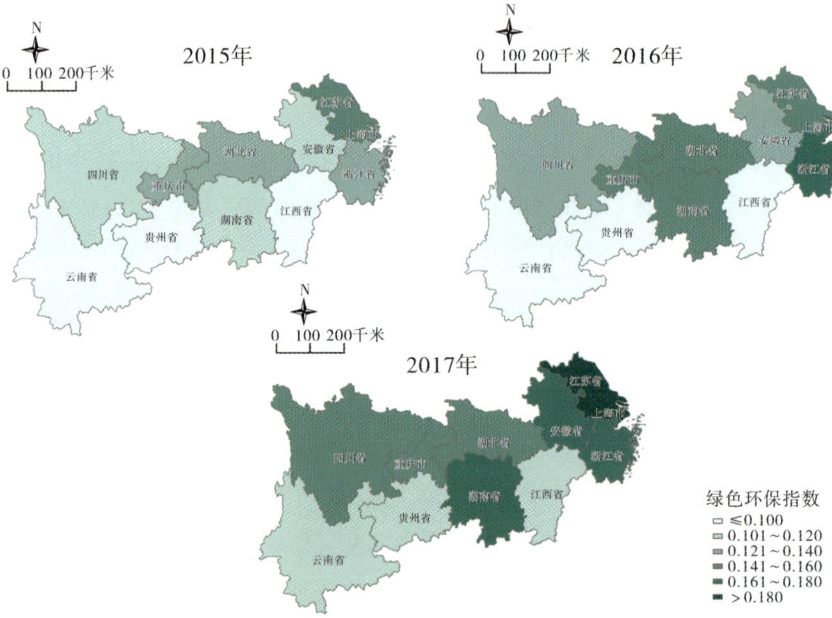

图 3-39　2015—2017 年长江经济带 11 省市绿色环保指数空间分布图

六、社会共享指数比较

长江经济带 11 省市社会共享指数从 2015 年的 0.074 增长到 2017 年的 0.101，增长 36.5%，在 5 项分领域指数中的增长速度位列第 1 位。长江经济带下游地区社会共享指数由 2015 年的 0.106 上升到 2017 年的 0.132，增长 24.5%；中游地区的社会共享指数由 2015 年的 0.078 上升到 2017 年的 0.102，增长 30.8%；上游地区社会共享指数由 2015 年的

0.040 上升到 2017 年的 0.069，增长 72.5%(图 3-40 和图 3-41)。

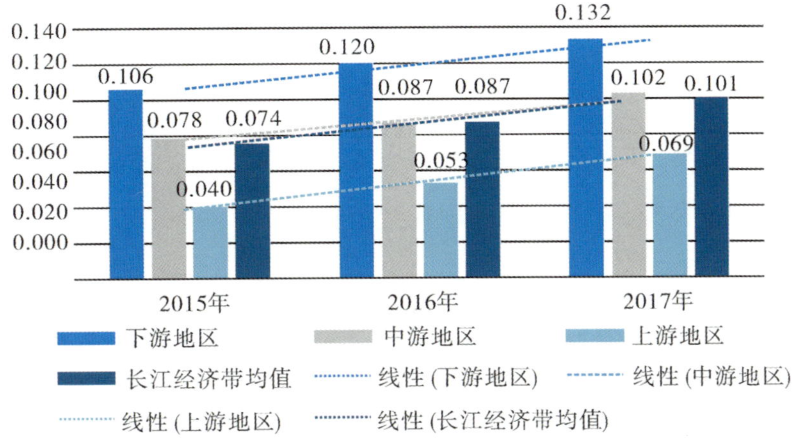

图 3-40　2015—2017 年长江经济带上、中、下游社会共享指数

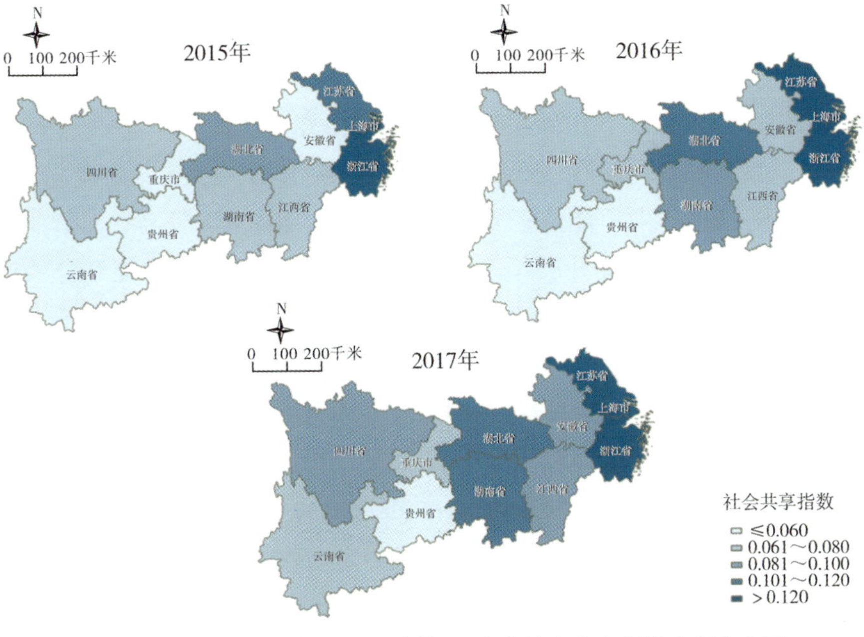

图 3-41　2015—2017 年长江经济带 11 省市社会共享指数空间分布图

据此分析，一是长江经济带社会发展和民生水平在考察的五大领域中实现了较大进步，2017 年社会共享指数比 2015 年增长 36.5%，略高于绿色环保指数增长水平。二是上游地区的社会共享指数虽然基数较低，但实现了较快增长，增速达到 72.5%，且与中、下游地区的社会共享指数差距逐步缩小。三是下游地区社会共享指数在 2015—2017 年仍然相对最高，与中游的差距略有扩大，而与上游的差距逐步缩小。

第四节 推进长江经济带高质量发展的建议

以长江经济带高质量发展指数评价为基础，以区域协调为纽带，贯穿现代经济体系、协同创新、绿色环保、社会共享等重点领域，探讨长江经济带高质量发展的路径、策略和建议。

一、以产业转型升级为抓手，构建现代经济体系

当前，长江经济带11省市的经济绩效有待进一步提升，经济结构优化速度相对缓慢，且上、中、下游地区的经济发展存在较大差距。如何提高长江经济带经济发展质量，关键是构建现代经济体系，要围绕传统制造业升级改造、培育产业发展新动力、建设世界级产业集群、有序推动产业转移等重点领域展开，实现产业发展向“生态、聚集、高端”转变。

（一）升级改造传统制造业

传统制造业不仅存在资源消耗大、环境污染严重等历史问题，而且也面临着技术进步缓慢、经济效益不佳等新问题，是制约长江经济带经济绩效和经济结构的重要因素。如何改造和升级传统制造业，建议从以下几个方面着手：一是做好产业转型“减法”，坚持“去降补”一起做，依法依规淘汰落后和化解过剩产能，如严禁钢铁、水泥、电解铝、船舶等产能严重过剩行业扩能，加大国家重大工业节能监察力度，重点围绕钢铁、水泥等高耗能行业能耗限额标准落实情况、阶梯电价执行情况开展年度专项监察，加快推动无效产能和低效产能尽早退出。二是发挥技术改造对传统产业转型升级的促进作用，一方面加快沿江现有重化工企业生产工艺、设施（装备）改造；另一方面，推进石化、钢铁、有色、稀土、装备、危险化学品等重点行业的绿色化和智能化改造。三是以绿色制造与循环利用为重点推动产业绿色发展。重点强化资源环境约束，围绕资源能源利用效率和清洁生产水平提升，实施绿色示范工程，明确限制、禁止、淘汰产业清单，协同控制高耗水、高污染、高排放工业项目新增产能，加快构建产业绿色发展体系，建立健全产业绿色发展长效机制，走高效、清洁、低碳、循环、安全的绿色发展道路。四是推进制造业融合发展，按照以点带面的思路，加快“互联网＋制造”融合、智能制造转型和军民融合发展步伐。

（二）全面培育产业发展新动力

培育产业发展新动力，需要大力支持新技术、新产业、新业态发展壮大，使其成为经济发展新的增长点。一是结合《中国制造2025》战略，瞄准未来产业竞争制高点，加快发展高端装备制造、新一代信息技术、节能环保、现代生物、新材料、新能源、新能源汽车等战略性新兴产业（图3-42），着力提升技术研发水平，培育一批新技术、新业态和新模式，推动产业转型升级和结构调整。二是统筹推进上海、安徽（合芜蚌）、武汉、四川（成德绵）的全面创新改革试验以及上海张江、苏南、武汉东湖、长株潭、合芜蚌、成都等国家自主创新示范区建设，加快突破

集成电路、生物医药、智能机器人、航空装备、光电子、高性能医学诊疗设备、生物工程育种、新型平板显示、卫星导航、轨道交通等领域的核心技术，实现由“中国制造”向“中国创造”转变。三是推动生产性服务业向专业化和价值链高端延伸，推进服务业与农业、制造业更高水平的融合，实现优质高效创新发展。

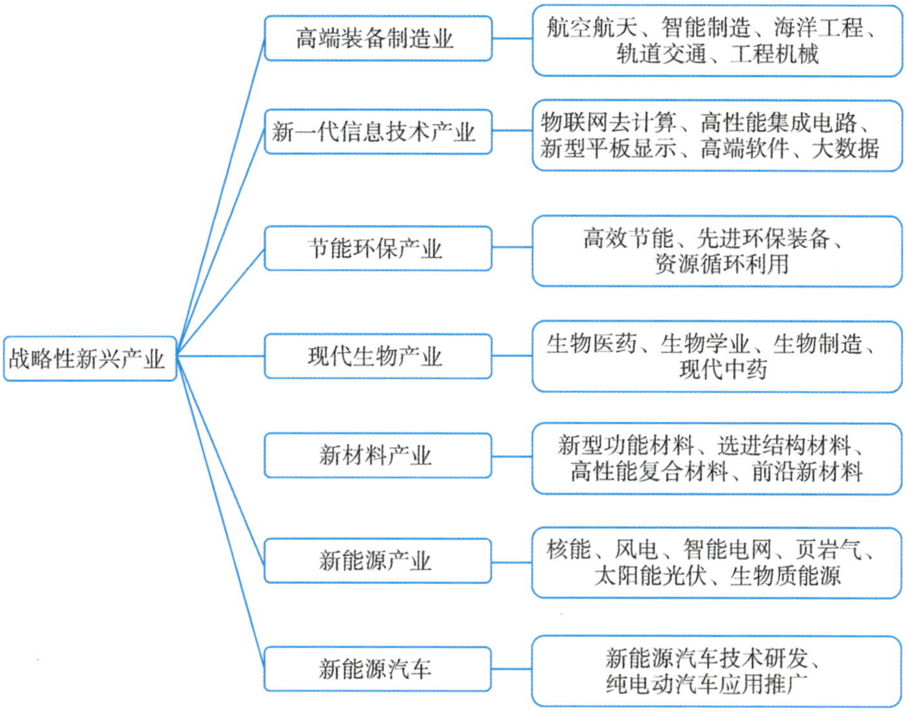

图 3-42　长江经济带重点战略性新兴产业及重点领域

(三)联手建设世界级产业集群

早在 2014 年 9 月，国务院发布《关于依托黄金水道推动长江经济带发展的指导意见》，明确提出“培育世界级产业集群。以沿江国家级、省级开发区为载体，以大型企业为骨干，打造电子信息、高端装备、汽车、家电、纺织服装等世界级制造业集群。”同时，在《长江经济带产业转移指南》中，明确了五大世界级产业集群的重点区域和重点领域(表 3-11)。此外，推动世界级产业集群还需要大力培育产业集群龙头企业，通过龙头企业发展带动产业链整合，形成一批排名行业前列、参与国际竞争的龙头企业；树立产业集群的整体优势与价值，形成向全球价值链高端延伸的国际竞争新优势；完善产业集群政策扶持体系，加强公共服务平台体系建设，优化产业集群发展环境。

表 3-11　　长江经济带五大世界级产业集群建设重点

产业	重点区域和领域
电子信息产业集群	➢依托上海、江苏、湖北、重庆、四川，着力提升集成电路设计水平，突破核心通用芯片，探索新型材料产业化应用，提升封装测试产业发展能力； ➢在合肥、重庆发展新型平板显示，提高高世代掩膜板等关键产品的供应水平； ➢依托上海、江苏、浙江、湖北、四川、贵州，重点发展行业应用软件、嵌入式软件、软件和信息技术服务，培育壮大大数据服务业态； ➢在物联网重大应用示范工程区域试点省市和云计算示范城市，加快物联网、云计算技术研发和应用示范，推进产业发展与民生服务以及能源、环保、安监等领域的深度融合
高端装备产业集群	➢依托上海、四川、江西、贵州、重庆、湖北、湖南，整合优势产业资源，发展航空航天专用装备； ➢在浙江、安徽、湖南、重庆、湖北、四川、云南发展高档数控机床、工业机器人、3D 打印、智能仪器仪表等智能制造装备； ➢在上海、浙江、江苏、湖北、四川、重庆、湖南，发展海洋油气勘探开发设备、系统、平台等海洋工程装备； ➢在湖南、安徽、四川、贵州发展高铁整车及零部件制造，在湖南、重庆、浙江、江苏发展城市轨道车辆制造； ➢在上海、江苏、浙江、湖南、重庆、安徽、四川发展大型工程机械整车及关键核心部件
汽车产业集群	➢依托上海、南京、杭州、宁波、武汉、合肥、芜湖、长沙、重庆、成都等地现有汽车及零部件生产企业，提高整车和关键零部件创新能力，推进低碳化、智能化、网联化发展； ➢依托浙江、安徽、湖北、江西、湖南等零部件生产基地，大力发展汽车零部件产业，重点提升动力系统、传统系统、汽车电子等关键系统、零部件的技术和性能； ➢在上海、江苏、安徽、湖北、重庆、四川重点发展新能源汽车，积极发展智能网联汽车
家电产业集群	➢以江苏、安徽为重点区域，做强家电生产基地，按照智能化、绿色化、健康化发展方向，重点发展智能节能环保变频家电、健康厨卫电器、智能坐便器、空气源热泵空调、大容量冰箱和洗衣机等高品质家电产品，推动家电产品从国内知名品牌向全球品牌转变
纺织服装产业集群	➢以长三角地区为重点，推动形成纺织服装设计、研发和贸易中心，提升高端服装设计创新能力； ➢在湖南、湖北、安徽、江西、四川、重庆等地建设现代纺织生产基地，推动区域纺织服装产业合理分工； ➢依托云南、贵州等地蚕丝和麻资源、少数民族纺织传统工艺、毗邻东南亚等优势，大力发展旅游纺织品； ➢在江苏、浙江加快发展差别化纤维、高技术纤维和生物质纤维技术及产业化； ➢依托安徽、江西、湖南、湖北、四川等地，加强资源集聚和产业整合，全面推进清洁印染生产，推行节能降耗技术

资料来源：《长江经济带产业转移指南》。

(四)有序推动产业转移

有序推动长江经济带产业转移，不仅是各省市联手建设世界级产业集群的重要路径，而且是实现产业协同发展的重要抓手。建议从以下几个方面着手：一是落实《长江经济带产业转移指南》，围绕五大世界级产业集群，构建“一轴一带、五圈五群”的产业发展格局。“一轴一带”即沿江产业发展轴和沿海产业发展带；“五圈五群”即以长江三角洲、长江中游、成渝等跨区域城市群为主体，黔中、滇中等区域性城市群为补充，围绕电子信息、高端装备、汽车、家电、纺织服装五大产业集群推动产业转移与协作。二是推进安徽皖江城市带、江西赣南、湖北荆州、湖南湘南、重庆沿江、四川广安等国家级承接产业转移示范区建设。三是探索产业转移的协调机制，比如搭建区域间产业转移促进服务平台，推动区域间的园区跨省市合作共建；发挥国家产业转移信息服务平台作用，不断完善产业转移信息沟通渠道；加强产业跨区域转移监督、指导和协调，着力推进统一市场建设等。

二、加快协同创新步伐，培育高质量发展新动能

长江经济带江苏、浙江和上海的科技创新指数较高，中、上游地区创新能力依然较弱，但追赶势头明显。随着经济增长动力转换，需要坚持不懈推进创新，以协同创新为重要抓手，寻求区域经济增长新动力。

(一)增强自主创新能力

《长江经济带创新驱动产业转型升级方案》明确了长江经济带增强自主创新能力的重点任务(表 3-12)，这些任务主要包括国家自主创新示范区建设、产业技术创新战略联盟、国家工程(技术)研究中心和实验室建设、创新企业百强工程、技术转移中心和科技成果转移孵化基地建设、双创示范基地三年行动计划。

表 3-12　长江经济带增强创新能力重点任务

重点任务	实施内容
国家自主创新示范区	在上海张江、苏南、武汉东湖、长株潭、合芜蚌、成都等国家自主创新示范区和绵阳科技城，开展科技金融、科技成果产权管理、人才评价、知识产权管理、运用和保护等改革试验
产业技术创新战略联盟	在集成电路、生物医药、智能机器人、航空装备、光电子、高性能医学诊疗设备、生物工程育种、新型平板显示、卫星导航、轨道交通等领域创建产业技术创新战略联盟
国家工程(技术)研究中心和实验室建设	在高端装备制造、新一代信息技术、新材料、生物医药等战略性新兴产业领域，布局一批国家工程(技术)研究中心、实验室

续表

重点任务	实施内容
创新企业百强工程	选择一批行业影响大、创新实力强、发展机制好、成长空间大的企业实施创新企业百强工程
技术转移中心和科技成果转移孵化基地建设	在现代农业、高端装备、新材料、新能源、电子信息、生物、节能环保等产业优势集中的区域,试点建设一批技术转移中心和科技成果转移孵化基地
双创示范基地三年行动计划	在沿江地区,打造一批新兴产业"双创"示范基地,扶持一批创业创新支撑平台

资料来源:《长江经济带创新驱动产业转型升级方案》。

(二)发挥创新示范区的辐射带动作用

一是充分发挥上海建设科技创新中心的引领作用。《上海市城市总体规划(2017—2035年)》提出以上海张江综合性国家科学中心为核心,向具有全球影响力的科技创新中心进军。目前,上海重点打造上海产业技术研究院、上海微技术工业研究院等研发功能型平台,面向重大科技发展方向、重点产业创新领域和重要成果转化环节攻克关键共性技术。同时,着力建设国家技术转移东部中心、上海研发公共服务平台等非研发功能型平台建设,以增强科技公共服务供给。国家技术转移东部中心提供技术交易、科技金融、产业孵化全链条服务,并在安徽、浙江等地设立分中心,打通了长三角高校、科研机构和企业间科技成果转化通道。

二是推进上海、安徽(合芜蚌)、四川(成德绵)和武汉市全面创新改革试验,破解创新驱动发展瓶颈制约的关键,引领、示范和带动全国加快实现创新驱动发展,形成经济社会可持续发展新动力。目前,成都"面向中小企业的一站式投融资信息服务""贷款、保险、财政风险补偿捆绑的专利权质押融资服务""国税地税联合办税""以股权为纽带的军民两用技术联盟创新合作"和"民营企业配套核心军品的认定和准入标准"等5项改革举措在全国复制推广。武汉市"投贷联动试点""外籍高层次人才引进服务政策完善""政务服务改革'马上办、网上办、一次办'"以及"促进科教优势向经济优势转化的工研院模式"等4项改革举措在全国复制推广。

三是充分发挥国家自主创新示范区带动作用。国家自主创新示范区共17个,包括长江经济带的上海张江、武汉东湖、苏南、长株潭、成都、杭州、宁波和温州等高新区。建议通过品牌输出、技术转移、项目申报、企业扩散、联合招商以及搭建人才、资本、信息共享平台等途径,切实增强自主创新示范区对其他产业园区的辐射带动作用。

(三)推进长江经济带在关键领域开展协同创新

一是在绿色环保领域加强协同创新。比如,立足构建长江黄金水道绿色运输体系的重大需求,围绕绿色安全技术、航道绿色建养、绿色船舶设计等关键问题,鼓励流域内相关企业、高校和科研院所成立跨区域协同创新中心,开展黄金水道绿色交通共性关键技术研发。

围绕长江经济带生态修复、污染综合治理等问题，建立生态环境保护机构之间的协作网络，加快建立绿色技术共享机制。发挥上海科技创新中心及其他创新资源集聚区域的引领辐射与源头供给作用，促进绿色环保领域科技成果在长江经济带转移转化。

二是在重点产业关键技术领域开展协同创新。《长江经济带创新驱动产业转型升级方案》提出在电子信息、高端装备、汽车、家电、纺织服装五大重点产业领域培育世界级产业集群。打造世界级产业集群，亟待突破高端设备、关键零部件和关键材料等核心领域的关键技术。建议围绕打造世界级产业集群的战略目标，大力支持流域内国家产业创新中心、国家技术创新中心及技术创新联盟建设，加大产业前沿及关键共性技术研发投入，加快突破核心基础芯片、智能制造装备和关键零部件等核心技术。

（四）完善长江经济带协同创新体制机制

一是借鉴长三角地区前期开展的创新合作经验，比如《沪苏浙共同推进长三角创新体系建设协议书》《长三角科技合作三年行动计划（2008—2010）》《沪苏浙皖关于共同推进长三角区域协同创新网络建设合作框架协议》等，推进长江中游城市群和成渝城市群在科技资源共享、技术转移等方面开展常态化、制度化合作，在此基础上建立全流域协同创新联席会议制度。二是打造开放共享的跨区域科创要素对接平台，比如，探索推进长江流域"创新券"跨区域兑现，以上海、杭州、南京、武汉、成都等科技资源丰富地区为核心，深化长江流域大型科学仪器、文献、专业技术服务等共享平台建设。三是优化科技成果转移和产业协同创新机制。建议推进重点行业领军企业联合上、下游企业和高校、科研院所，组建多领域、多形式产学研创新联盟，共同开展研究开发、成果应用与推广、标准研究与制定。支持产学研创新联盟承担重大科技成果转化项目，推动跨区域、跨领域、跨行业协同创新，探索联合攻关、利益共享的有效机制与模式。支持长江流域园区合作联盟、长江流域智能制造与机器人产业联盟等平台建设，推进产业链要素之间的协同创新。

三、以共抓生态大保护为基础，推动长江经济带绿色发展

长江经济带生态环保发展态势良好，11 省市的生态环保指数在 2015—2017 年实现较快增长。目前，生态保护仍是长江经济带建设的前提和基础，各省市仍要落实"共抓大保护，不搞大开发"的理念，落实《长江经济带生态环境保护规划》，把修复长江生态环境摆在压倒性位置，建议从以下几个方面着手，保障"一江春水向东流"。

（一）强化生态红线保护

生态保护红线建立的实质是明确生态环境安全的底线，通过最为严格的生态保护制度，对生态功能保障、环境质量安全和自然资源利用等方面提出更高的监管要求。在 2018 年 2 月，国务院批准了长江经济带 11 省市的生态保护红线划定方案，具体概括为"三区十二带"（表 3-13）。建议长江经济带 11 省市严守生态保护红线，对生态保护红线保护成效进行考

核，结果纳入生态文明建设目标评价考核体系。建立生态保护红线监管平台，加强监测数据集成分析与综合应用，强化生态状况监测和生态风险预警。

表 3-13 长江经济带生态红线划定

地区	范围
“三区”	川滇森林区、武陵山区和浙闽赣皖山区
“十二带”	秦巴山地带、大别山地带、若尔盖草原湿地带、罗霄山地带、江苏西部丘陵山地带、湘赣南岭山地带、乌蒙山—苗岭山地带、西南喀斯特地带、滇南热带雨林带、川滇干热河谷带、大娄山地带和沿海生态带

（二）深入实施水污染防治计划

水污染防治是长江经济带生态保护的重中之重，建议长江经济带各省市建立水环境质量底线管理制度，坚持点源、面源和流动源综合防治策略，突出抓好良好水体保护和严重污染水体治理，强化岷江和沱江流域、乌江和清水江流域、长江干流宜昌段等重点地区的总磷污染控制，解决长江经济带突出水环境问题，切实维护和改善长江水质。同时，推动城市和农村水污染防治的“两手抓”，农村重点抓好小流域治理，城市重点加快黑臭水体治理。

（三）各类污染严控与生态综合整治

全方位的污染防治和生态整治是长江经济带生态大保护的重要抓手。建议长江经济带沿线省市抓好“三个严格”，即严格治理沿江化工企业违法违规行为；严格控制在长江沿岸地区新建石油化工、煤化工和造纸等项目；严格实行建设项目新增主要污染物等量或减量置换。同时，树立长江流域生态整治的系统观，重点开展长江市（县）的“山、水、林、田、湖”生态环境综合整治，完成“三区两线”（自然保护区、景观区、居民集中生活区，交通干线、河流湖泊的直观可视范围线）范围生态环境修复。

（四）完善生态保护的体制机制

体制机制能够为长江经济带生态保护提供长效保障，建议长江经济带按照“内外兼修”的思路完善生态保护体制机制。“内”即结合各省市生态保护的重点完善体制机制，比如开展资源环境承载能力的监测预警评估，推进河湖长制、生态环境损害赔偿制度和生态环境损害责任终身追究制度，探索全面自然资源有偿使用制度等。“外”即健全生态环境协同保护机制，比如环境的联防联控机制、统一的生态环境监测网络、全流域的生态保护治理基金以及多元化、多层面的生态保护补偿机制。

四、注重民生福祉，提高社会共享水平

根据长江经济带 11 省市的高质量发展指数评价，社会共享指数是长江经济带 5 项分领域指数中增长较快的指数，一定程度反映出长江经济带民生福祉的改善程度。提高长江经

济带的民生福祉，提高社会共享水平是长江经济带高质量发展的重要价值取向，建议从提高城乡居民收入，推动城乡统筹发展和加快基本公共服务均等化等重点方面展开。

(一)提高城乡居民收入

党的十九大报告指出，坚持在经济增长的同时实现居民收入同步增长、在劳动生产率提高的同时实现劳动报酬同步的提高，凸显了居民增收的重要地位。当前在全球经济面临较大不确定的情况下，国内市场对于经济发展的作用更加重要和突出。在2018年召开的中央经济工作会议提出“促进形成强大国内市场”，在2019年2月国家发改委会同工业和信息化部、商务部等10部委联合印发了《进一步优化供给推动消费平稳增长促进形成强大国内市场的实施方案》，进一步促进居民消费升级。同时，国家发改委推出《关于多措并举促进城乡居民收入合理增长的行动方案(2019—2020年)》，通过激发重点群体增收活力，促进农业农村和户籍制度等重点领域改革，稳定工资性收入预期，拓宽财产性收入渠道，切实提高居民收入，增强居民消费能力。长江经济带作为我国强大市场的重要部分，建议一是各省市加强改善环境促消费；二是推动形成促消费的合力，探索长江经济带消费体制机制联席会议制度；三是适应新兴业态和地域经济特色，推动大众创业和万众创新；四是瞄准农村富民增收短板，落实鼓励农民就业创业的政策，进一步丰富农村增收渠道和来源。

(二)推动城乡统筹发展

我国先后实施了新型城镇化和乡村振兴战略，2019年4月，中共中央国务院出台了《关于建立健全城乡融合发展体制机制和政策体系的意见》，提出重塑新型城乡关系，走城乡融合发展之路，重点围绕城乡要素合力配置、城乡基本公共服务普惠共享、城乡基础设施一体化、乡村经济多元化发展、农民收入持续增长等方面开展体制机制的探索。长江经济带统筹城乡发展，一方面要积极稳妥推进新型城镇化，建成长江三角洲城市群、长江中游城市群和成渝城市群三大城市群辐射带动力强的“升级版”经济带；另一方面，要大力实施乡村振兴战略，按照产业兴旺、生态宜居、乡风文明、治理有效、生活富裕的总要求，加快推进农业农村现代化，围绕城乡融合发展体制机制和政策体系创新，因地制宜地实施多样性的城乡统筹发展道路与模式，向全国输出城乡统筹模式和体制机制创新的经验。

(三)推进基本公共服务合作发展

以改善民生为重点，推进基本公共服务合作发展，是长江经济带区域协调发展的重要内容。一是教育领域，把加强区域教育联动与深化教育改革紧密结合起来，力争在重点领域和关键环节取得突破，促进区域内教育质量整体提升。比如，鼓励长江经济带高等学校开展联合办学、学生访学、学科共建等多种形式的校际交流与合作；加强跨区域职业教育合作，建设一批跨区域职业教育集团。

二是医疗领域，以网络联结城市群内各级卫生行政部门、公共卫生应急指挥机构、疾病控制机构、医疗机构和中心血站等；建设医疗卫生资源共享机制；推动建设医学科研平台，在医学高科技领域开展联合攻关；加强基本医疗保障合作，促进区域间基本医疗保障政策对接，探索实施异地就医结算和“医保直通车”制度等。

三是文化领域，要弘扬长江流域特色文化，支持开展文化事业合作和民间文化交流，同时，大力发展具有长江流域特色的文化产业，加快传媒合作、出版合作、动漫合作、会展合作，推动文化产业的融合与互动，共同打造在全国乃至世界文化发展格局中占有重要地位的文化链、文化圈、文化带。

四是推动长江经济带开展社会保障合作。加大基本养老保险、基本医疗保险等社会保险关系转移接续政策的落实力度。采取积极措施，实现养老保险在省市、地区间的顺畅衔接。完善基本医疗保险管理措施，推进区域医疗服务有效衔接和医保跨省结算。建立社会保险参保信息共享机制。此外，以城市群为载体搞好区域劳动就业服务，探索一体化的就业机制。

第四章　长江经济带经济发展报告

长江经济带高质量发展指数报告对经济发展的评估主要包括两个方面:经济绩效与经济结构。本章将围绕经济绩效与经济结构,对经济发展基础、指数及经验启示进行详细分析。

第一节　经济发展基础分析

一、经济绩效基础分析

在对经济绩效的评估上,本书选取人均 GDP、人均一般公共财政预算收入、人均社会消费品零售总额、规模以上工业企业总资产贡献率、规模以上工业企业费用利润率以及规模以上工业企业产品销售率 6 个指标。具体来看:

2015—2017 年长江经济带 11 省市人均 GDP 基础数据均呈逐年增长趋势。由图 4-1、图 4-2 可以看出,排名前 3 位的为下游地区的上海、江苏、浙江,上游的重庆及中游的湖北分别排名第 4 位和第 5 位,湖南排名第 6 位,四川、安徽和江西分别排名第 7 位、第 8 位和第 9 位,贵州和云南排名垫底。从数据上来看,2017 年只有排名前 5 位的省市人均 GDP 突破 6 万元,排名最后的云南省人均 GDP 为 3.42 万元,仅为上海市人均 GDP12.66 万元的 27.03%。样本年间,人均 GDP 增幅变化趋势与基础数据变化趋势类似,而人均 GDP 年均增长率变化上却呈相反趋势,排名靠前的上海、江苏、浙江在年均增长率上优势不再,排名靠后的贵州反而位居首位。

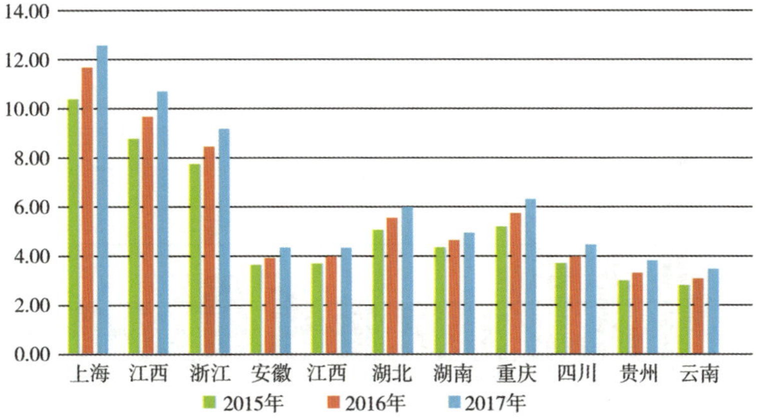

图 4-1　2015—2017 年长江经济带 11 省市人均 GDP 基础数据比较(单位:万元)

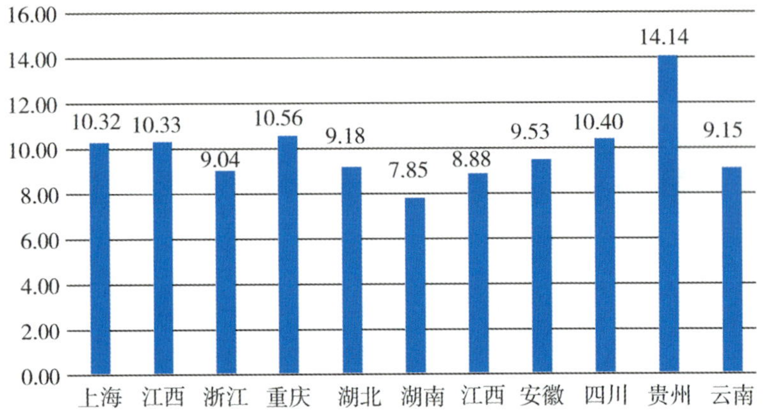

图 4-2　2015—2017 年长江经济带 11 省市人均 GDP 年均增长率变化趋势(单位:%)

人均一般公共财政预算收入为一般公共财政预算收入与年末常住人口比。由图 4-3、图 4-4 可以看出,排名前 3 位的仍然为下游地区的上海、江苏、浙江,重庆排名第 4 位,湖南、湖北、江西及安徽 4 省排名比较接近,依次为第 5 位至第 8 位,四川、贵州及云南排名最末 3 位。人均一般公共财政预算收入增幅方面,上海、浙江、湖北、湖南排名居前 4 位,安徽、江西和贵州分别排名第 5 位、第 6 位和第 7 位,下游地区的江苏、上游地区的重庆和云南位居最末 3 位。在年均增长率变化上,江苏、重庆、云南和四川年均增长率在 2.00%以下,其他省市均高于该值,其中上海年均增长率最高为 9.70%,湖南年均增长率为 6.31%,居中游之首。

人均社会消费品零售总额为社会消费品零售总额与年末常住人口比。由图 4-5、图 4-6 可以看出,上海、江苏、浙江及湖北、重庆在长江经济带 11 省市中排名前 5 位,湖南、四川及安徽、江西排名居中,贵州和云南居于末 2 位。在年均增长率方面,贵州反超其他省市位居第一,年均增长率为 35.98%,江西、四川、云南、安徽、湖北及重庆年均增长率均在 10.00%与 11.00%之间,而对于下游的上海和浙江,年均增长率分别为 7.64%和 9.68%,在 11 省市中排名最后 2 位。

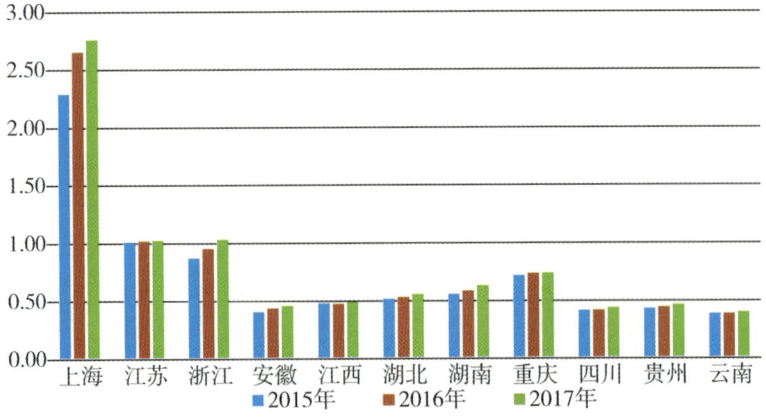

图 4-3　2015—2017 年长江经济带 11 省市人均一般公共财政预算收入基础数据比较(单位:万元)

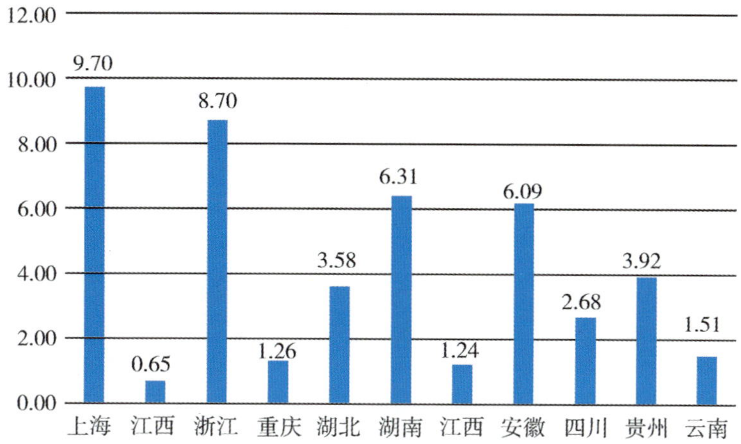

图 4-4　2015—2017 年长江经济带 11 省市人均一般公共财政预算收入年均增长率变化趋势(单位:%)

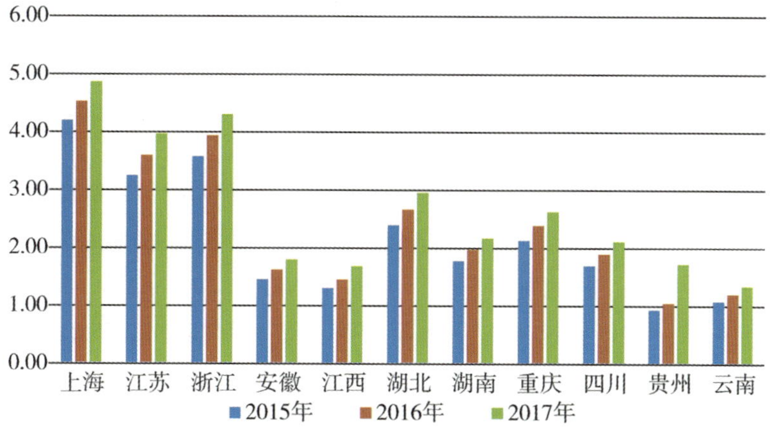

图 4-5　2015—2017 年长江经济带 11 省市人均社会消费品零售总额基础数据比较(单位:万元)

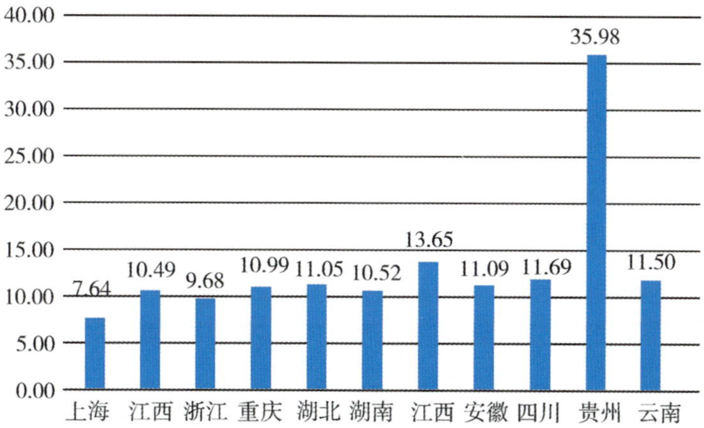

图 4-6　2015—2017 年长江经济带 11 省市人均社会消费品零售总额年均增长率比较(单位:%)

本书对经济绩效的衡量,在企业层面选取规模以上工业企业总资产贡献率、规模以上工业企业费用利润率及规模以上工业企业产品销售率 3 个指标。2017 年长江经济带 11 省市规模以上工业企业指标数据如表 4-1 所示。

表 4-1　　2017 年长江经济带 11 省市规模以上工业企业指标数据　　(单位:%)

省市	规模以上工业企业总资产贡献率	规模以上工业企业费用利润率	规模以上工业企业产品销售率
上海	12.75	9.16	99.86
江苏	14.22	7.11	98.83
浙江	11.72	7.29	97.57
重庆	13.40	7.70	98.00
湖北	12.77	6.40	96.76
湖南	15.06	5.83	97.10
江西	18.30	7.54	99.36
安徽	12.18	5.78	97.71
四川	12.08	7.29	97.88
贵州	12.85	9.52	92.26
云南	12.10	7.02	95.49

从表 4-1 可以看出,在规模以上工业企业总资产贡献率上,江西排名第 1 位,总资产贡献率为 18.30%,湖南省为 15.06%排名第 2 位,江苏排名第 3 位,总资产贡献率为 14.22%,重庆为 13.40%排名第 4 位,其他省市总资产贡献率均在 13.00%以下,其中浙江 11.72%,在 11 省市中排名最末。在规模以上工业企业费用利润率上,贵州高于上海排名第 1 位,费用利润率达 9.52%,重庆为 7.70%排名第 3 位,江西为 7.54%排名第 4 位,江苏、浙江、四川及云南费用利润率均在 7.00%左右,湖南、湖北及安徽费用利润率在 7.00%以下,其中安徽仅为 5.78%,排名最末位。在规模以上工业企业产品销售率上,11 省市除贵州、云南以外,均在 96.00%以上,其中上海 99.86%排名第 1 位。

二、经济结构基础分析

在对经济结构的评估方面,本书选取常住人口城镇化率、第三产业增加值占 GDP 比重、水运货运周转量占总货运周转量比重、民营经济增加值占 GDP 比重、外资依存度及金融相关比 6 个指标。具体来看:

2015—2017 年长江经济带 11 省市常住人口城镇化率基础数据均呈逐年增长趋势。由图 4-7、图 4-8 可以看出,排名前 3 位的为下游地区的上海、江苏、浙江,上游的重庆及中游的湖北分别排名第 4 位和第 5 位,湖南、江西及安徽排名接近,四川、贵州和云南排名靠后。从数据上来看,2017 年上海城镇化率突破 80.00%,江苏、浙江及重庆城镇化率在 60.00%以上,排名最后的贵州城镇化率只有 46.00%。样本年间,常住人口城镇化率增幅及年均增长率变化趋势与基础数据呈相反趋势,排名靠前的上海、江苏、浙江在年均增长率上优势不再,排名靠后的贵州反而位居首位,这与实际情况也是一致的。

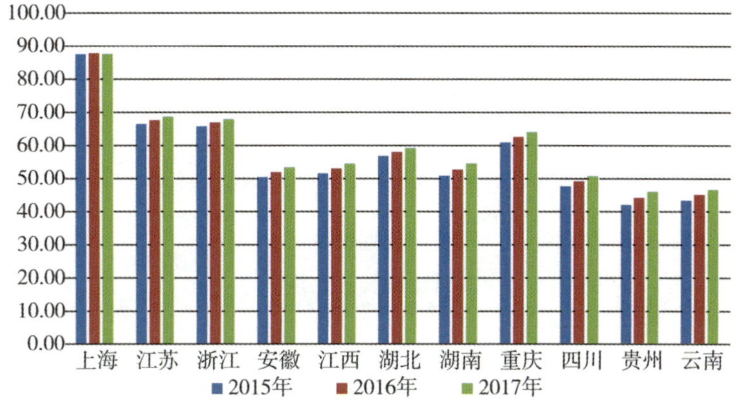

图 4-7　2015—2017 年长江经济带 11 省市常住人口城镇化率基础数据比较(单位:%)

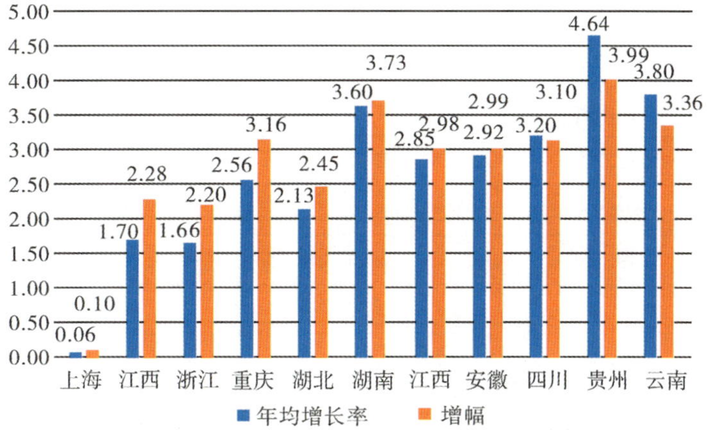

图 4-8　2015—2017 年长江经济带 11 省市常住人口城镇化率增幅及年均增长率变化趋势(单位:%)

民营经济增加值占 GDP 比重基础数据变化趋势如图 4-9 所示。在该指标中,2017 年江苏及浙江排名第 1 位,民营经济增加值占 GDP 比重均为 67.80%,湖南、江西、安徽、四川、湖北均在 55.00%以上,仅云南在 50.00%以下,排名最后。

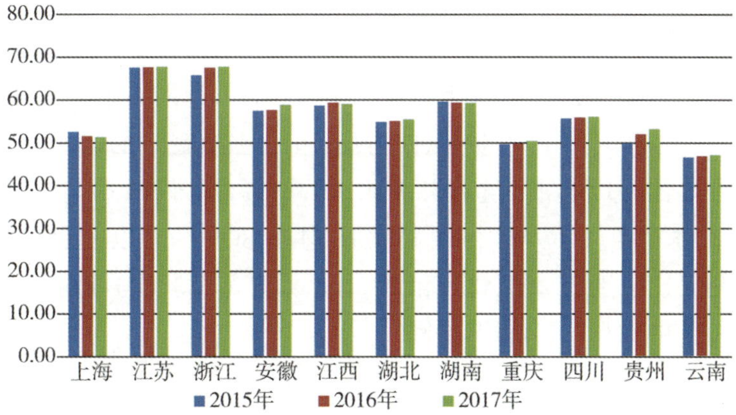

图 4-9　长江经济带 11 省市民营经济增加值占 GDP 比重基础数据比较(单位:%)

此外经济结构的衡量，还选取了第三产业增加值占 GDP 比重、水运货运周转量占总货运周转量比重、外资依存度及金融相关比 4 个指标，2017 年长江经济带 11 省市指标数据如表 4-2 所示。

表 4-2　　2017 年长江经济带 11 省市经济结构指标数据　　（单位：%）

省市	第三产业增加值占 GDP 比重	水运货运周转量占总货运周转量比重	外资依存度	金融相关比
上海	69.20	98.54	3.66	586.46
江苏	50.30	65.62	1.93	277.98
浙江	53.30	79.85	2.28	381.61
重庆	49.05	63.06	3.44	324.46
湖北	46.53	42.32	2.04	253.00
湖南	49.43	11.52	2.81	231.78
江西	42.70	5.97	3.78	292.00
安徽	42.93	48.21	3.88	296.43
四川	49.70	9.94	1.60	330.51
贵州	44.90	2.70	1.89	346.72
云南	47.83	0.90	0.39	338.07

从表 4-2 可以看出，在第三产业增加值占 GDP 比重上，上海、浙江、江苏排名前 3 位，分别占比 69.20%、53.30%和 50.30%，四川、湖南、重庆、云南、湖北占比在 45.00%以上，贵州、安徽及江西排名最后 3 位。在水运货运周转量占总货运周转量比重上，上海排名第 1 位，水运货运周转量占比 98.54%，其次为浙江和江苏，分别为 79.85%和 65.62%，重庆排名第 4 位，水运货运周转量占比 63.06%，安徽和湖北排名第 5 位和第 6 位，分别为 48.21%和 42.32%，湖南 11.52%排名第 7 位，四川、江西、贵州及云南均在 10.00%以下，其中云南仅为 0.90%。在外资依存度方面，安徽、江西、上海、重庆排名前 4 位，外资依存度均在 3.00%以上，浙江及江苏外资依存度不高，仅为 2.28%和 1.93%，湖南高于湖北排名第 5 位，湖北外资依存度为 2.04%，排名第 7 位，贵州、四川及云南排名垫底。在金融相关比方面，上海依然领先于 11 省市排名第 1 位，浙江金融相关比 381.61%，排名第 2 位，贵州、云南、四川及重庆依次排名第 3 位至第 6 位，其金融相关比均在 300.00%以上，安徽、江西略低于 300.00%，金融相关比分别为 296.43%和 292.00%，江苏、湖北与湖南金融相关比分别为 277.98%、253.00%和 231.78%，排名垫底。

第二节　经济发展指数分析

一、经济绩效指数分析

根据长江经济带高质量发展指数测算结果，2015—2017 年长江经济带 11 省市经济绩效得分如表 4-3 和图 4-10 所示。

表 4-3　　2015—2017 年长江经济带经济绩效得分及排名

地区	城市	2015 年		2016 年		2017 年	
		得分	排名	得分	排名	得分	排名
下游地区	上海	0.156	1	0.175	1	0.185	1
	江苏	0.112	2	0.121	2	0.126	2
	浙江	0.091	3	0.099	3	0.111	3
	安徽	0.045	9	0.049	9	0.055	8
	均值	0.101	—	0.111	—	0.119	—
中游地区	江西	0.079	5	0.078	5	0.081	5
	湖北	0.065	7	0.072	6	0.075	6
	湖南	0.067	6	0.071	7	0.068	7
	均值	0.070	—	0.074	—	0.075	—
上游地区	重庆	0.080	4	0.087	4	0.089	4
	四川	0.045	8	0.049	10	0.066	9
	贵州	0.032	10	0.057	8	0.051	10
	云南	0.030	11	0.015	11	0.045	11
	均值	0.047	—	0.052	—	0.063	—
总体均值		0.073	—	0.079	—	0.086	—

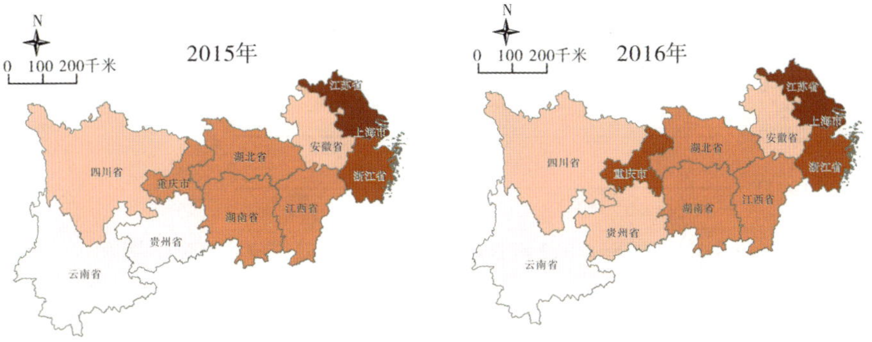

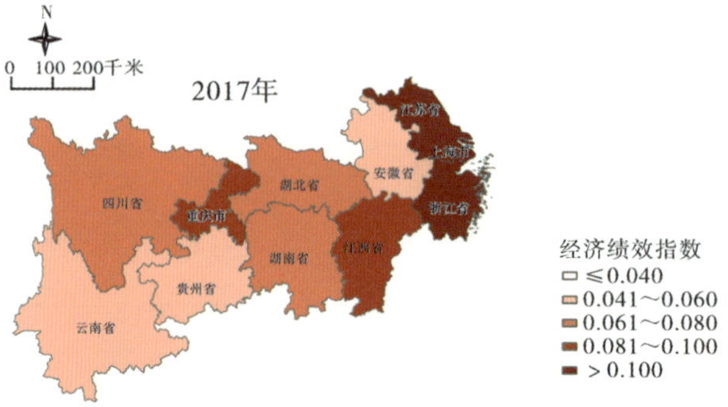

图 4-10　2015—2017 年长江经济带经济绩效指数空间分布变化

(一)上、中、下游区域比较分析

2015—2017 年长江经济带经济绩效得分均值呈明显上升趋势，从 2015 年的 0.073 增长至 2017 年的 0.086，增幅 0.013，增长 17.81%，年均增长率 8.54%。上游地区经济绩效得分均值三年间亦呈上升趋势，从 2015 年的 0.047 上升至 2017 年的 0.063，增幅 0.016，增长 34.04%，年均增长率 15.78%。中游地区经济绩效得分均值持续上升，从 2015 年的 0.070 增长至 2017 年的 0.075，增幅 0.005，增长 7.14%，年均增长率 3.51%。下游地区经济绩效得分均值亦呈稳定增长趋势，从 2015 年的 0.101 增长至 2017 年的 0.119，增幅 0.018，增长 17.82%，年均增长率 8.55%。

从经济绩效得分均值变化上来看(图 4-11)，样本年间，下游地区经济绩效得分均值最高，其值远远高于上游地区和中游地区，且在长江经济带总体均值以上；中游地区经济绩效得分均值居中，优于上游地区，但低于长江经济带总体均值，且远低于下游地区；上游地区经济绩效得分均值最低，远低于下游、中游及总体均值。

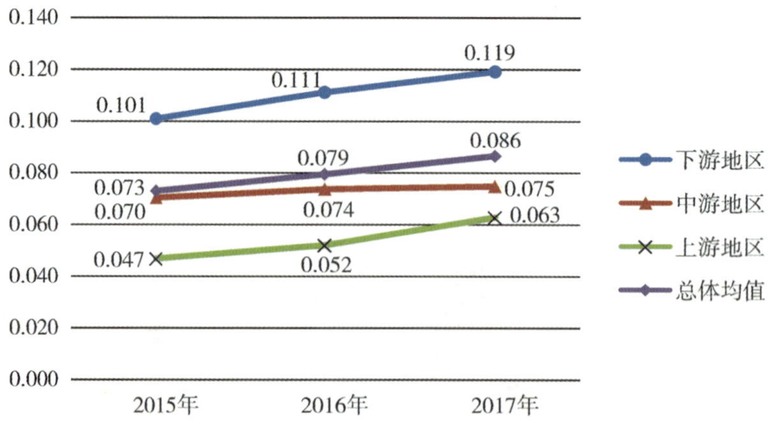

图 4-11　2015—2017 年长江经济带经济绩效得分均值变化趋势

从增幅变化趋势上来看(图 4-12)，下游地区经济绩效得分均值增幅最为明显，且处于上游、中游及长江经济带总体水平以上；中游地区经济绩效得分均值增幅最少，远低于下游、上游及长江经济带总体；上游地区经济绩效得分增幅排名第二，同时高于长江经济带总体均值增幅。

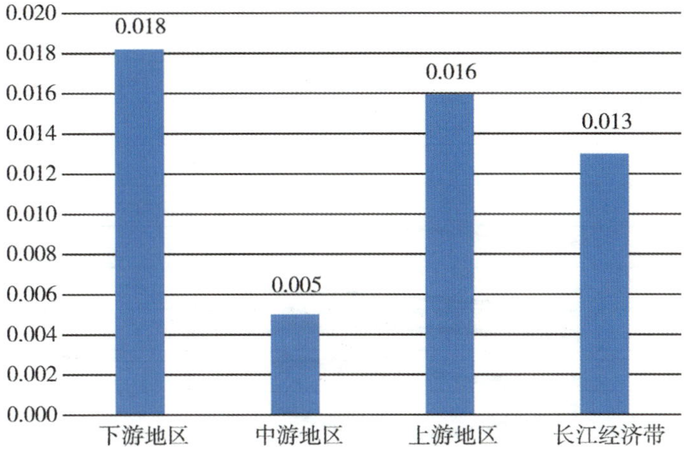

图 4-12　2015—2017 年长江经济带经济绩效得分均值增幅变化趋势

从年均增长率变化趋势上来看（图 4-13），上游地区经济绩效得分均值年均增长率为三区域中最高，且位于长江经济带总体年均增长率之上；中游地区为三区域的末位，同时远低于总体年均增长率；下游地区年均增长率居中，同时接近长江经济带总体年均增长率。

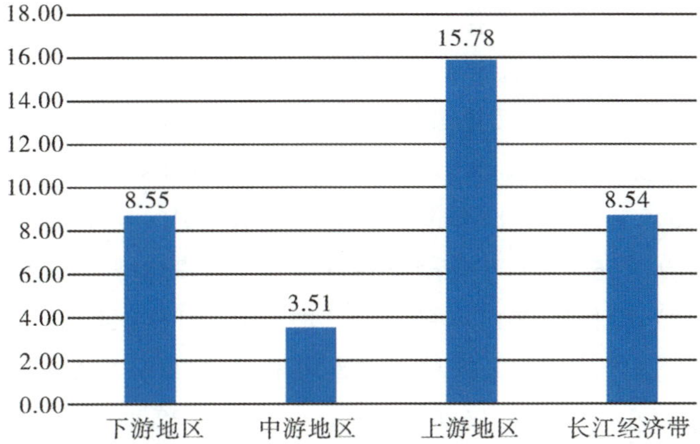

图 4-13　2015—2017 年长江经济带经济绩效得分均值年均增长率变化趋势（单位：%）

（二）11 省市比较分析

从得分均值变化上来看（图 4-14），2015—2017 年，11 省市总体上均呈上升趋势。上海经济绩效得分在样本年间持续排名第 1 位，得分从 2015 年的 0.156 增长为 2017 年的 0.185，增幅 0.029，增长 18.59%，年均增长率为 8.90%；江苏 3 年来持续排名第 2 位，得分从 2015 年的 0.112 增长为 2017 年的 0.126，增幅 0.014，增长 12.50%，年均增长率为

6.07%;浙江持续排名第3位,得分从2015年的0.091增长为2017年的0.111,增幅0.020,增长21.98%,年均增长率为10.44%。安徽排名在第9位和第8位间波动,得分从2015年的0.045增长为2017年的0.055,增幅0.010,增长22.22%,年均增长率为10.55%。

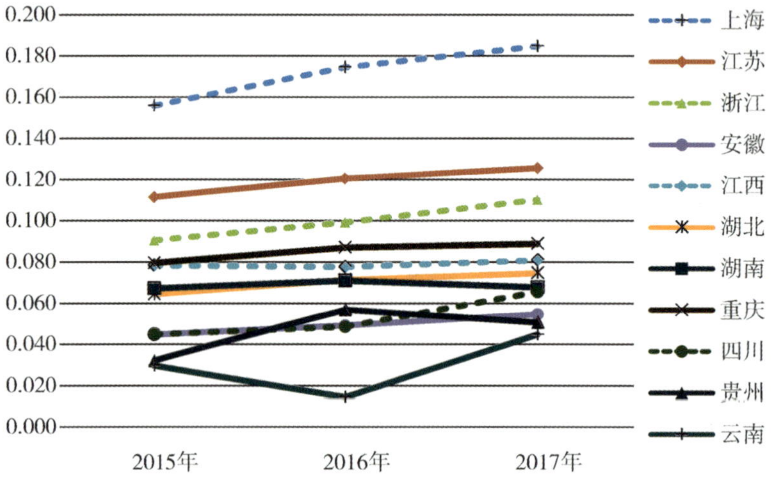

图 4-14　2015—2017 年长江经济带 11 省市经济绩效得分均值变化趋势

江西经济绩效得分在样本年间持续排名第5位,得分从2015年的0.079增长为2017年的0.081,增幅0.002,增长2.53%,年均增长率为1.26%;湖北得分排名在第7位和第6位间波动,得分从2015年的0.065增长为2017年的0.075,增幅0.010,增长15.38%,年均增长率为7.42%;湖南得分排名在第7位和第6位间波动,得分从2015年的0.067增长为2017年的0.068,增幅0.001,增长1.49%,年均增长率为0.74%。

重庆经济绩效得分3年间持续排名第4位,得分从2015年的0.080增长为2017年的0.089,增幅0.009,增长11.25%,年均增长率为5.48%;四川排名从2015年的第8位下降至2016年的第10位后又升至2017年的第9位,得分从2015年的0.045增长为2017年的0.066,增幅0.021,增长46.67%,年均增长率为21.11%;贵州排名从第10位上升为第8位继而又下降至第10位,得分从2015年的0.032增长为2017年的0.051,增幅0.019,增长59.38%,年均增长率为26.24%;云南排名一直居于末位,得分从2015年的0.030上升为2017年的0.045,增幅0.015,增长50.00%,年均增长率为22.47%。

从经济绩效得分均值增幅上来看(图4-15),11省市中,上海增幅最高,其次为四川,浙江增幅排名第3位,贵州第4位,云南第5位,江苏第6位,安徽和湖北并列第7位,重庆第8位,江西第9位,湖南排名最末。

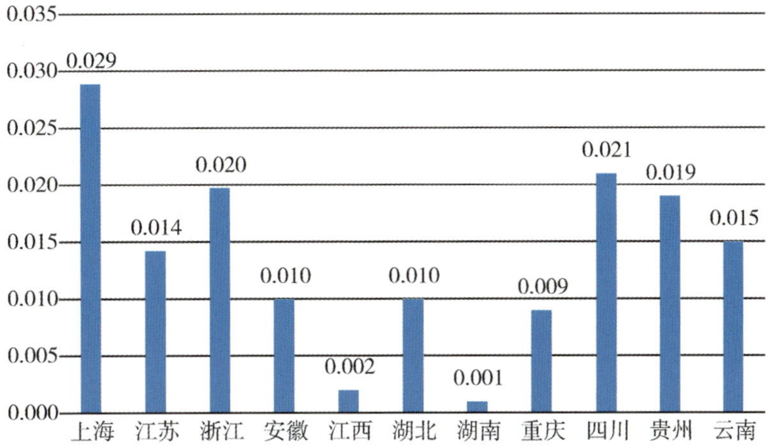

图 4-15　2015—2017 年长江经济带 11 省市经济绩效得分均值增幅变化趋势

从经济绩效得分均值年增长率上来看(图 4-16)，上游地区的贵州、云南、四川年均增长率排名前 3 位，而中游地区的江西和湖南排名最后 2 位，上游地区得分最高的上海、江苏和浙江，其年均增长率分别排名第 6 位、第 8 位和第 5 位。

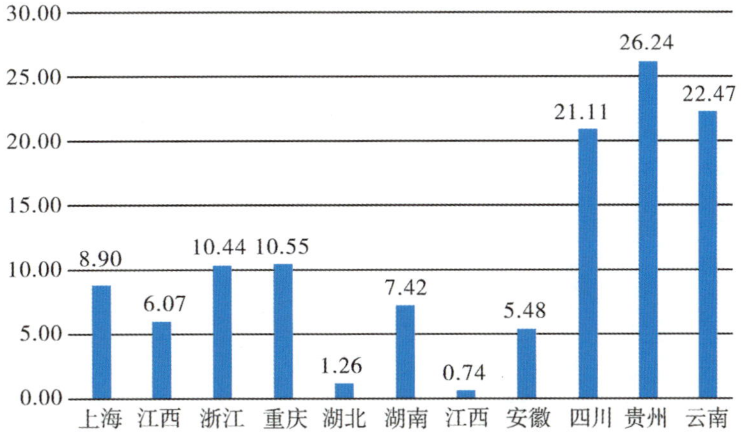

图 4-16　2015—2017 年长江经济带 11 省市经济绩效得分均值年均增长率变化趋势(单位:%)

(三)小结

总体来说，2015—2017 年，长江经济带经济绩效方面发展态势良好，上、中、下游地区均以一定程度的增幅和年均增长率持续增长。

1. 分区域

下游地区无论是在经济绩效得分基数，还是在增幅上均居上、中、下游的首位，且各值均处于长江经济带总体水平之上，但在年均增速上，却低于上游且位于长江经济带总体水平之下；中游地区经济绩效得分均值排名居中，但样本年间得分增幅及年均增长率却排名最后，且低于长江经济带总体水平；上游地区经济绩效得分均值排名居长江经济带上、中、下游地区末位，且位于长江经济带总体均值以下，但增幅和增速均高于中游地区，且在长江经济带总体水平之上。

2. 分省市

上海、江苏、浙江经济绩效得分处于前3位，但在增幅和年均增长率上失去了这种优势，其中上海的增幅虽然最高，但其年均增长率却排名第6位，而江苏和浙江在增幅上排名第6位和第3位，在年均增长率上更是排到了第8位和第5位。安徽是下游地区发展较为落后的省份，其得分、增速及年均增长率均处于中等偏下的水平。重庆在上游地区中发展程度较高，其得分在长江经济带11省市中排名第4位，但其增幅及年均增长率却不高，均位于第9位。四川、贵州和云南在经济绩效得分上排名一直居于最后几位，但在增幅上位于前5位，年均增长率上居于前3位。江西、湖北和湖南经济绩效得分处于中等偏下的水平，尤其是在增幅和年均增速上，除湖北外，江西和湖南垫底。这与实际发展情况相符。

二、经济结构指数分析

根据长江经济带高质量发展指数测算结果，2015—2017年长江经济带11省市经济结构得分如表4-4和图4-17所示。

表4-4　2015—2017年长江经济带经济结构得分及排名

地区	城市	2015年		2016年		2017年	
		得分	排名	得分	排名	得分	排名
下游地区	上海	0.173	1	0.172	1	0.165	1
	江苏	0.094	3	0.097	3	0.097	3
	浙江	0.112	2	0.117	2	0.121	2
	安徽	0.064	5	0.072	5	0.077	5
	均值	0.111	—	0.115	—	0.115	—
中游地区	江西	0.054	7	0.064	6	0.067	6
	湖北	0.054	6	0.060	8	0.065	7
	湖南	0.054	8	0.063	7	0.069	8
	均值	0.054	—	0.062	—	0.067	—
上游地区	重庆	0.085	4	0.087	4	0.085	4
	四川	0.048	9	0.053	9	0.057	9
	贵州	0.031	10	0.038	10	0.040	10
	云南	0.019	11	0.024	11	0.027	11
	均值	0.046	—	0.051	—	0.053	—
总体均值		0.072	—	0.077	—	0.079	—

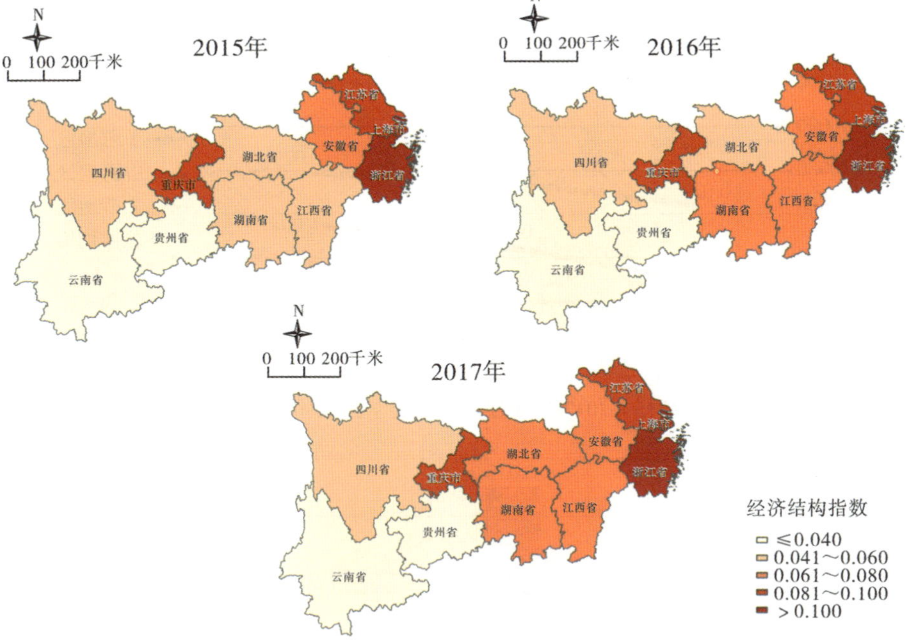

图 4-17　2015—2017 年长江经济带经济结构指数空间分布变化

(一)上、中、下游区域比较分析

2015—2017 年长江经济带经济结构得分均值呈明显上升趋势，从 2015 年的 0.072 增长至 2017 年的 0.079，增幅 0.007，增长 9.72%，年均增长率 4.75%。上游地区经济结构得分均值 3 年间亦呈上升趋势，从 2015 年的 0.046 上升至 2017 年的 0.053，增幅 0.007，增长 15.22%，年均增长率 7.34%。中游地区经济结构得分均值持续上升，从 2015 年的 0.054 增长至 2017 年的 0.067，增幅 0.013，增长 24.07%，年均增长率 11.39%。下游地区经济结构得分均值亦呈稳定增长趋势，从 2015 年的 0.111 增长至 2017 年的 0.115，增幅 0.004，增长 3.60%，年均增长率 1.79%。

从经济结构得分均值变化上来看(图 4-18)，样本年间，下游地区经济结构得分均值最高，其值远远高于上游地区和中游地区，且在长江经济带总体均值以上；中游地区经济结构得分均值居中，优于上游地区，但低于长江经济带总体均值，且远低于下游地区；上游地区经济结构得分均值最低，远低于下游、中游及总体均值。

从增幅变化趋势上来看(图 4-19)，中游地区经济结构得分均值增幅最为明显，且处于上游、下游及长江经济带总体水平以上；下游地区经济结构得分均值增幅最少，且位于长江经济带总体水平以下；上游地区经济结构得分增幅排名居中，同时接近长江经济带总体均值增幅。

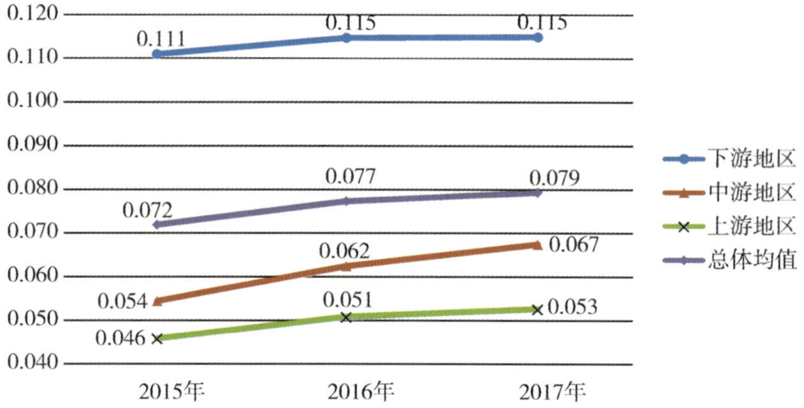

图 4-18　2015—2017 年长江经济带经济结构得分均值变化趋势

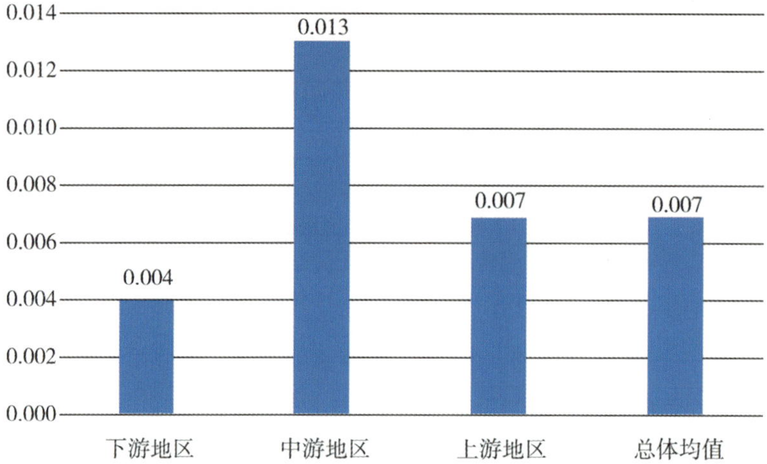

图 4-19　2015—2017 年长江经济带经济结构得分均值增幅变化趋势

从年均增长率变化趋势上来看(图 4-20),中游地区经济结构得分均值年均增长率为 3 区域中最高,且位于长江经济带总体年均增长率之上;下游地区为 3 区域的末位,同时远低于总体年均增长率;上游地区年均增长率居中,且高于长江经济带总体年均增长率。

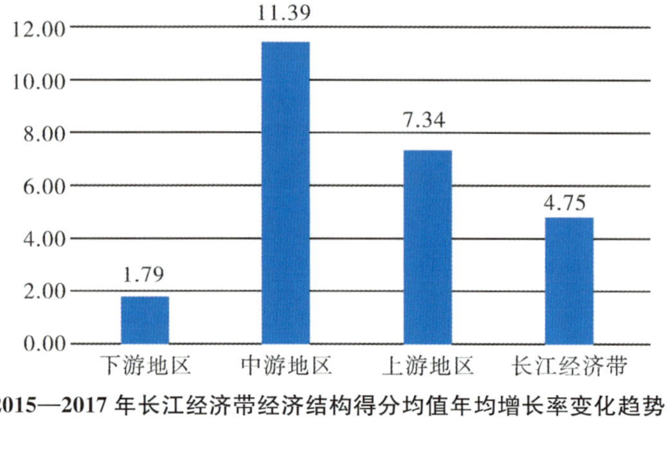

图 4-20　2015—2017 年长江经济带经济结构得分均值年均增长率变化趋势(单位:%)

(二)11 省市比较分析

从得分均值变化上来看(图 4-21),2015—2017 年,11 省市大部分省市得分呈上升趋势。上海经济结构得分在样本年间持续排名第 1 位,但得分却逐年下降,从 2015 年的 0.173 下降为 2017 年的 0.165,降幅 0.008;江苏三年来持续排名第 3 位,得分从 2015 年的 0.094 增长为 2017 年的 0.097,增幅 0.003,增长 3.19%,年均增长率为 1.58%;浙江持续排名第 2 位,得分从 2015 年的 0.112 增长为 2017 年的 0.121,增幅 0.009,增长 8.04%,年均增长率为 3.94%。安徽持续排名第 5 位,得分从 2015 年的 0.064 增长为 2017 年的 0.077,增幅 0.013,增长 20.31%,年均增长率为 9.69%。

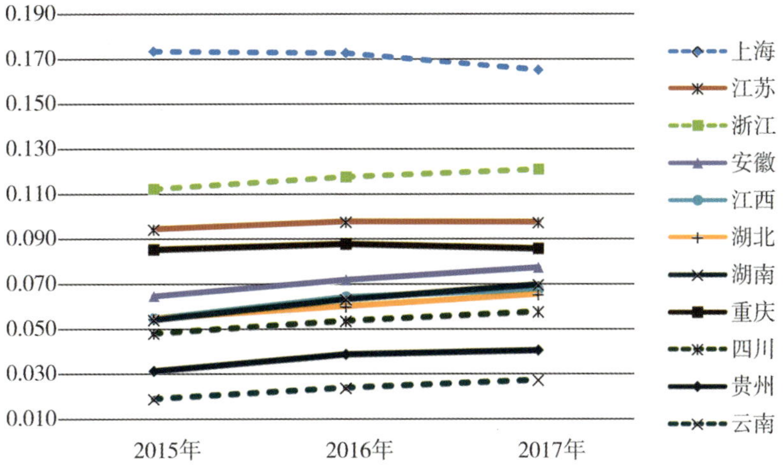

图 4-21　2015—2017 年长江经济带 11 省市经济结构得分均值变化趋势

江西经济结构得分在样本年间从第 7 位上升为第 6 位,得分从 2015 年的 0.054 增长为 2017 年的 0.067,增幅 0.013,增长 24.07%,年均增长率为 11.39%;湖北得分排名在第 6、8、7 位间波动,得分从 2015 年的 0.054 增长为 2017 年的 0.065,增幅 0.011,增长 20.37%,年均增长率为 9.71%;湖南得分排名在第 7 位和第 8 位间波动,得分从 2015 年的 0.054 增长为 2017 年的 0.069,增幅 0.015,增长 27.78%,年均增长率为 13.04%。

重庆经济结构得分 3 年间持续排名第 4 位,得分从 2015 年的 0.085 增长为 2016 年的 0.087 后又下降为 2017 年的 0.0854,增幅 0.0004,增长 0.47%,年均增长率为 0.24%;四川持续排名第 9 位,得分从 2015 年的 0.048 增长为 2017 年的 0.057,增幅 0.009,增长 18.75%,年均增长率为 8.97%;贵州持续排名第 10 位,得分从 2015 年的 0.031 增长为 2017 年的 0.040,增幅 0.009,增长 29.03%,年均增长率为 13.59%;云南排名一直居于末位,得分从 2015 年的 0.019 上升为 2017 年的 0.027,增幅 0.008,增长 42.11%,年均增长率为 19.21%。

从经济结构得分均值增幅上来看(图 4-22),11 省市中,湖南增幅最高,其次为安徽、江西,湖北增幅排名第 3 位,浙江、四川、贵州排名第 4 位,云南第 5 位,江苏第 6 位,重庆第 7 位,上海排名最末。

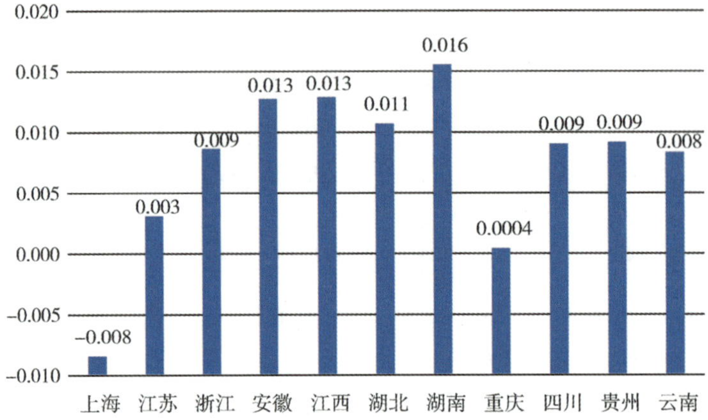

图 4-22　2015—2017 年长江经济带 11 省市经济结构得分均值增幅变化趋势

从经济结构得分均值年增长率上来看(图 4-23),上游地区的云南、贵州、四川年均增长率排名第 1、2、5 位,重庆排名第 10 位;中游地区的湖南、江西和湖北排名第 3、4、7 位;上游地区安徽排名的 6 位,而得分最高的上海、江苏和浙江,其年均增长率分别排名第 11 位、第 8 位和第 9 位。

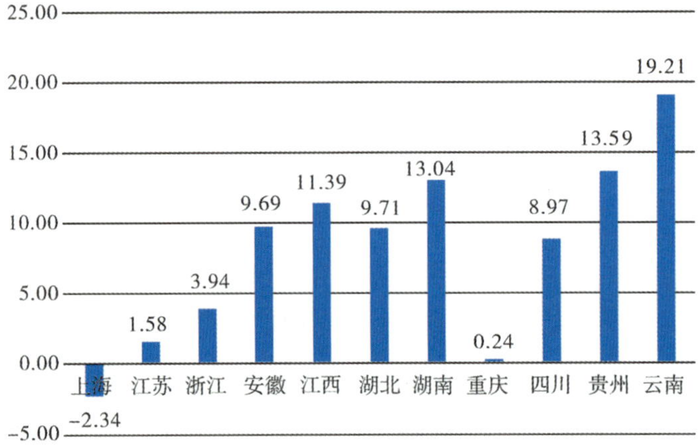

图 4-23　2015—2017 年长江经济带 11 省市经济结构得分均值年均增长率变化趋势(单位:%)

(三)小结

总体来说,2015—2017 年,长江经济带 11 省市在经济结构方面发展态势良好,虽然上、中、下游地区均以一定程度的增幅和年均增长率持续增长,但其变化趋势明显区别于经济绩效。具体来讲:

1. 分区域

下游地区在经济结构得分基数上居于上、中、下游的首位,但在增幅和年均增长率上却居于末位,且值处于长江经济带总体水平之下;中游地区经济结构得分均值排名居中,但样本年间得分增幅及年均增长率却居于首位,且高于长江经济带总体水平;上游地区经济结构得分均值排名居中，其以高于长江经济带总体水平的增幅和年均增长率增长。

2. 分省市

经济绩效排名在前的上海、江苏、浙江，其经济结构得分虽然仍然在前列，但其增幅和年均增长率却反而居于末位，而经济绩效处于劣势的云南、贵州、四川及江西、湖北和湖南，却以较高的增幅和年均增长率快速追赶。近年来，长江经济带上、中游地区聚焦经济改革，不断深化供给侧改革，优化营商软件及硬件环境，为第三产业及民营经济提供发展要素，使得地区产业结构得到大幅度的改善，而下游地区虽然具有较好的基础，但在增长速度上有所减缓，这也与其现有经济结构优化程度相关，需要采取更加有效和更大力度的政策措施。

第三节 长江经济带经济发展的经验与启示

一、优化产业结构，提高现代服务业占比

长江经济带产业结构高度化不足，与高质量发展要求还存在一定差距，主要表现为：产业结构以劳动密集型、重化工型产业为主，技术密集型和知识密集型产业发展不足，服务业结构虚高，以传统服务业为主，生产性服务业发展不足，金融和房地产占比过高，对实体经济的支撑不足。根据《产业结构调整指导目录(2019 年本)》(以下简称《目录》)，长江经济带必须坚持以供给侧结构性改革为主线，通过改革制度供给，优化体制机制，大力激发微观经济主体活力，增强长江经济带经济长期稳定发展的新动力。对《目录》鼓励类项目(表 4-5)，按照有关规定审批、核准或备案；对限制类项目，禁止新建，现有生产能力允许在一定期限内改造升级；对淘汰类项目，禁止投资并按规定期限淘汰。

表 4-5　《产业结构调整指导目录(2019 年本)》鼓励类现代服务业内容

现代物流业	
1. 煤炭、粮食、铁矿石、化肥、石油等重要物资现代化物流设施建设	5. 物流装载单元化建设，标准托盘和 600mm×400mm 包装基础模数推广应用
2. 农产品物流配送设施建设，农产品、食品、药品冷链物流，食品、药品物流质量安全控制技术服务	6. 物联网技术、大数据技术、云计算技术、人工智能技术、自动识别和标识技术、电子数据交换技术、可视化技术、货物跟踪和快速分拣技术、移动物流信息服务技术的研发与应用
3. 现代供应链创新与应用	6-1. 全球定位系统、地理信息系统、道路交通信息通讯系统、智能交通系统、智能包装仓储配送、物流信息系统安全技术及立体仓库技术的研发与应用
4. 多式联运综合物流枢纽建设，多式联运快速转运换装设备、标准化运载单元的研发推广应用	7. 应急物流、逆向物流、绿色物流设施建设和运营

续表

现代物流业	
8. 物流公共信息平台开发及建设	10. 城市配送所需的公用仓储、配送车辆停靠、装卸、充电等配套设施和场地。完善城市商业区、居住区、高等院校和大型公共活动场地等项目装卸设施、停车场地、充电桩的配套建设
9. 海港空港、铁路场站、产业聚集区、商贸集散地、口岸的物流中心建设与经营	11. 物流机器人、自动分拣设备等智能物流装备研发创新和推广应用
金融服务业	
1. 信用担保服务体系建设	9. 信贷、保险、证券统计数据信息系统建设
2. 农村金融服务体系建设	10. 金融监管技术开发与应用
3. 债券发行、交易服务体系建设	11. 创业投资
4. 农业保险、责任保险、信用保险、商业健康保险	12. 金融科技产品研发和应用，银行金融科技服务输出
5. 金融产品研发和应用	13. 国家金融基础数据库建设
6. 知识产权、收益权等无形资产贷款质押业务开发	14. 绿色金融服务体系建设
7. 信用卡及网络服务	15. 金融大数据、智慧银行解决方案和基础平台开发
8. 人民币跨境结算、清算体系建设	16. 开放银行体系安全防护
科技服务业	
1. 工业设计、气象、生物、新材料、新能源、节能、环保、测绘、海洋等专业科技服务，标准化服务、计量测试、质量认证和检验检测服务、科技普及	5. 数字化技术、高拟真技术、高速计算技术等新兴文化科技支撑技术建设及服务
2. 在线数据与交易处理、IT 设施管理和数据中心服务，移动互联网服务，因特网会议电视及图像等电信增值服务	6. 分析、试验、测试以及相关技术咨询与研发服务，智能产品整体方案、人机工程设计、系统仿真等设计服务
3. 行业（企业）管理和信息化解决方案开发、基于网络的软件服务平台、软件开发和测试服务、信息系统集成、咨询、运营维护和数据挖掘等服务业务	7. 在线数据处理和数据安全服务，数据恢复和灾备服务，信息安全防护、网络安全应急支援服务，云计算安全服务，大数据安全服务，信息安全风险评估、认证与咨询服务，信息装备和软件安全评测服务，密码技术产品测试认证服务，信息系统等级保护安全方案设计服务
4. 数字音乐、手机媒体、网络出版等数字内容服务，地理、国际贸易等领域信息资源开发服务	8. 科技信息交流、文献信息检索、技术咨询、技术孵化、科技成果评估、科技成果转移转化服务和科技鉴证等服务

续表

科技服务业	
9. 知识产权代理、转让、登记、鉴定、检索、分析、评估、运营、认证、咨询和相关投融资服务	13. 工业服务：现代高端装备的维护与维修、数字化产线改造与集成、工业服务网络平台、工业电商、智能装备远程运维管理系统、智慧工厂设备监测诊断平台、预测性维护系统、专业维修服务和供应链服务、工业管理服务
10. 国家级工程(技术)研究中心、国家工程实验室、国家农业高新技术产业示范区、国家农业科技园区、国家认定的企业技术中心、国家实验室、国家重点实验室、高新技术创业服务中心、绿色技术创新基地平台、新产品开发设计中心、科研中试基地、实验基地建设	14. 网络安全集成、安全维护、安全运营、风险评估、教育培训、咨询、应急响应等安全服务
11. 信息技术外包、业务流程外包、知识流程外包等技术先进型服务	15. 云计算数据中心的建设、维护、租赁等
12. 智能制造系统集成应用体验验证服务	16. 信息系统集成和物联网技术服务、运营维护服务、信息处理和存储支持服务、信息技术咨询服务、数字内容服务及其他信息技术服务
商务服务业	
1. 租赁服务	6. 产权交易服务平台
2. 经济、管理、信息、会计、税务、审计、法律、节能、环保等咨询与服务	7. 广告创意、广告策划、广告设计、广告制作
3. 工程咨询服务(包括规划咨询、项目咨询、评估咨询、全过程工程咨询)	8. 会展服务(不含会展场馆建设)
4. 资信调查与评级等信用服务体系建设	9. 供应链管理服务
5. 资产评估、校准、检测、检验等服务	
商贸服务业	
1. 现代化的农产品、生产资料市场流通设施建设	6. 利用信息技术改造提升传统商品交易市场
2. 种子、种苗、种畜禽和鱼苗(种)、化肥、农药、农机具、农膜等农资连锁经营及综合服务	7. 旧货市场建设
3. 面向农村的日用品、药品、出版物等生活用品连锁经营	8. 现代化二手车交易服务体系建设
4. 农产品拍卖服务	9. 新农村现代流通服务网络工程建设，农资物联网应用与示范项目建设
5. 商贸企业的统一配送和分销网络建设	

续表

其他服务业	
1. 保障性住房建设与管理	11. 社区照料服务
2. 物业服务	12. 病患陪护服务
3. 老年人、未成年人活动场所	13. 再生资源回收利用网络体系建设
4. 城乡社区基础服务设施及综合服务网点建设	14. 婚庆服务业
5. 儿童福利、优抚收养性社会福利机构及相关配套服务设施建设	15. 基层就业和社会保障服务设施建设
6. 救助管理站及相关配套设施建设	16. 农民工留守家属服务设施建设
7. 公共殡葬服务设施建设	17. 社会保障一卡通工程
8. 开发区、产业集聚区配套公共服务平台建设与服务	18. 工伤康复中心建设
9. 家政服务	19. 租赁住房建设、运营和管理
10. 养老服务	20. 托育服务
人力资源服务业	
1. 人力资源信息化建设	3-1. 人力资源管理咨询、人力资源服务外包、高级人才寻访、人力资源信息软件服务等人力资源服务业
2. 人力资源服务产业园和平台建设	4. 人力资源市场及配套服务设施建设
3. 人力资源招聘、就业和创业指导，人力资源和社会保障事务代理，人力资源培训、劳务派遣、人力资源测评等人力资源服务业	5. 农村劳动力转移就业服务平台建设

资料来源：《产业结构调整指导目录(2019年本)》。

针对当前长江经济带产业发展存在的产业链控制力不强、关键技术领域“卡脖子”等问题，应注重夯实产业基础能力，提升产业链水平，促进要素协同发展。在科技服务业中强化对国家产业创新中心、国家重大科技基础设施、产业集群综合公共服务平台等创新平台的支持，在金融服务业中拓展创业投资、绿色金融、知识产权质押等条目，体现提高直接投融资占比、更好服务实体经济导向。建立绿色生产性服务业深度融合示范基地，建立制造业绿色物流服务体系和物流信息互联共享体系，协同促进绿色服务业创新链与产业链深度融合，重点发展互联网金融、跨境电子商务、供应链物流三大新兴业态，构建长江经济带绿色融合发展联盟。

同时，加快发展现代服务业，提高服务效率和服务品质，构建服务产业新体系，重点推动新兴服务业规模化、规范化，推动教育、文化、卫生、体育等公共服务领域补短板，大力发展人力资源与人力资本服务业、养老与托育服务、家政等行业。积极培育消费新增长点，以汽车、家电、消费电子产品为重点，完善使用环境，畅通循环利用，促进更新消费。鼓励制造和服务企业双向互动融合发展，大力发展生产性服务业，推动两业融合发展。

二、优化营商环境，增加民营经济活力

习近平总书记在民营企业座谈会上指出，民营经济已经成为推动我国发展不可或缺的力量，成为创业就业的主要领域、技术创新的重要主体、国家税收的重要来源，为我国社会主义市场经济发展、政府职能转变、农村富余劳动力转移、国际市场开拓等发挥了重要作用。在我国经济发展进程中，要不断为民营经济营造更好发展环境，帮助民营经济解决发展中的困难，支持民营企业改革发展，变压力为动力，让民营经济创新源泉充分涌流，让民营经济创造活力充分迸发。同时从减轻企业税费负担、解决民营企业融资难融资贵、营造公平竞争环境、完善政策执行方式、构建亲清新型政商关系、保护企业家人身和财产安全 6 个方面提出政策举措。长江经济带沿线 11 省市，深入学习领会总书记在民营企业座谈会上的重要讲话精神，不断增强民营经济活力。

建立公平的竞争市场。在该方面，长江经济带沿线各省市出台多项措施。以重庆市为例，为确保内外资企业等各类市场主体公平，重庆市实施了市场准入负面清单制度，清理废除妨碍统一市场和公平竞争文件；建立信用“红黑名单”制度，实现应查必查、奖惩到位；开展重点领域诚信缺失突出问题专项治理，打造“不敢失信、不能失信”的社会环境。同时为了构建国际认可的尊重、保护知识产权的良好环境，重庆市开展知识产权执法“铁拳”行动，及时有效保护当事人知识产权合法权益。

减少企业办事环节、时间及成本。在该方面，上海市实施外建企业涉税业务可异地办理措施，外地企业来沪承接建筑项目，报验登记、项目登记、纳税申报、税款缴纳等跨区域涉税事项实现“全程网上办”。重庆市建立了全市投资项目基础信息库，推广网上办电渠道，常用业务全天候办理，“一次都不跑”；利用电子税务局、手机客户端、微信公众号等移动办税渠道，推进增值税、企业所得税、财产行为税分税种集成申报，减少纳税次数。安徽省在深入听取民营企业心声、广泛征求各方意见基础上，制定了“1＋6＋1”的《关于大力促进民营经济发展的若干意见》，具体包括 8 个方面 30 条。湖北省先后出台《关于大力促进民营经济发展的若干意见》《关于进一步优化营商环境的若干意见》《关于支持民营经济持续健康发展的若干意见》以及促进新旧动能转换、工业高质量发展、降本减负、“放管服”改革等一系列政策措施，持续优化营商环境，为民营经济发展赋能。

三、深化对外开放，增强外资吸引力

国务院近日印发《关于进一步做好利用外资工作的意见》指出，应结合我国利用外资工

作面临的新形势、新特点、新挑战，以激发市场活力、提振投资信心为出发点，以保障外商投资企业国民待遇为重点，以打造公开、透明、可预期的外商投资环境为着力点，持续深化“放管服”改革，进一步做好利用外资工作。并提出4个方面共20条的政策措施，包括：一是深化对外开放。继续压减全国和自由贸易试验区外商投资准入负面清单，全面清理取消未纳入负面清单的限制措施，加快金融业开放进程，优化汽车领域外资政策，营造公平经营环境。二是加大投资促进力度。优化外商投资企业科技创新服务，提升自由贸易试验区建设水平，提升国家级经济技术开发区开放平台引资质量，在中西部地区优先增设一批综合保税区。三是深化投资便利化改革。降低资金跨境使用成本，提高外籍人员来华工作便利度，优化外资项目规划用地审批程序。四是保护外商投资合法权益。全面贯彻外商投资法，建立健全外商投资企业投诉受理机构，强化监管政策执行规范性，提高行政规范性文件制定透明度，发挥知识产权司法保护重要作用，完善知识产权保护工作机制，鼓励外商投资企业参与我国医疗器械、食品药品等标准制定，保障供应商依法平等参与政府采购。

持续提升长江经济带对外开放水平，推进全方位对外开放，加快上海自贸试验区打造服务贸易创新政策先行区，浙江、湖北、重庆、四川等自贸区复制推广上海自贸区制度创新成果和投资领域改革措施。加快推进长江经济带发展与“一带一路”建设融合共进，加快中欧班列统一品牌建设，建立中欧通道铁路运输、口岸通关协调机制，确保运量快速增长。增强内生动力优化内需市场，长江经济带沿线省市有庞大的内需市场，通过科技创新来提高发展的质量、效益和内涵。积极制定统一的外商投资基础性法律，保护外商投资合法权益，建立和完善外商投资促进机制，营造稳定、透明、可预期的投资环境。在政府采购、标准制定、产业政策、科技政策、资质许可、注册登记、上市融资等方面保障外商投资企业获得公平待遇，实现更大发展和互利共赢。

四、构建立体交通，发挥黄金水道功能

全面推进长江干支流航道系统化治理。围绕“深下游、畅中游、延上游”的目标，重点加强上游重庆到宜宾段航道的整治，中游荆江河段航道整治，下游深度处理，提高长江干线航道的整体作用力。进一步积极有序推动中游蕲春水道航道整治工程、宜昌至昌门溪水道航道整治二期工程，下游的安庆二期、黑沙洲二期、九龙坡至朝天门段航道整治工程等。全力推进汉江、湘江、赣江、嘉陵江等长江主要支流的建设，积极推进大芦线航道，苏申外港线江苏段、京杭运河浙江段、长湖申线浙江段西延工程的建设。

进一步优化沿江港口布局。完善以上海航运中心、武汉长江中游航运中心、重庆长江上游航运中心以及南京区域性航运物流中心为龙头的各层级区域航运物流中心的建设，根据经济社会发展的要求，不断完善港口功能，实现规模化、专业化、现代化发展。加强各港口之

间的分工合作，大力发展现代航运服务业。不断推进集装箱、汽车滚装、大宗散货以及江海中转运输系统的完善，不断完善长江经济带主要港口的总体规划。

完善集运输体系推广多式联运。大力推进长江经济带沿江公路与铁路建设、港口进行连接，积极推进沿江主要港口为中转的交通运输网建设，优化港口的运输能力，提高货物中转的效率与质量。重点发展长江干线及长三角地区至上海洋山港区集装箱，逐步实现主要港口包括重庆、武汉、南京、宜昌等到上海洋山港区江海直达集装箱运输班轮化逐步形成以武汉、南京等长江干线主要港口为核心的铁水联运枢纽等。

第五章　长江经济带科技创新报告

长江经济带是中国创新驱动的重要策源地，对外开放程度高，创新资源丰富，集中了全国 1/3 的高等院校和科研机构，拥有全国一半左右的两院院士和科技人员，各类国家级创新平台超过 500 家，涌现了高性能计算机、量子保密通信等一批具有国际影响力的重大创新成果，形成了一批创新引领示范作用显著的城市群。同时，良好的"双创"氛围和深化科技创新体制改革的政策利好激发了区域创新活力和热情，对创新发展发挥了重要带动作用。

第一节　长江经济带科技创新现状分析

一、科技创新环境

科技创新环境反映驱动创新能力发展所必备的人力、财力等基础条件的支撑情况，以及政策环境对创新的引导和扶持力度。表 5-1 为 2017 年长江经济带 11 省市科技创新环境主要指标。

表 5-1　　2017 年长江经济带 11 省市科技创新环境主要指标

地区	每十万人高等学校在校学生数（人）	大专及以上学历人数（1%人口抽样调查）	财政科技支出占财政支出比重（%）
上海	3498	6418	5.20
江苏	3045	10739	4.10
浙江	2345	6850	4.03
安徽	2250	4515	4.20
湖北	3000	6406	3.46
湖南	2419	6184	1.33
江西	2676	3177	2.35
四川	2339	5869	1.20
重庆	3084	3038	1.37
贵州	2129	1905	1.90
云南	1999	3210	0.94

每十万人高等学校在校学生数反映了地区潜在创新人力资源情况(图 5-1)。从数据来看,上海每十万人高等学校在校学生数为 3498 人,位居长江经济带 11 省市第 1 位。上海市普通高校一共有 64 所,其中有 39 所是本科院校,占比超过 60%。而且上海正加快构建更具竞争力的人才集聚制度,深入探索更加灵活的人才管理机制。特别是加大海外人才和高层次人才引进培养力度,已推进实施两批共 22 条海外人才出入境试点政策,引进海外人才 110426 人。2017 年上海新当选两院院士 13 人,占全国 10.2%。丰富的高校资源和积极的人才政策为上海市科技创新提供了高技能的人力资源。重庆和湖北分别位居第 2 位和第 4 位,其中,湖北拥有丰富的科教资源,2017 年湖北高等学校数量和普通本专科在校生人数均位居全国第 5 位,研究生在校生数量居全国第 4 位;7 所高校、29 个学科入选教育部世界一流大学和一流学科建设行列,分别位居全国第 5 位和第 4 位;"两院"院士、"千人计划""万人计划"等高层次人才总量位居全国第 4 位。

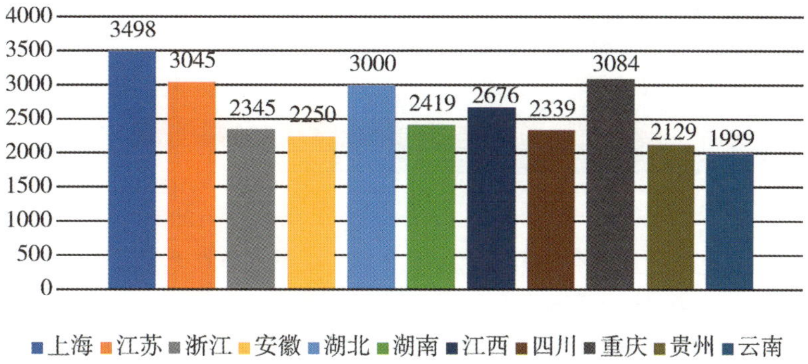

图 5-1　2017 年长江经济带各省市每十万人高等学校在校学生数

大专及以上学历人数反映了地区劳动力综合素质情况(图 5-2)。排名前 3 位的是江苏、浙江和上海。可以看出,长江下游地区的劳动者综合素质最高,这与经济发展程度密切相关。长江下游 3 省市经济较为发达,产业层次高,人才虹吸效应明显。中、上游地区的湖北、湖南和四川劳动力综合素质较高。近年来,湖北、湖南和四川经济发展速度较快,产业转型升级取得明显成效,同时出台了引进人才的落户政策和相关配套政策,因此吸引了高学历人才就业创业。

政府财政科技支出对全社会创新投入和创新活动的开展具有带动和导向作用,财政科技支出占财政支出比重反映政府对创新的直接投入力度以及对重点、关键和前沿领域的规划和引导作用(图 5-3)。2017 年,中国财政科学技术支出占当年国家财政支出的比重为 4.13%。上海财政科技支出占财政支出比重为 5.2%,高于全国平均水平,位居长江经济带各省市第 1 位。安徽财政科技支出占财政支出比重为 4.2%,位居第 2 位。安徽在不断加大财政科技投入力度的基础上,安排财政科技发展专项资金支持全省科技创新事业健康发展。

在投入方向上，改变了以往碎片化的投入方式，调整为五大类支持计划，重点向民生领域、经济社会带动作用大、覆盖面广的科技项目倾斜；在奖补方式上，进一步完善管理办法，调整补助标准，建立以绩效为导向的平台投入机制，安排资金 1.36 亿元，以绩效奖补方式支持重点实验室等创新平台建设；在政策引导上，出台企业研发费用加计扣除补助、创新券等各类自主创新政策，加大企业普惠性科技项目投入，有效促进企业在研发设计、技术转移、知识产权、检验检测等领域长足发展。江苏财政科技支出占财政支出比重为 4.1%，位居第 3 位。而浙江、湖北、江西紧随其后。整体来看，长江下游省市财政科技支出占财政支出比重较高，长江中游的湖北和江西对科技创新的财政支持力度较大，而长江上游的四川和云南财政支持力度偏低。

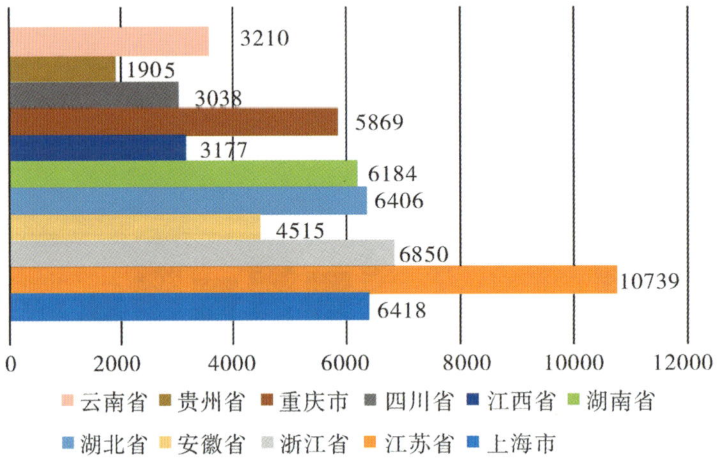

图 5-2　2017 年长江经济带 11 省市大专及以上学历人数(1%人口抽样调查)

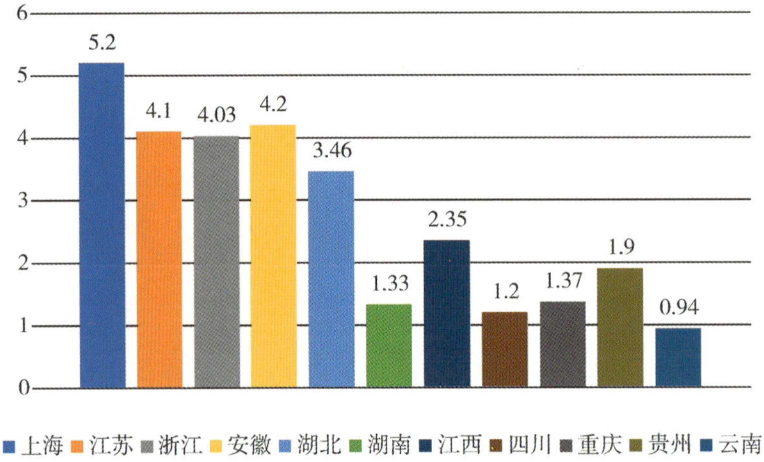

图 5-3　2017 年长江经济带 11 省市财政科技支出占财政支出比重(单位：%)

二、科技创新投入

科技创新投入通过R&D经费投入强度、规模以上工业企业R&D项目数、万人拥有规模以上工业企业R&D人员、企业R&D经费支出占主营业务收入比重等指标来体现创新人力财力等资源投入情况。表5-2为2017年长江经济带11省市科技创新投入主要指标。

表5-2　2017年长江经济带11省市科技创新投入主要指标

地区	R&D经费投入强度(%)	规模以上工业企业R&D项目数(项)	万人拥有规模以上工业企业R&D人员(人)	企业R&D经费支出占主营业务收入比重(%)
上海	3.93	12557	36.79	1.29
江苏	2.63	67205	56.70	1.11
浙江	2.45	69180	58.97	1.42
安徽	2.09	20010	16.56	0.86
湖北	1.97	12968	15.96	1.03
湖南	1.68	10411	13.73	1.01
江西	1.28	7504	9.75	0.53
四川	1.72	12359	8.70	0.72
重庆	1.88	10624	12.36	1.34
贵州	0.71	2758	5.40	0.61
云南	0.96	4122	4.45	0.75

R&D经费投入强度，是国际上通用的、反映国家或地区科技投入水平的核心指标，也是我国中长期科技发展规划纲要中的重要评价指标。2017年，中国R&D经费投入总量17606.1亿元，比上年增长12.30%。R&D经费投入强度达到2.13%，比上年提高0.02%。近年来，中国R&D经费投入强度一直在稳步提升。2014年达到2.02%，首次突破2.00%；2016年为2.11%，到去年又提高0.02%，达到2.13%。2018年R&D经费支出19657亿元，比上年增长11.60%，与国内生产总值之比达到2.18%。长江经济带R&D经费投入强度逐年提升，且在2017年超过全国平均水平。2011年，长江经济带R&D经费投入强度为1.70%，2017年达到2.15%，比全国平均水平高0.02%。从长江经济带三大城市群来看(表5-3)，长三角城市群R&D经费投入强度一直处于领先地位。2011年，长三角城市群R&D经费投入强度为2.15%，2017年达到2.48%，比全国平均水平高0.35%，比长江经济带平均水平高0.33%。长江中游城市群R&D经费投入强度由2011年的1.27%提高到2017年的1.70%，增长了0.43%。成渝城市群R&D经费投入强度由2011年的1.36%提高到2017年的1.77%，增长了0.41%。可以看出，长江中、上游地区研发投入强度虽然低于全国平均水平，但增幅较大。

表 5-3　　2011—2017 年长江经济带 R&D 经费投入强度　　(单位:%)

年份	全国	长江经济带	长三角城市群	长江中游城市群	成渝城市群
2011 年	1.79	1.70	2.15	1.27	1.36
2012 年	1.91	1.83	2.35	1.36	1.44
2013 年	2.01	1.91	2.47	1.41	1.47
2014 年	2.02	1.96	2.54	1.46	1.52
2015 年	2.06	2.02	2.60	1.51	1.63
2016 年	2.12	2.07	2.65	1.54	1.71
2017 年	2.13	2.15	2.48	1.70	1.77

从长江经济带 11 个省市来看,R&D 经费投入强度高于全国平均水平的省市仅有上海、江苏、浙江。上海 R&D 经费投入强度达到 3.93%,不仅远高于长江经济带其他省市,且达到创新型国家(2.50%以上)水平。江苏和浙江的 R&D 经费投入强度分别为 2.63%和 2.45%,均高于全国平均水平。长江中、上游地区 R&D 经费投入强度与全国平均水平仍有差距(图 5-4)。

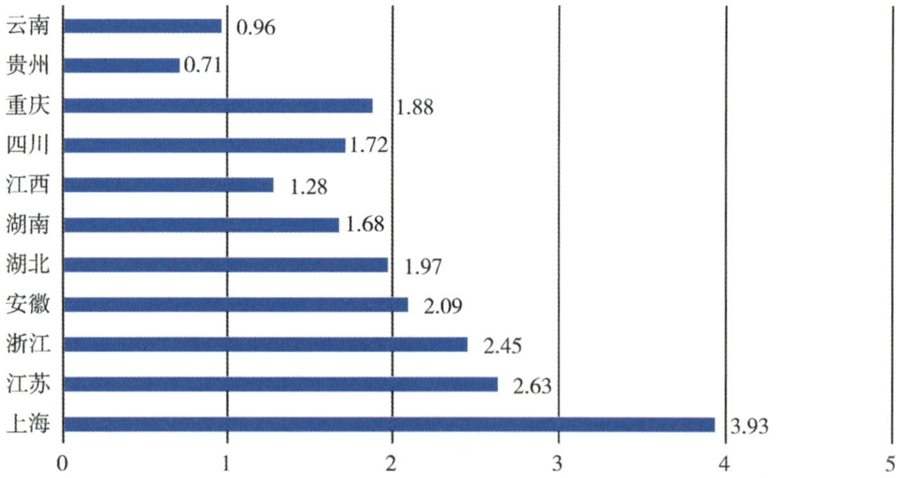

图 5-4　2017 年长江经济带 11 省市 R&D 经费投入强度

企业是创新活动的主体,而工业企业又在企业创新活动中占有主导地位,规模以上工业企业 R&D 项目数反映企业开展创新活动的投入程度。从总体来看,省市间差距明显。浙江规模以上工业企业 R&D 项目数为 69180 项,江苏规模以上工业企业 R&D 项目数为 67205 项,远高于其他省市。位居第 3 位的安徽,其规模以上工业企业 R&D 项目数为 20010 项。上海规模以上工业企业 R&D 项目数为 12577 项,位列第 5 位。这说明长江下游地区工业企业创新意识和自主创新能力较强。长江中、上游地区的湖北、四川和重庆工业企业 R&D 项目数分别为 12968 项、12359 项和 10624 项,位居第 4 位、第 6 位和第 7 位(图 5-5)。

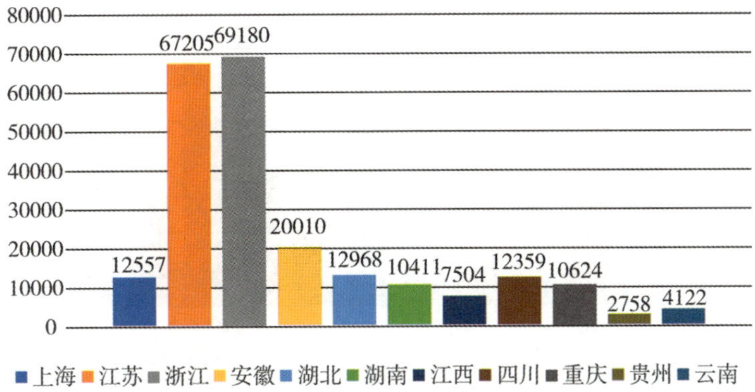

图 5-5　2017 年长江经济带 11 省市规模以上工业企业 R&D 项目数

万人拥有规模以上工业企业 R&D 人员反映创新活动人力的投入规模和强度。浙江万人拥有规模以上工业企业 R&D 人员为 58.97 人，江苏万人拥有规模以上工业企业 R&D 人员为 56.7 人，分别位居第 1 位和第 2 位。上海万人拥有规模以上工业企业 R&D 人员为 36.79 人，位居第 3 位。安徽万人拥有规模以上工业企业 R&D 人员为 16.56 人，位居第 4 位。这说明长江下游地区创新活动的人力投入强度较大。长江中、上游地区的湖北、湖南和重庆万人拥有规模以上工业企业 R&D 人员分别为 15.96、13.73 和 12.36，位居第 5 位、第 6 位和第 7 位(图 5-6)。

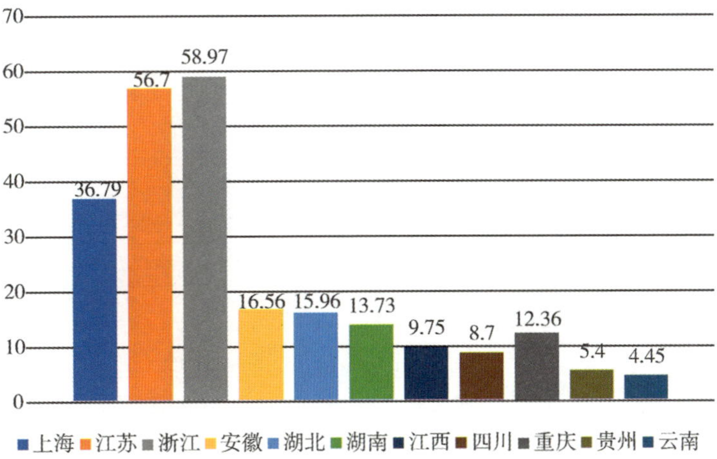

图 5-6　2017 年长江经济带 11 省市万人拥有规模以上工业企业 R&D 人员

企业 R&D 经费支出占主营业务收入比重反映创新活动主体的经费投入情况。受数据来源限制，该指标的数据口径为规模以上工业企业。浙江企业 R&D 经费支出占主营业务收入比重为 1.42%，位居第 1 位。值得关注的是，重庆企业 R&D 经费支出占主营业务收入比重为 1.34%，超过上海和江苏，位居第 2 位。上海 R&D 经费支出占主营业务收入比重为 1.29%，位居第 3 位。江苏、湖北、湖南 R&D 经费支出占主营业务收入比重分别为 1.11%、1.03%和 1.01%，位居第 5 位、第 6 位和第 7 位(图 5-7)。

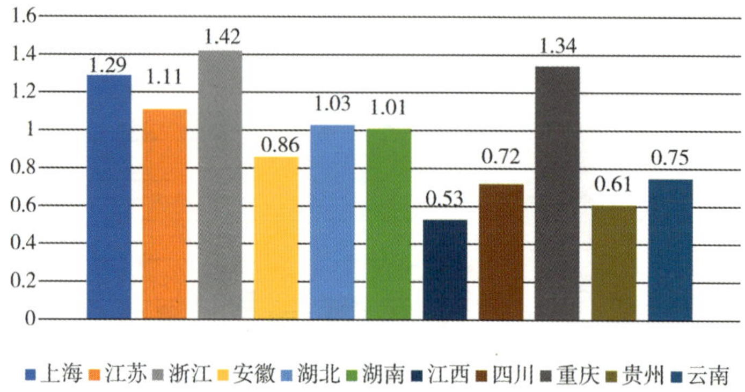

图 5-7　2017 年长江经济带 11 省市企业 R&D 经费支出占主营业务收入比重(单位:%)

三、科技创新产出

科技创新产出主要通过论文、专利、商标、技术成果成交额等数据来反映创新中间产出结果。基于数据的可获得性,采用每万人专利授权数、规模以上工业企业专利申请数、万人拥有规模以上工业企业有效发明专利数来反映长江经济带各省市科技创新产出情况(表 5-4)。

表 5-4　　2017 年长江经济带 11 省市科技创新产出主要指标

地区	每万人专利授权数(件)	规模以上工业企业专利申请数(件)	万人拥有规模以上工业企业有效发明专利数(件)
上海	30.11	27581	17.95
江苏	28.30	124980	17.50
浙江	37.79	85639	8.68
安徽	9.31	49791	7.96
湖北	7.87	19574	4.33
湖南	5.19	18249	3.65
江西	7.15	12594	2.33
四川	7.70	21685	3.92
重庆	10.26	17511	3.89
贵州	3.51	4341	1.96
云南	2.96	4942	1.35

专利授权数指国内专利授权数,专利授权数是创新活动中间产出的重要成果形式,每万人专利授权数是反映地区科技产出水平和效率的重要指标。长江经济带加大研发投入力度,创新成果显著增加。长江经济带每万人专利授权量逐年提升,且一直高于全国平均水平。2011 年,长江经济带每万人专利授权量为 8.84,2017 年达到 13.86。从长江经济带三大城市群来看(图 5-8),长三角城市群每万人专利授权量几乎是全国平均水平的 2 倍。2011 年,长三角城市群每万人专利授权量为 19.56,2017 年达到 25.94。长三角城市

群区域科技合作意识不断强化，区域创新体系建设初见成效。根据《中国区域创新能力评价报告 2018》显示，江苏、上海、浙江、安徽综合创新能力位居全国前列，分别为第 3 位、第 4 位、第 5 位和第 10 位。长江中、上游地区创新能力依然较弱，但追赶势头明显。长江中游城市群每万人专利授权量由 2011 年的 2.41 提高到 2017 年的 6.75。成渝城市群每万人专利授权量由 2011 年的 4.01 提高到 2017 年的 8.68。中、上游地区的湖北和四川等省份依托丰富的高校资源，创新能力得到较大提升。根据《中国区域创新能力评价报告 2018》显示，湖北综合创新能力由 2016 年全国排名第 12 位上升至第 9 位；四川综合创新能力连续 3 年保持在全国排名第 11 位，在研发投入、人才培养、创新环境培育以及创业孵化方面取得了明显进展①。

2017 年长江经济带 11 省市每万人专利授权数如图 5-9 所示。

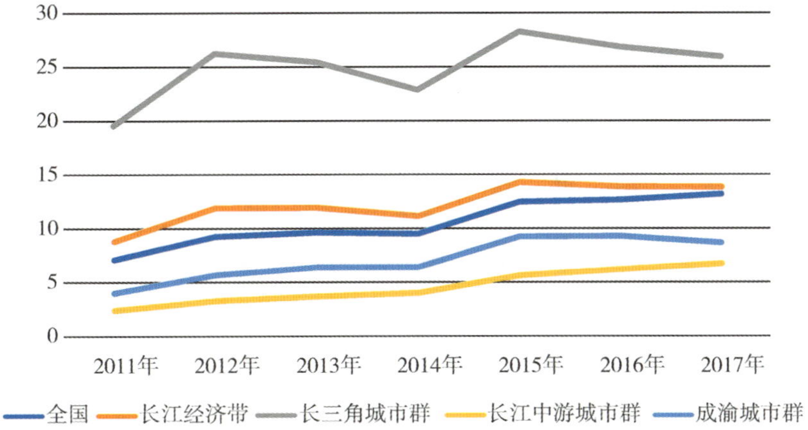

图 5-8 2011—2017 年长江经济带与全国每万人专利授权数对比

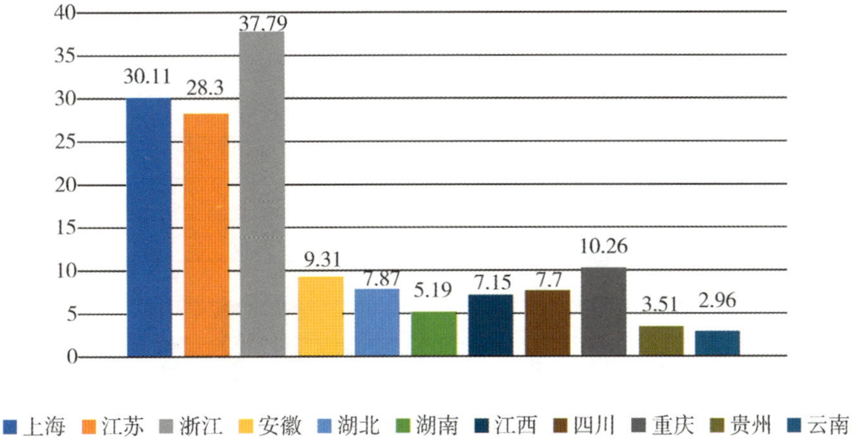

图 5-9 2017 年长江经济带 11 省市每万人专利授权数

① 中国科技发展战略研究小组．中国区域创新能力评价报告 2018[M]．北京：科学技术文献出版社，2018.

规模以上工业企业专利申请数和万人拥有规模以上工业企业有效发明专利数反映了企业科技产出水平和效率。从规模以上工业企业专利申请数来看，江苏位居第一位，其次是浙江和安徽。长江下游和中、上游地区仍然差距明显，江苏规模以上工业企业专利申请数是四川的5倍，湖北的6倍，贵州的28倍（图5-10）。长江下游地区规模以上工业企业数量远远高于长江中、上游地区，同时企业的创新意识和创新能力较强，因此，从该指标来看，长江经济带区域间差距明显。从万人拥有规模以上工业企业有效发明专利数来看，上海、江苏和浙江位居前3，其次是安徽、湖北和四川（图5-11）。

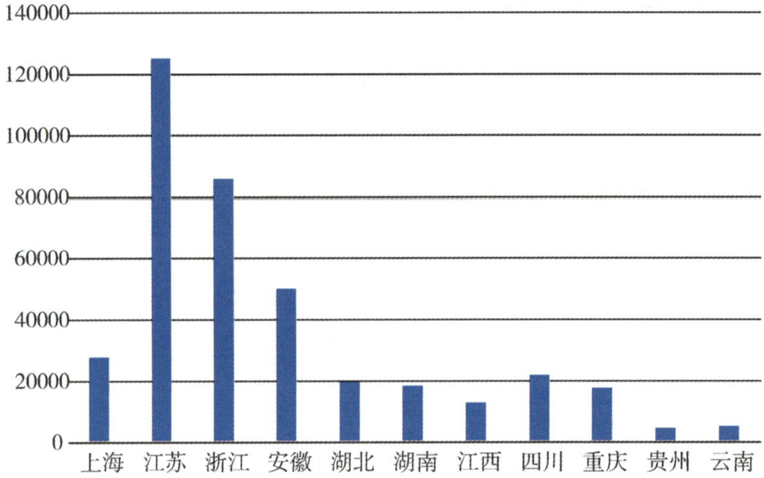

图5-10　2017年长江经济带11省市规模以上工业企业专利申请数

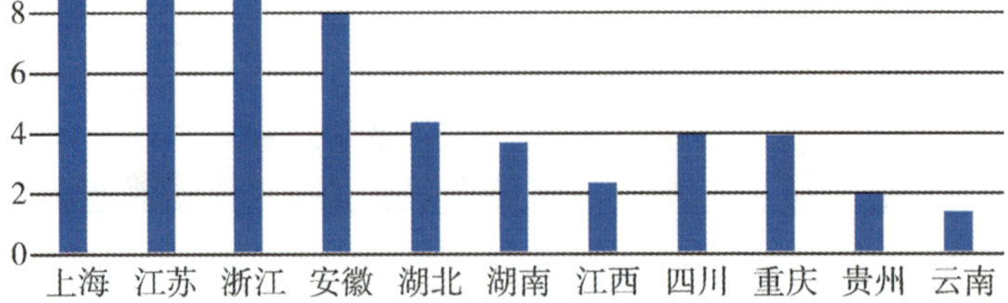

图5-11　2017年长江经济带11省市万人拥有规模以上工业企业有效发明专利数

四、科技创新成效

科技创新成效从产品结构调整、科技成果转化、经济增长等方面反映创新对经济社会发展的影响，包括新产品销售收入占主营业务收入的比重、每万元 GDP 技术市场成交额、人均主营业务收入。表 5-5 为 2017 年长江经济带 11 省市科技创新成效主要指标。

表 5-5　　2017 年长江经济带 11 省市科技创新成效主要指标

地区	规模以上工业企业新产品销售收入占主营业务收入比重(%)	每万元 GDP 技术市场成交额(元)	人均主营业务收入(元)
上海	26.55	232.47	156784
江苏	19.18	107.04	185573
浙江	32.16	90.76	116245
安徽	16.98	100.18	68921
湖北	15.53	191.03	73213
湖南	20.8	52.43	56755
江西	9.29	99.51	73023
四川	7.31	113.48	50146
重庆	24.13	120.05	67552
贵州	5.40	142.75	29741
云南	5.37	108.14	24337

新产品销售收入占主营业务收入的比重反映创新对产品结构调整的效果。受数据来源限制，该指标的数据口径为大中型工业企业。浙江新产品销售收入占主营业务收入的比重为 32.16%，位居第 1 位。上海新产品销售收入占主营业务收入的比重为 26.55%，位居第 2 位。值得关注的是，重庆新产品销售收入占主营业务收入的比重达到 24.13%，仅次于上海。而长江中游的湖南，新产品销售收入占主营业务收入的比重为 20.8%，位居第 4 位。这说明长江中、上游的重庆和湖南在新旧动能转换和产品结构调整方面取得实效(图 5-12)。

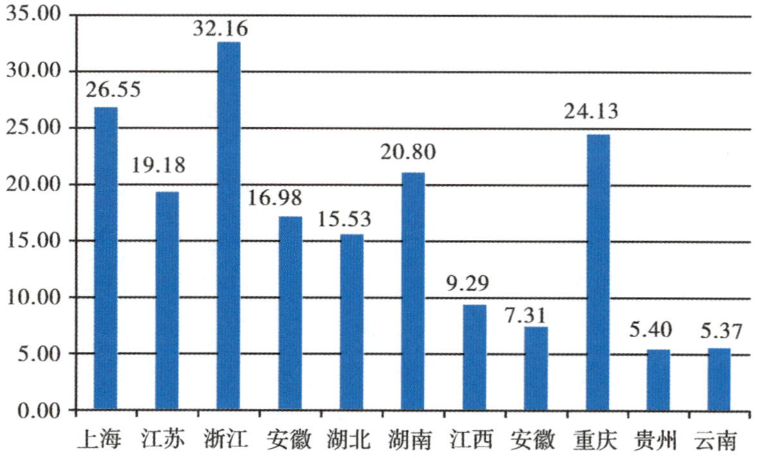

图 5-12　2017 年长江经济带 11 省市新产品销售收入占主营业务收入(单位:%)

每万元GDP技术市场成交额反映技术转移和科技成果转化水平，技术市场成交额指技术市场合同成交项目的总金额，长江经济带11省市每万元GDP技术市场成交额如表5-5和图5-13所示。2017年，上海每万元GDP技术市场成交额为232.47元，位居第1位。湖北每万元GDP技术市场成交额为191.03元，位居第2位。湖北近年不断深化科技体制改革，优化科技成果转化政策环境，全面激发科技创新创业活力，启动实施“科技成果大转化工程”，成效明显。2017年湖北实施科技成果转化项目1563项，挖掘企业技术需求2281项。湖北通过全面规划和打造技术转移服务体系，构建科技成果转移转化公共服务平台，不断完善技术转移中介服务体系建设，发展壮大技术市场人才队伍，深化省市县三级联动机制，形成了合力推动科技成果转化落地的新格局。贵州每万元GDP技术市场成交额为142.75元，位居第3位。贵州大力发展技术交易市场，鼓励建设具备技术咨询评估、成果推介、融资担保等多种功能的技术转移服务机构，鼓励社会资本投资设立新型转化实体，扶持发展一批真正深入了解企业内在潜力和需求、投资人资本取向的中介服务机构和生产力促进中心；推进知识产权交易平台建设。2017年贵州的技术合同交易总量为5847项，成交金额1965554.3万元，分别同比增长99.4%和15.9%。

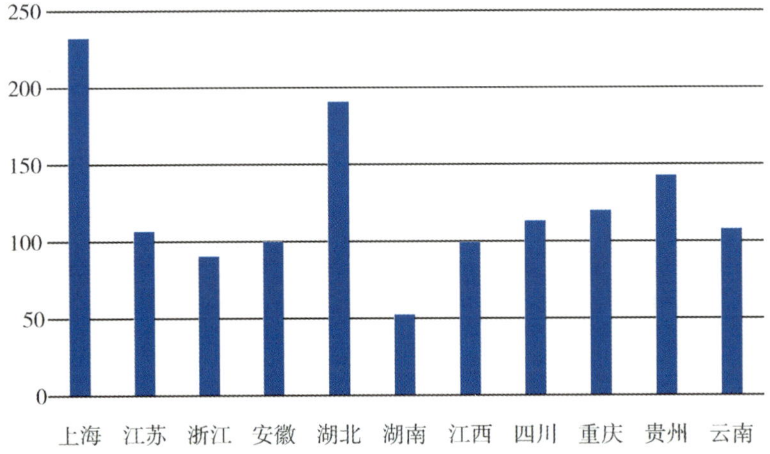

图5-13　2017年长江经济带11省市每万元GDP技术市场成交额(单位:元)

人均主营业务收入指一定时期内工业企业主营业务收入与平均用工人数之比，该指标反映创新对工业经济发展的促进作用，数据口径为规模以上工业企业，长江经济带11省市人均主营业务收入如表5-5和图5-14所示。2017年，江苏人均主营业务收入185573元，位居第1位。上海和浙江人均主营业务收入分别为156784元和116245元，分别位居第2位和第3位。长江中、上游的湖北、江西和重庆分别位列第4位、第5位和第6位。总体来看，长江下游人均主营业务收入远远超过长江中、上游地区。

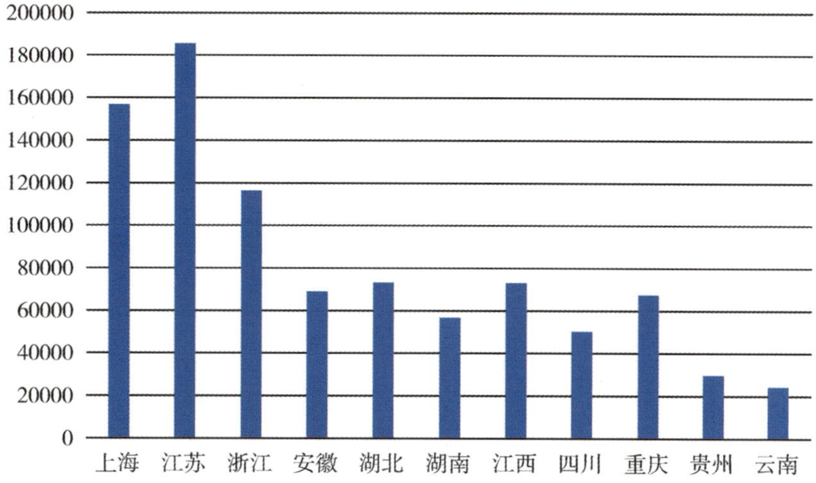

图 5-14　2017 年长江经济带 11 省市人均主营业务收入(单位:元)

第二节　长江经济带科技创新指数

2017 年长江经济带 11 省市科技创新指数得分如表 5-6 所示,长江经济带科技创新格局为长江下游最强,长江中游与长江上游分别以湖北、重庆为中心创新省份。其中,长江下游地区的江苏排名第 1 位,浙江排名第 2 位,上海排名第 3 位,安徽排名第 5 位。长江中游地区的湖北排名第 4 位,湖南排名第 10 位,江西排名第 6 位,长江上游地区的重庆排名第 7 位,四川排名第 8 位,贵州排名第 9 位,云南排名第 11 位。

表 5-6　　2017 年长江经济带 11 省市科技创新指数

区域划分	省份	总得分	总排名
下游地区	上海	0.147	3
	江苏	0.169	1
	浙江	0.154	2
	安徽	0.074	5
中游地区	湖北	0.081	4
	湖南	0.033	10
	江西	0.059	6
上游地区	四川	0.049	8
	重庆	0.056	7
	贵州	0.045	9
	云南	0.028	11

从图 5-15 中可以看到，2017 年长江经济带中江苏、浙江、上海位列前 3，安徽和湖北科技创新实力日益增强，呈现出后发优势，而江西 2017 年科技创新指数有较大提升，在长江经济带 11 省市中上升到第 6 位。

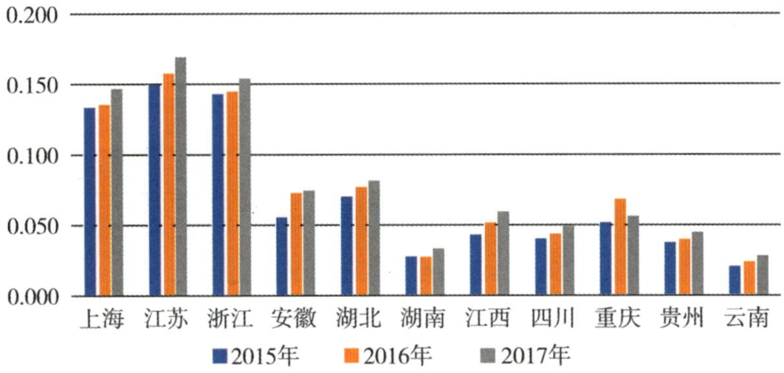

图 5-15　2015—2017 年长江经济带 11 省市科技创新指数

对科技创新类主要从投入产出指标体系来衡量，从科技创新投入来看（表 5-7），2017 年江苏、浙江、上海排名前 3，科研创新投入在长江经济带中突出，如万人拥有规模以上工业企业 R&D 人员全时当量、财政科技支出占财政支出比重远高于其他省份，这与长江下游科研企业活跃、高校云集、科研院所众多的科教优势密不可分。湖北、重庆作为长江中游、长江上游省份科技创新能力突出的省份，万人在校大学生数、财政教育支出占财政支出比重等方面较为突出。

表 5-7　2017 年长江经济带科技创新投入指标

地区	万人拥有规模以上工业企业 R&D 人员全时当量（人）	万人在校大学生数（人）	财政科技支出占财政支出比重（%）	财政教育支出占财政支出比重（%）	R&D 内部经费支出占 GDP 比重（%）
上海	36.79	213	5.20	11.58	3.75
江苏	56.70	242.2	4.10	18.90	2.63
浙江	58.97	190.34	4.03	18.99	2.45
安徽	16.56	103.81	4.20	16.36	2.09
湖北	15.96	237	3.46	16.31	1.97
湖南	13.73	96.41	1.33	16.24	1.36
江西	9.75	234.27	2.35	18.40	1.28
四川	8.70	180.64	1.20	16.30	1.72
重庆	12.36	237.53	1.37	14.44	1.44
贵州	5.40	180.52	1.90	19.55	0.71
云南	4.45	165.81	0.94	17.48	0.54

而从长江经济带科技创新产出指标来看（表 5-8），万人专利授权数和万人拥有规模以上工业企业有效专利发明数仍是上海、江苏、浙江位列前 3，科研产出成果明显远高于上、中游地区，表明长江下游地区创新实力较强。而从每万元 GDP 合同技术交易额来看，上海位列第 1 位，湖北紧随其后，贵州位居第 3 位。长江上游的四川和重庆也位居前 5 位。从规模以上工业企业 R&D 项目数来看，江苏和浙江位居前 2 位，而且远远超过其他省市，这说明江苏、浙江两省企业在创新能力方面具有明显优势。

表 5-8　　2017 年长江经济带科技创新产出指标

地区	万人专利授权数（件）	万人拥有规模以上工业企业有效专利发明数（件）	每万元 GDP 合同技术交易额（元）	规模以上工业企业 R&D 项目数（件）
上海	30.11	17.95	232.47	12558
江苏	28.30	17.50	107.04	67205
浙江	37.79	8.68	90.76	69180
安徽	9.30	7.96	100.18	20010
湖北	7.87	4.33	191.03	12968
湖南	5.19	3.65	52.43	10411
江西	7.15	2.33	99.50	7504
重庆	7.7	3.92	113.48	12359
四川	10.26	3.89	120.05	10624
贵州	3.50	1.96	142.75	2758
云南	2.96	1.35	108.14	4122

第三节　长江经济带创新驱动高质量发展的实践

一、上海加快建设具有全球影响力的科技创新中心

上海按照党中央部署要求，深入实施创新驱动发展战略，加快建设具有全球影响力的科技创新中心。目前，科技创新中心建设的重大布局基本确立，张江综合性国家科学中心建设全面推进，全面创新改革试验加快落实落地，6 个研发与转化功能性平台启动建设，创新创业环境持续优化。加快构建更具竞争力的人才集聚制度，深入探索更加灵活的人才管理机制。加大海外人才和高层次人才引进培养力度，推进实施两批共 22 条海外人才出入境试点政策，引进海外人才 110426 人。2017 年上海新当选两院院士 13 人，占全国 10.2%。2019 年 5 月，上海市举行新闻发布会，介绍上海加快建设具有全球影响力的科技创新中心 5 年来的主要进展。

(一)着力提升上海科创中心策源能力

一是系统布局张江实验室等高水平创新基地。先后挂牌成立张江实验室和上海脑科学与类脑研究中心,形成张江国家实验室建设方案,启动建设李政道研究所、张江药物实验室、复旦张江国际创新中心、上海交大张江科学园等高水平创新机构和平台。二是全力打造国家重大科技基础设施群。在光子领域,硬X射线、软X射线、超强超短激光等设施全面建设,硬X射线装置是新中国成立以来单体投资额最大的科技基础设施。在生命科学、海洋、能源等领域,先后启动蛋白质设施、转化医学设施等科技基础设施建设。目前,上海建成和在建的国家重大科技基础设施已达14个,设施数量、投资金额等均领先全国。三是深入实施国家重大科技项目。主动承接2006—2020年国家科技重大专项,积极对接科技创新2030重大项目,累计牵头承担国家科技重大专项项目854项,位居全国前列。启动硬X射线装置预研、硅光子等8个市级科技重大专项,地方财政投入超过40亿元。

(二)围绕关键核心技术和卡脖子领域持续发力

一是全力打造集成电路创新高地。设计领域,部分企业研发能力已达7纳米,紫光展锐手机基带芯片市场份额位居世界第三。制造领域,中芯国际、华虹集团年销售额在国内位居前两位,28纳米先进工艺已量产,14纳米工艺研发基本完成。装备材料领域,中微、上微处于国内领先水平,刻蚀机、光刻机等战略产品已达到或接近国际先进水平。2018年上海集成电路产业销售规模达1450亿元,占全国的1/5。二是加快人工智能产业技术研发与应用。出台《关于本市推动新一代人工智能发展的实施意见》。成立交大"上海人工智能研究院"、同济"上海自主智能无人系统科学中心"。微软、亚马孙、SAP等国际知名企业在沪设立研究院,华为、腾讯、阿里、百度、京东等国内龙头企业在沪设立人工智能创新平台。成功举办2018世界人工智能大会。三是充分激发生物医药产业研发活力。治疗阿尔茨海默病的原创新药"GV—971"完成临床试验。至2018年底,上海已有32个品种获得国家药监局批准成为药品上市许可持有人试点品种。联影获批首台国产一体化PET/MR,创领获批首个国产心脏起搏器,微创获批首个国产血流导向装置。四是全面推动战略性新兴产业发展。国家重型燃气轮机等重大项目进展顺利,商用航空发动机等关键核心技术取得突破。率先建立千米级高温超导带材应用示范项目,打破国际垄断。新能源汽车保有量近25万辆,在全球城市中位居第一,特斯拉"超级工厂"项目在沪开工建设。

(三)强化科技创新中心建设制度供给

一是国家授权上海先行先试的领域。2016年国务院授权上海先行先试的10项改革举措,已基本落地。在海外人才永久居住便利服务制度、天使投资税制等方面形成了一批可复制推广的改革举措。在国务院批复的两批36条可复制推广举措中,有9条为上海经验,占总数的1/4。二是推进科技体制地方配套改革。发布超过70个地方配套政策,涉及170多项改革举措。率先探索优化科创中心建设管理体制,成立"四合一"的上海推进科创中心建设办公室。

(四)建设上海科创中心多层次功能承载区

一是提升张江科学城集中度和显示度。发布《张江科学城建设规划》,谋划推动张江实验室总部研发大楼、绿谷全球糖类科学研发中心等约80个新一轮重点项目规划建设。二是稳步推进长三角区域协同创新。成立"长三角区域合作办公室",发布三年行动方案和重点攻关计划。发挥"长三角大仪网"功能,整合区域4.5万多台、总价值超过519亿元大型科学仪器。探索推进"科技创新券"在长三角区域通用通兑。截至2018年底,上海向江苏、浙江、安徽输出技术超过3300项,成交金额173亿元。三是持续深化国际科技合作。设立5个"一带一路"沿线国家技术转移中心,启动建设中以(上海)创新园,深入开展中俄战略科技合作。

(五)打造近悦远来的国际化人才聚集新高地

一是大力集聚海内外高层次创新人才。制定上海人才"20条"、人才"30条"和人才高峰工程行动方案,坚持全球视野、眼光向外、国际标准,建立与国际接轨的海外人才引进政策,率先探索海外人才永久居留的市场化认定标准和便利服务措施,累计办理出入境证件114万余本次,在沪工作外国人才达到21.5万人,位居全国首位。运用薪酬评价、投资评价和第三方评价等市场化方法引才聚才,每年吸引国内优秀人才和紧缺急需人才落户超过5万人。二是大力推进人才发展体制机制改革。坚持"放权松绑"的核心理念,把权和利真正放到市场主体手中,为用人主体和人才"增动力、添活力"。以立法形式出台《上海市促进科技成果转化条例》,将科技成果的使用权、处置权、收益权下放科研团队,明确科技成果转移转化扣除直接费用后净收入的70%以上可用于奖励个人和团队。三是持续优化人才综合发展环境。在人才医疗方面,部分公立医院和26家外资医疗机构签订合作协议,提供国际医疗保险结算服务,统一境内外患者医疗服务收费标准。在人才安居方面,全市累计筹措公租房等房源约15.2万套,累计供应房源约11.5万套,累计入住青年人才超过10万人。

(六)构建支撑大众创业万众创新服务网络

一是加快科技成果转移转化体系建设。先后启动建设微工院、生物医药、集成电路等16家功能型平台。做大做强复旦、交大、同济等大学科技园。支持社会化技术转移服务机构发展壮大,涌现出宇墨、云孵、迈科技等高水平专业服务机构。二是健全支持科技创新创业的金融财税政策。推动在上海证券交易所设立"科创板"并试点注册制。不断完善科技金融产品,2018年新增科技金融服务企业648家,新增金额41.26亿元,累计为3530家科技中小企业发放银行信贷178.9亿元。2018年研发费用加计扣除,高新技术企业、技术先进型服务企业共落实减免税额334亿元,同比增长26.4%,覆盖企业16734家次。三是推动各类创新主体参与科创中心建设。2017年,22家央企与上海签订20个项目协议。实施支持外资研发中心参与科创中心建设的16条意见,截至2018年底,落户上海的外资研发中心达441家,居全国首位。2017年全国"双创"活动周主会场活动在上海成功举办。四是加大知识产权运用和保护力度。设立中国(浦东)知识产权保护中心。研究推动在沪设立WIPO仲裁与调解分支机构。国家知识产权运营公共服务平台国际运营(上海)试点平台开始运行。上海知识产权交易中心于2017年实现试运行,2018年全年挂牌项目3200余宗,成交金额超过2.18亿元。

二、江苏大力推进科技强省建设

江苏先后围绕落实国家科技发展战略、培养引进科技创新人才出台"深化科技体制改革30条""人才新政26条"等一系列政策措施,推动科技创新持续向前发展,国家科学技术奖获奖数量和等次、区域创新能力、科技进步贡献率等取得新进展。2017年,江苏省科技进步贡献率达62.0%,比上年提高1.0%。专利申请量、授权量分别达51.4万件、22.7万件,其中发明专利申请量18.7万件,比上年增长15.1%;发明专利授权量4.2万件,增长1.4%;PCT专利申请量达4590件,增长42.9%;万人发明专利拥有量达22.5件,增长22.2%。全省企业共申请专利36万件。2017年共签订各类技术合同3.7万项,技术合同成交额达872.9亿元,比上年增长19.7%。省级以上众创空间达607家。2017年,江苏共有54个项目获国家科技奖,获奖总数位列全国各省第一。全省按国家新标准认定高新技术企业累计达1.3万家。新认定省级高新技术产品10359项,已建国家级高新技术特色产业基地162个。全社会研究与发展(R&D)活动经费占地区生产总值比重达2.7%左右(原可比口径)。全省从事科技活动人员122万人,其中研究与发展(R&D)人员80万人。拥有中国科学院和中国工程院院士100人。各类科学研究与技术开发机构中,政府部门属独立研究与开发机构达450个。已建国家和省级重点实验室168个,科技服务平台294个,工程技术研究中心3263个,企业院士工作站359个,经国家认定的技术中心110家。

(一)壮大创新型企业集群

江苏大力实施创新型企业培育行动计划和高新技术企业培育"小升高"计划,加快培育以高新技术企业为主体的创新型企业集群。为了促进高新技术企业加快发展,设立省级高新技术企业培育资金,出台《江苏省高新技术企业培育资金管理办法(试行)》,启动省高新技术企业培育库建设,首批入库企业3137家。创新型领军企业优势凸显,支持140家培育企业集聚高端创新资源,发挥创新龙头作用。其中1家进入世界500强,22家进入中国500强,38家进入中国民营企业500强,31家被列为国家创新型试点企业。大力培育"四新"企业,瞪羚企业达300家。企业研发机构建设稳步推进,加快"百企引领、千企贯标、万企行动",新建589家企业院士工作站、研究生工作站、工程技术研究中心,企业研发机构建有率稳定在90%左右。政策激励效应持续扩大,首次开展研发费用普惠性财政奖励,受惠企业超过6300家;落实研发费用加计扣除、高企所得税优惠等科技税收减免额超过350亿元。企业在全社会研发投入和研发人员的占比均超过85%，已经成为创新创业的主要力量。

(二)提升产业技术创新体系效能

江苏围绕产业创新重大需求，强化创新供给能力，培育发展带动性强的创新型产业集群，为产业优化升级和高质量发展提供强大科技支撑。大力实施前瞻性产业技术创新专项和重大科技成果转化专项，围绕未来网络、战略新材料、新能源汽车等重点方向，部署产业前瞻与共性关键技术攻关170项，组织重大科技成果转化138个，累计建设产业技术创新中心7个、产业技术创新战略联盟52个，国家创新型产业集群试点达12家，有力推动了重点领域率先实现技术跨越。重大产业创新平台建设呈现新进展，高效低碳燃气轮机试验装置获国家正式立项批复，未来网络试验设施建设加速推进，国家超级计算(无锡)中心研制的“神威·太湖之光”连续四次荣登全球超级计算机排名榜首，相关应用成果连续两年获得国际高性能计算应用领域最高奖戈登贝尔奖。科技惠民取得新成效，聚焦资源环境、公共安全和人口健康等重要民生领域，组织实施了一批重大科技成果示范应用工程。加快20个省级临床医学研究中心建设，向全国推广了28项规范化诊疗技术。2017年度，江苏共有46个通用项目获国家科学技术奖励，居全国省份第一。

(三)优化区域创新布局

江苏发挥高新区创新主阵地作用，统筹推进创新体系建设，区域创新呈现协调联动的新格局。推进苏南国家自主创新示范区建设，发挥地方立法的引领和推动作用，研究制定《苏南国家自主创新示范区条例》，经江苏省十二届人大常委会第三十三次会议审议通过，成为以城市群为基本单元的首个国家自主创新示范区条例，为自创区改革创新、先行先试提供了有力法律支撑。苏南国家科技成果转移转化示范区获科技部正式批复建设，首次开展创新载体评估，加快推进“五城九区多园”创新一体化发展。促进高新区争先进位，组织开展高新区创新驱动发展综合评价，实施高新区统计报告制度和主要指标定期通报制度，出台《关于加快培育发展高新技术产业开发区“一区一战略产业”的意见》，扩大高新区奖补范围，2017年国家高新区排名全部实现进位。深化产学研紧密结合，成功举办中国江苏·大院大所合作对接会，邀请来自全球20多个国家和地区的268家知名科研机构参会。建设“校企联盟”超过12000个，与中科院合作项目新增销售收入达1200亿元。启动中国(江苏)—英国产业挑战合作计划，在澳大利亚和瑞典布局新建海外离岸孵化器，成立“一带一路”创新合作与技术转移联盟，政府间科技合作机制不断深化，产业技术创新全球合作伙伴关系更加紧密。

(四)加快科技体制改革步伐

江苏坚持问题导向，以更大力度深化改革攻坚，形成了多点突破、全面推进的工作局面。加快省产业技术研究院改革发展，深入开展项目经理、合同科研、股权激励等市场化改革，面向全球选聘40多位一流领军人才担任项目经理，培育建设36家专业研究所，集聚300多名海外高层次人才，成功转化2000多项科技成果，衍生孵化400多家科技型企业，逐步成为产业技术升级“加速器”和重大科技成果“策源地”。大力推进省技术产权交易市场建设，重点建设“一平台、一中心、一体系”，以高水平供需对接加速技术成果转移转化。全省技术交易额超过800亿元，增长15%左右。组织实施“千人万企”“百院百校”政策服务行动，组建1700多名科技政策辅导员和科技政策专员队伍，分级分类培训企事业单位24000多家，基本实现了大中型工业企业和高新技术企业、主要部省属高校和科研院所、国家和省级高新区、国家和省级众创空间等“四个全覆盖”。加强科技计划“放管服”改革，出台《省科技计划（资金）项目管理“放管服”改革工作方案》，下放科技计划项目管理权限，扩大高校管理自主权，改革科研项目经费管理机制，逐步推行全流程公开透明和痕迹管理。按照“互联网+政务服务”的要求，全面推进不见面审批，加快实现从研发管理向创新服务的重要转变。

（五）完善创新创业生态

江苏不断完善创新创业服务环境，充分发挥科技创新在加快新旧动能转换、促进富民增收中的关键作用。深入实施“创业江苏”行动计划，启动首批20家众创社区备案试点工作，加快推进“苗圃—孵化器—加速器”科技创业孵化链条建设试点，成功举办第五届“创业江苏”科技创业大赛，全省各类众创空间、科技企业孵化器、“星创天地”达1373家，其中国家级447家、保持全国领先。新型研发机构达346家，累计孵化企业超过2000家。建设国家级科技服务业区域试点6家，获批国家级科技服务业行业试点3家，全省科技服务业总收入达7000亿元。科技人才队伍进一步壮大，重点资助50名杰青、60名优青、1000名青年骨干开展基础研究。选派395名专家教授担任企业“科技副总”。入选国家“千人计划”781人，其中创业类256人、占全国30%。引领型知识产权强省建设进一步深化，出台“知识产权18条”，实施高价值专利培育计划，成立国家级产业知识产权保护中心，构建“一中心一基金一网络”知识产权运营体系，打造了一批“互联网+知识产权+金融”服务平台，初步形成行政执法、司法审判、维权援助、仲裁调解等优势互补的多元化知识产权保护格局，发明专利申请总量率先突破100万件。科技金融结合进一步拓展，以首投、首贷、首保为重点，大力推进“苏科投”，修订《江苏省天使投资风险补偿资金管理办法（试行）》，创业投资管理资金规模超过2200亿元；发展新型科技金融组织，完善“苏科贷”工作机制，累计发放贷款392亿元，支持企业4789家；扩大“苏科保”合作范围，为414家企业分担创新风险157亿元，加快建立了覆盖创新创业全链条的科技投融资体系。

三、湖北加快构建创新型省份

近5年来，湖北在科技创新发展所取得的突出成绩：一是区域创新水平全国排名，从2013年的第12位上升到2017年的第7位，进入与湖北经济社会发展水平相匹配的“第一方阵”。二是企业作为创新主体的地位更加突出。高新技术企业数量，从2013年的2196家增至2017年的5369家，增加了144.5%，位居全国第7位、中部第1位。三是创新平台和载体数量不断提升。国家级创新平台数量，从2013年的36家增至2017年的47家；国家级科技企业孵化器数量，从2013年的20家增至2017年的47家；大型科学仪器设备共享平台，入网单位从78家增至546家，增加了600%，入网仪器从1963台增至8837台，增加了350.2%，仪器原值从17亿元增至52亿元，增加了205.9%。四是高新技术产业发展加快。高新技术产业增加值，从3605亿元增至5900亿元左右，增加了63.7%；国家级高新区数量，从2013年的4家增至2017年的9家，位居全国第4位、中部第1位。五是创新能力进一步增强。发明专利申请量从18189项增至51569项，增加了183.5%。技术合同成交额，从235亿元增至1066亿元，增加了353.6%，从全国的第6位上升至第2位。六是高端人才加速集聚。万人计划、千人计划、国家杰青、创新群体的数量，从400人增至757人。湖北不断深化科技体制改革，聚焦破除制约湖北科技资源优势向经济社会发展优势转化的体制机制障碍，科技创新软环境不断优化，充分激发和释放了全社会创新创业活力。

(一)着力优化创新创业环境

湖北率先在全国推出“科技成果转化十条”“高校院所服务企业新九条”“激励企业研发十一条”等突破性政策，省人大颁布《省自主创新促进条例》等地方性法规。2017年，针对湖北企业创新能力不足、科技成果转化不够、科研人员创新创业积极性不高、县域创新驱动发展能力不强等短板，湖北省出台了一系列新的政策文件，包括：《关于激励企业开展研究开发活动的暂行办法》《促进科技成果转移转化行动方案》《关于实行以增加知识价值为导向分配政策的实施意见》《关于县域创新驱动发展的实施意见》等，进一步优化了全省科技创新发展环境。湖北积极推进国家创新型试点省份建设，成立“湖北省创新型省份建设工作小组”，开展创新型试点省份建设年度进展评估工作，完成了武汉、襄阳、宜昌三地的国家创新型试点城市验收工作。

(二)着力完善科技管理与服务体系

一是扎实推进科技成果转化。坚持“营造环境、搭建平台、完善体系、建立机制”四措并举，加速科技成果在省内转移扩散。积极推动技术市场稳步发展，全省2017年技术合同成交额突破千亿元大关，达到1066亿元，再创历史新高。二是深入实施科技企业创业与培育工程。出台《湖北省科技企业创业与培育工程升级版实施方案》，推动科技创业深入发展。大力实施大学生科技创业专项，举办首届高校科技人员创新创业大赛，推动各类人才参与创新创业。健全完善3A科技企业孵化器评价指标，引导孵化器、众创空间提升核心服务能力，促进孵化器、众创空间提档升级。2017年新认定国家级科技企业孵化器4家、国家级众创空间22家，新认定省级科技企业孵化器32家、省级众创空间57家，全省新增科技创业企业5638家。

(三)着力提升科技创新能力

一是加强原始创新能力建设。启动光电科学、空天信息、生物技术等3家湖北实验室建设。强化省部共建国家重点实验室建设，支持湖北大学申报省部共建国家重点实验室。发挥省自然科学基金对优秀创新人才的支持和培育作用，共支持人才和团队项目 398 项。2017 年，湖北新增 5 个国家创新群体、12 位国家杰青和 26 位优青。积极争取国家基础研究经费，高校科研院所全年累计获批项目 2417 项，直接经费逾 14.4 亿元，连续 3 年持续增加，经费总额保持全国第 5 位。

二是加强科技创新平台建设。围绕产业转型升级和动能转换的需求，积极推进技术创新平台建设。新建湖北省水产产业技术研究院，支持 11 家产业技术研究院建设，推动产业由“做大”转为“做强”。推进省工程技术研究中心建设，全年新认定省工程技术研究中心 110 家。推进省校企共建研发中心建设，引导中小企业加强与高校、科研院所的技术创新合作，全年新认定省校企共建研发中心 128 家。加强基础条件平台建设，结合自然科技资源保藏和检验检测平台的需求，新建自然科技资源库 4 个、研发检测共享平台 10 个。

三是推进科技创新园区发展。发挥东湖高新区的龙头引领和辐射带动作用，加快建设“园外园”“一区多园”等区域创新合作载体，有效破解个别园区土地空置、“筑巢引凤难”的难题，促进创新资源和要素的优化整合。支持有条件的省级高新区创建国家级高新区，黄冈、咸宁两家高新区成功升级为国家高新区，全省国家高新区达到 9 家。加快省级高新区培育，麻城、浠水、恩施、沙洋升级为省级高新区，全省省级高新区达到 22 家。

四是推进科技金融结合。大力引导创投机构投资孵化器内初创期企业，省创投引导基金出资 14500 万元，发起设立基金 4 支，基金总规模达 98150 万元。建设完善湖北省科技金融创新创业服务平台，为创业企业提供全方位的科技金融服务。加强引导基金日常管理，引导和撬动社会资本，助力大众创业万众创新。截至 2017 年底，湖北省创投引导基金共有参股子基金 23 支，总规模超过 50 亿元；参股子基金累计投资项目 382 项，投资总额达 26 亿元。

（四）着力发挥科技创新支撑引领作用

一是加快高新技术产业发展。结合湖北产业发展实际，面向先进制造、光电子信息、新材料等 5 个重点技术领域，推进核心关键技术创新。坚持以资源集成和产业集群为重点，努力把产业化基地打造成为高新技术产业发展的核心载体，推进高新技术产业集群化发展。2017 年，全省高新技术产业增加值达 5900 亿元左右。

二是加快农业科技创新。结合农业领域研发重点，围绕农产品质量安全、农业良种培育及农产品生产加工、农业信息化、特色农业等方面，开展了水稻主要病虫害综合防控、恩施黑猪肉质性状特色基因挖掘与新品系选育等 53 个重大关键技术的研发。积极推进农业领域创新平台建设，新认定 33 家省级工程技术研究中心。加强农业科技成果转化，推动农业领域工程技术研究中心面向省内外企业转化科技成果 128 项，成果转让经费达近亿元。

三是加快开放合作创新。大力推动合作创新，围绕生物技术、新材料、农业技术、北斗导航等重点领域，2017年获批国家战略性国际科技合作项目7项、政府间合作项目6项，总经费超过5900万元，立项数居全国前列。主动融入“一带一路”建设，支持省内农业企业在巴基斯坦、厄瓜多尔等沿线国家开展合作育种，取得突破性进展；推动湖北北斗产业成功在北美洲地区布局北斗技术应用示范。

四、重庆深入推进创新驱动发展战略

重庆着力强化区域创新发展的技术、资本、创新生态3个关键支撑，推动以科技创新为核心的全面创新取得了较快进展。2017年，全社会研发经费支出364.63亿元、同比增长20.7%，研发经费投入强度达到1.87%、同比增长0.15%；专利授权量达到3.48万件，万人发明专利拥有量达到7.25件、同比增长31%；重庆综合科技进步指数和区域创新能力综合指标排名连续两年居全国第8位，西部领先。

（一）不断增强科技创新供给能力

一是培育引进研发机构和高端人才。实施研发机构培育计划，与中科院、工程院以及部分军工集团和知名高校的合作取得实质性突破，一批高水平大学、研究院落户重庆。累计培育引进研发机构1463家、新型研发机构58家。实施系列人才建设专项，加强科技改革和政策支撑。“两院”院士累计达到16人，国家“千人计划”“万人计划”专家和国家杰出青年科学基金获得者等国家级高层次人才达到576人，培育科技创新、科技创投、科技创业领军人才109人和“双创”示范团队212个。

二是推动科技引领新兴产业发展。实施科技型企业“百千万”工程，大力培育引进科技型企业。启动科技研发重点专项，安排经费5.5亿元，实施集群科技项目1520项。研究编制集成电路技术创新发展实施方案，启动联合微电子中心（UMEC）建设项目，组建技术创新联盟10家。打造了两江新区智能制造及机器人产业园、永川国家机器人新型工业示范基地、南岸国家物联网产业示范基地等一批智能化特色园区；引进培育了浪潮、秒银科技等一批云计算大数据龙头企业，形成了盼达用车、猪八戒网等一批具有全国影响力的分享经济业态。

（二）深化科技体制管理改革

一是深化产业技术创新科研管理改革。产业技术创新由以往的项目管理调整为政策引导，政府主管部门只制定产业技术创新方向，企业或者企业牵头的产学研创新联盟自主选题、自由申报，真正将项目决定权、技术路线选择权、科研经费使用权与研发成果收益权全部赋予企业或产学研协同创新团队。

二是深化科技金融管理改革。强化种子基金、天使基金和风险投资基金三支政府引导基金的引导作用，撬动社会资本做大创业投资基金规模，覆盖创新创业全周期，为不同成长阶段的企业提供资本支撑。推动知识价值信用贷款改革试点，依托“商业大数据应用+专利软件化评估”，建立科技型企业知识价值信用评价体系并率先开展了科技型企业知识价值信用贷款改革试点，探索构建了科技型企业轻资产融资模式。

三是深化科技成果初始权益分配改革。选择西南大学、市中药研究院等10家高校和科研机构开展了科技成果初始权益分配改革试点，在科研项目立项之前或立项之初，由科研团队与单位之间以及科研团队内部签订协议，明确知识产权处置办法和科技成果收益分配比例，充分调动科研人员开展项目研究的积极性，提高科技研发的质量和效率。

(三)营造良好的创新创业氛围

一是优化双创平台布局。在科技研发环节，科技资源共享平台先后整合共享大型科研仪器设备3103台(套)，开设科技服务店铺472个，初步实现全市10万名左右研发人才在线协同创新。在成果转化环节，科技要素交易中心正式运行，累计建设各级各类技术转移示范机构21家、众创空间307家、科技企业孵化器77家。2017年，重庆技术合同登记交易成果2097项、成交额117亿元。在产业培育环节，累计布局建设高新区8家，其中国家级高新区4家，重庆市科技创新园区达到34家、市级特色产业基地达到52个。

三是营造“双创”氛围。推进两江新区、永川区、重庆猪八戒网络有限公司等全国创新创业示范基地和九龙坡区全国小微企业创新创业基地建设，举办知识产权周和创新创业活动周、高校创新创业文化节、“创客中国”重庆市创新创业大赛、“创青春”中国青年创新创业大赛重庆地区赛等创新创业活动。整合科普资源，建设市级科普基地147家，并以“科技活动周”“全国科普日”等大规模群众性科学技术活动为龙头，组织开展“科普嘉年华”“科学之夜”“科普班车进区县”等系列特色科普活动，营造创新创业氛围。

(四)拓展开放创新格局

一是引进一批高等院校和新型研发机构。同济大学重庆研究院、中科院大学重庆转化医学研究院、中国工程科技发展战略重庆研究院、中科院计算所西部研究院等研发机构落户重庆，与中国兵器科学研究院、哈尔滨工业大学、吉林大学、合肥工业大学、加州大学洛杉矶分校、比利时鲁汶大学等签约共建新型高端研发机构，成功引进德国大陆集团、荷兰恩智浦等国际知名企业来渝设立研发中心。二是布局一批海外研发机构。中匈(重庆)、中德(重庆)国际技术转移中心挂牌运营，以东风小康为代表的一批民营企业相继在海外建立研发机构。三是推进军民融合协同创新。成功举办第十三届中国重庆高新技术交易会暨第九届中国国际军民两用技术博览会，参展参会代表团216个、机构1012家、项目2037个，成功签约项目483个、达成意向项目252个。组建首期50亿元的重庆市军民融合创投基金。

第六章　长江经济带绿色发展报告

习近平总书记分别于2016年、2018年在重庆、武汉主持召开长江经济带发展座谈会，提出当前和今后相当长一个时期，沿江地区发展的基本原则是“共抓大保护，不搞大开发”，核心是走生态优先、绿色发展之路。长江经济带11省市积极贯彻落实中央部署和习近平总书记重庆、武汉座谈会重要讲话精神，把修复长江生态环境摆在压倒性位置，密集出台了一系列意见、实施方案等政策文件，积极开展绿色发展示范，着力推进长江经济带生态建设和绿色发展，长江经济带实现了经济增长和绿色发展共赢。

第一节　绿色环保指数分析

一、上、中、下游绿色环保指数分析

根据指数测算结果，2015—2017年长江经济带和上、中、下游地区绿色环保指数得分如表6-1所示。

表6-1　　2015—2017年长江经济带和上、中、下游地区绿色环保指数均值

区域	2015年	2016年	2017年
上游地区	0.097	0.116	0.131
中游地区	0.099	0.121	0.140
下游地区	0.137	0.159	0.177
长江经济带	0.112	0.133	0.150

从表6-1可以看出，2015—2017年长江经济带绿色环保指数整体上呈上升态势，指数均值从2015年的0.112上升到2017年的0.150，增加了0.038，年均增长率为15.73%，上、中、下游地区绿色环保指数均值均有不同程度的增长，其年增长率分别为16.21%、18.92%、13.66%。其中，下游地区绿色环保指数最高，2017年其数值比长江经济带均值高0.027；中游地区绿色环保指数居中，其指数均值低于长江经济带总体均值，且年均增长率最高；上游地区绿色环保指数最低，其指数均值不仅低于中、下游地区均值，也低于长江经济带总体均值，但其年均增长率高于下游地区，也高于长江经济带总体年增长率。

二、上游地区绿色环保指数分析

(一)上游地区总体状况

根据指数测算结果,2015—2017 年上游地区绿色环保指数得分和排名情况如表 6-2 所示。

表 6-2　　2015—2017 年上游各省市绿色环保指数得分和排名情况

省市	2015 年		2016 年		2017 年	
重庆	0.134	4	0.152	4	0.148	8
四川	0.111	7	0.134	8	0.153	6
贵州	0.066	9	0.098	9	0.116	9
云南	0.078	10	0.080	10	0.108	10

从表 6-2 可以看出,2015—2017 年上游地区各省市绿色环保指数整体上呈上升态势,四川、贵州、云南年均增长率分别 17.40%、32.57%、17.67%,重庆呈现先上升后下降的态势;2017 年上游地区各省市绿色环保指数得分在 0.108～0.153,排名在第 6 位至第 10 位之间,在长江经济带位次偏后。2015—2017 年,除贵州、云南排名保持稳定外,重庆、四川排名均有变动,重庆下降 4 个位次,四川上升 1 个位次。

(二)重庆

2015 年、2016 年重庆绿色环保指数得分均处于前列,在长江经济带 11 省市中排名第 4 位,居上游地区第 1 名,但 2017 年重庆排名下降明显,从 2015 年、2016 年长江经济带的第 4 位下降到 2017 年的第 8 位(表 6-2),主要是万元 GDP 能耗降低率、工业固体废弃物综合利用率两项指标值下降和万元 GDP 废水排放量指标值上升引起的。2017 年重庆万元 GDP 能耗降低率为 5.12%,比 2015 年下降 1.19%,在长江经济带 11 省市中最低(图 6-1);工业固体废弃物综合利用率为 69.80%,比 2015 年下降 14.65%;2017 年万元 GDP 废水排放量为 13.2487 吨,比 2015 年增长 3.7179 吨,在长江经济带 11 省市中排放量偏高(图 6-2、图 6-3)。但 2017 年重庆的万元 GDP 能耗、万元 GDP 工业废水排放量两项指标仍然保持了逐年下降的趋势(图 6-1、图 6-2)。

(三)四川

2015—2017 年四川不仅绿色环保指数得分逐年上升,从 2015 年的 0.111 上升到 2017 年的 0.153,增加了 0.042,年均增长 17.40%,而且排名也从 2015 年度第 7 位上升到 2017 年的第 6 位,位列上游地区第 1 名(表 6-2),这与近年来四川加大生态保护力度加强环境治理密不可分。2015—2017 年四川环境污染治理投资总额逐年增加,从 2015 年的 216.0 亿元增加到 2017 年的 308.2 亿元,环境污染治理投资总额占 GDP 的比重也从 2015 年的 0.72%

增加到2017年的0.83%(图6-4)。同时，四川积极开展大气污染专项督查、水污染防治、土壤污染防治等，2017年在全国率先实现省级环保督查全覆盖，共督查处生态环境问题8924个，处罚金额1.19亿元。

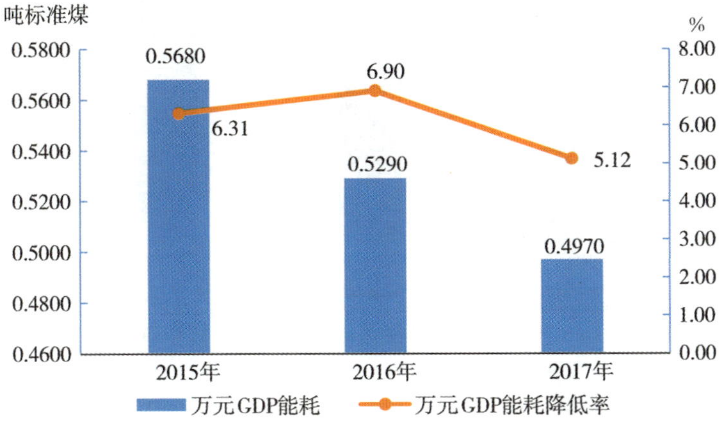

图6-1　2015—2017年重庆万元GDP能耗及降低率情况

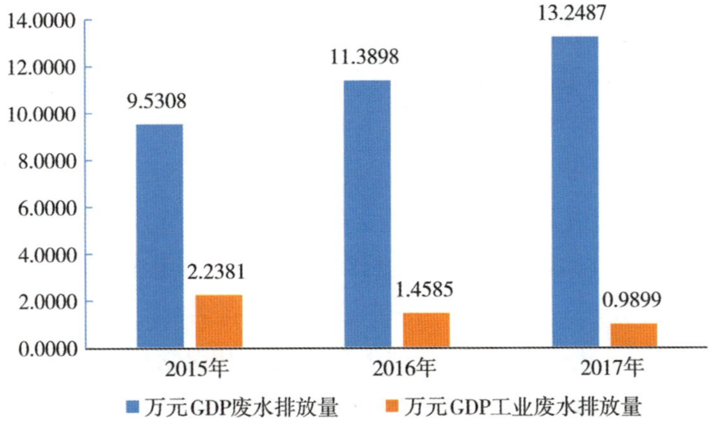

图6-2　2015—2017年重庆万元GDP废水排放量和万元GDP工业废水排放量情况(单位:吨)

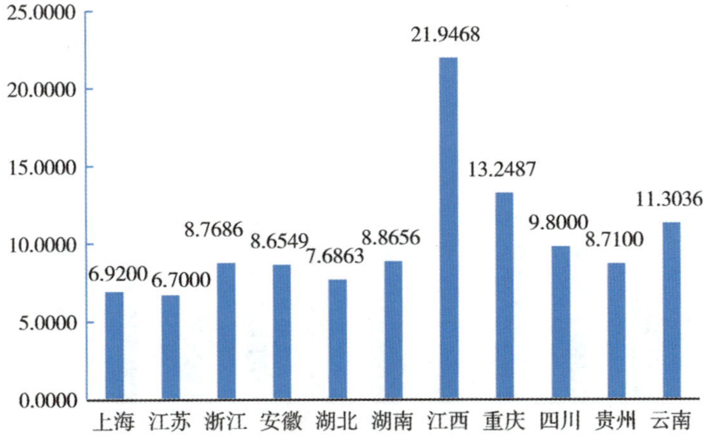

图6-3　2017年长江经济带11省市万元GDP废水排放量情况(单位:吨)

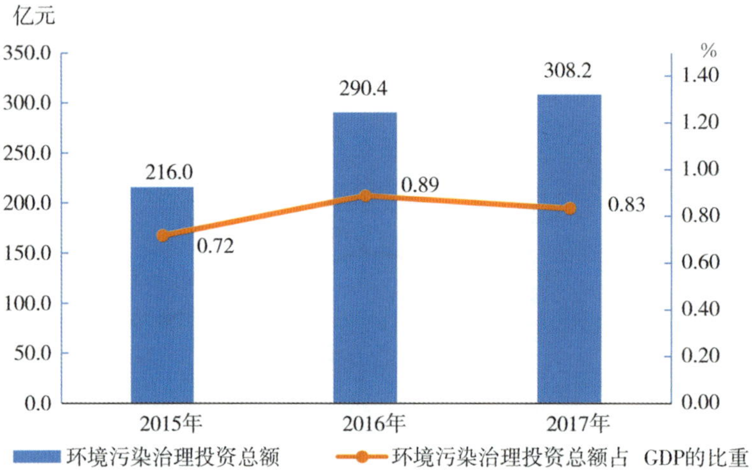

图 6-4　2015—2017 年四川环境污染治理投资总额和占 GDP 的情况

(四)贵州

2015—2017 年贵州绿色环保指数得分逐年上升,从 2015 年的 0.066 上升到 2017 年的 0.116,增长了 0.050,年均增长 32.57%,但排名一直稳定在长江经济带第 9 名,位次靠后(表 6-2)。贵州排名靠后主要是万元 GDP 能耗、万元 GDP 废气中烟粉尘排放量、万元 GDP 废气中二氧化硫排放量指标数值偏高,以及工业固体废弃物综合利用率指标数值偏低引起的。2017 年,贵州万元 GDP 能耗为 0.7741 吨标准煤,在长江经济带 11 省市中能耗最高(图 6-5);万元 GDP 废气中烟粉尘排放量、万元 GDP 废气中二氧化硫排放量分别为 0.0014534 吨、0.0050772 吨,两项指标均在长江经济带 11 省市中也最高(图 6-6);工业固体废弃物综合利用率为 54.70%,在长江经济带 11 省市中排名靠后(图 6-7)。贵州所处的长江上游地区总体上处于工业化中期阶段,再加上环保技术相对落后,环保治理水平相对较低,但贵州自然条件优越,生态环境优良,2017 年空气质量优良率、森林覆盖率分别为 95.6%,55.3%,在全国处于前列,贵州正加快经济发展方式转变,绿色发展潜力较大。

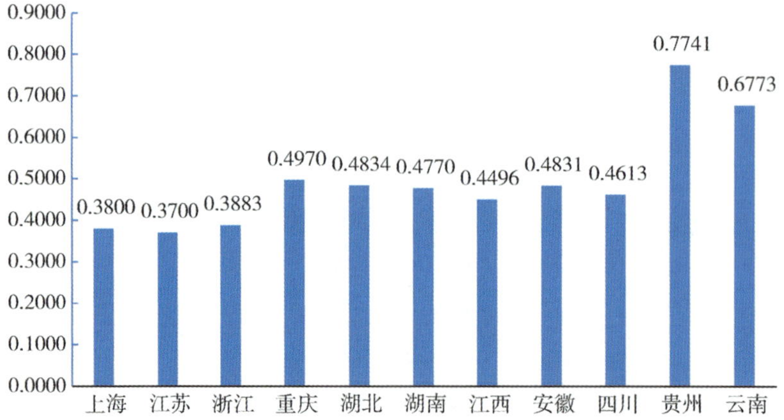

图 6-5　2017 年长江经济带 11 省市万元 GDP 能耗情况(单位:吨标准煤)

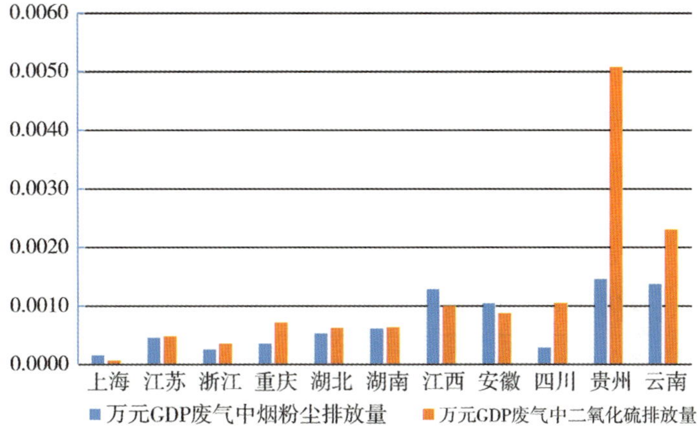

图 6-6　2017 年长江经济带 11 省市万元 GDP 废气中烟粉尘、二氧化硫排放情况(单位:吨)

（五）云南

云南 2015—2017 年绿色环保指数得分逐年上升，从 2015 年的 0.078 上升到 2017 年的 0.108，增加了 0.030，年均增长 17.67%，但排名一直稳定在长江经济带第 10 名，在长江上游地区排名末位。云南排名靠后也主要是万元 GDP 能耗、万元 GDP 废水排放量、万元 GDP 废气中烟粉尘排放量、万元 GDP 废气中二氧化硫排放量指标数值偏高，以及工业固体废弃物综合利用率指标数值偏低。2017 年，云南万元 GDP 能耗 0.6773 吨标准煤、万元 GDP 废水排放量 11.3036 吨、万元 GDP 废气中烟粉尘排放量 0.001369 吨、万元 GDP 废气中二氧化硫排放量 0.0023 吨，在长江经济带 11 省市中均处于高能耗、高排放水平(图 6-3、图 6-5、图 6-6)；工业固体废弃物综合利用率为 38.46%，在长江经济带 11 省市中仅高于江西(图 6-7)。与贵州类似，云南也自然条件优越，生态资源丰富，2017 年空气质量优良率全国第一，达到 98.2%，森林覆盖率达到 59.7%，但同样处于工业化中期阶段，加快发展任务较重，环保治理水平也相对较低。

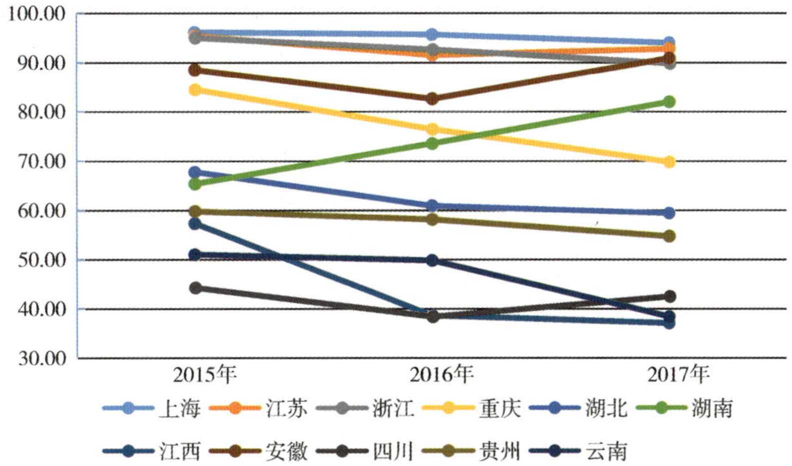

图 6-7　2015—2017 年长江经济带 11 省市工业固体废弃物综合利用率情况(单位:%)

三、中游地区绿色环保指数分析

（一）中游地区总体分析

根据指数测算结果，2015—2017 年中游地区绿色环保指数得分和排名情况如表 6-3 所示。

表 6-3　　2015—2017 年中游各省绿色环保指数得分和排名情况

省市	2015 年		2016 年		2017 年	
湖北	0.123	5	0.141	6	0.151	7
湖南	0.117	6	0.144	5	0.163	4
江西	0.057	11	0.078	11	0.106	11

从表 6-3 可以看出，2015—2017 年，中游地区各省市绿色环保指数呈上升态势，湖北从 2015 年的 0.123 增长到 2017 年的 0.151，增加了 0.028，湖南从 2015 年的 0.117 增长到 2017 年的 0.163，增加了 0.046，江西从 2015 年的 0.057 增长到 2017 年的 0.106，增加了 0.049，但增速有差异，湖北、湖南、江西年均增长率分别 10.80%、18.03%、36.37%。从指数数值来看，中游地区三省发展不均衡，湖北、湖南分值相差不大，但江西与两者有较大的差距；从排名来看，湖北、湖南在长江经济带排名处于中等水平，江西处于末位水平。2015—2017 年，湖北、湖南排名均有变动，其中，湖北的排名下降 2 个位次，湖南排名上升 2 个位次，江西的排名一直稳定在第 11 位，但是江西的指数增幅最大，增速最高。

（二）湖北

2017 年湖北绿色环保指数得分为 0.151，在长江经济带排名第 7 位，比 2015 年下降两个位次，居中游地区第 2 位（表 6-3）。湖北排名下降主要是万元 GDP 能耗指标偏高、万元 GDP 能耗降低率指标偏低以及工业固体废弃物综合利用率指标偏低引起的。2017 年湖北万元 GDP 能耗为 0.4834 吨标准煤，尽管保持了逐年降低的态势，2015—2017 年年均下降 6%以上，但在长江经济带各省市中能耗水平依然较高，在中游地区高于湖南和江西（图 6-5）。万元 GDP 能耗降低率为 6.29%，在长江经济带 11 省市中排名靠后，在长江中游低于湖南、高于江西（图 6-8）；工业固体废弃物综合利用率为 59.39%，比 2015 年下降 8.39%，在长江经济带 11 省市中数值偏低（图 6-7）。

（三）湖南

2017 年湖南绿色环保指数得分为 0.163，在长江经济带排名第 4 位，比 2015 年上升两位，居中游地区第 1 位（表 6-3）。湖南排名上升主要是工业固体废弃物综合利用率和万元

GDP 能耗降低率指标值上升，以及万元 GDP 工业废水排放量指标值下降引起的。2017 年湖南工业固体废弃物综合利用率为 81.96%，比 2015 年上升 16.59%，在长江经济带 11 省市中排名靠前，在长江中游地区大大高于湖北和江西（图 6-7）；万元 GDP 工业废水排放量为 1.0257 吨，比 2015 年下降 61.86%，在长江经济带 11 省市中仅高于重庆（图 6-9）；万元 GDP 能耗降低率为 6.77%，比 2015 年增加 1.47%，在长江中游地区高于湖北和江西（图 6-8）。

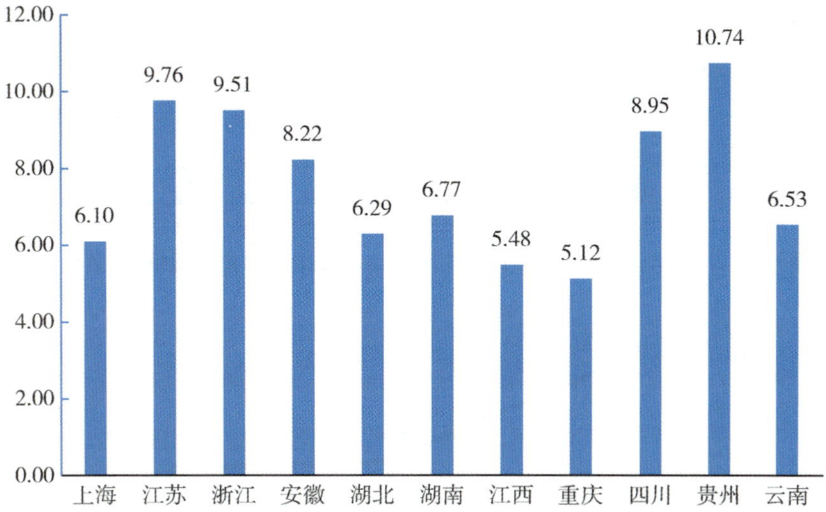

图 6-8　2017 年长江经济带 11 省市万元 GDP 能耗降低率情况（单位：%）

（四）江西

2017 年江西绿色环保指数得分为 0.106，在中游地区排第 3 位，在长江经济带排名第 11 位，与 2015 年、2016 年相比排名没有变化，整体上分值偏低（表 6-3）。江西排名靠后主要是万元 GDP 能耗降低率、工业固体废弃物综合利用率指标数值较低，万元 GDP 废水排放量、万元 GDP 工业废水排放量、万元 GDP 废气中烟粉尘排放量指标数值较高引起的。2017 年江西万元 GDP 能耗降低率为 5.48%，尽管保持了逐年上升的态势，但数值依然偏低，在长江经济带 11 省市中仅高于重庆（图 6-8、图 6-10）。工业固体废弃物综合利用率为 37.15%，比 2015 年下降 20.15%，在长江经济带 11 省市中数值最低，远低于湖北和湖南（图 6-7）。万元 GDP 废水排放量和万元 GDP 工业废水排放量分别为 21.9468 吨、2.0597 吨，在长江经济带 11 省市中均处于高排放水平，远高于湖北和湖南（图 6-3、图 6-9）；万元 GDP 废气中烟粉尘排放量为 0.0012856 吨，在长江经济带 11 省市中偏高，分别相当于湖北、湖南的 2.42 倍和 2.10 倍（图 6-6）。

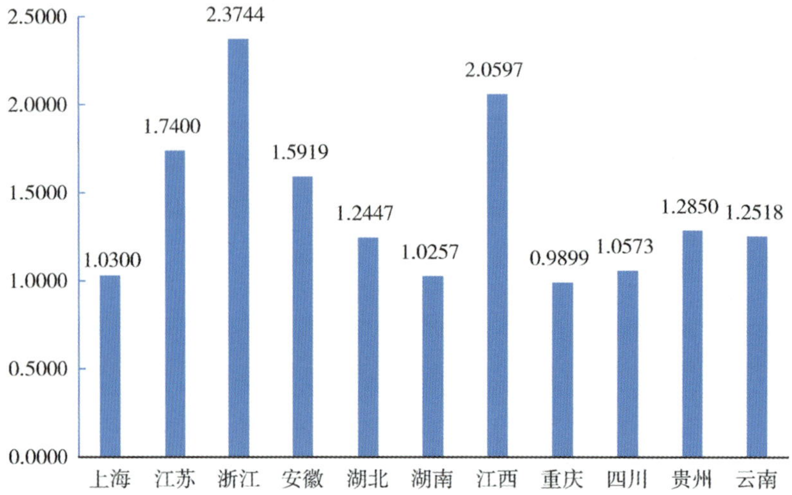

图 6-9　2017 年长江经济带 11 省市万元 GDP 工业废水排放量情况(单位:吨)

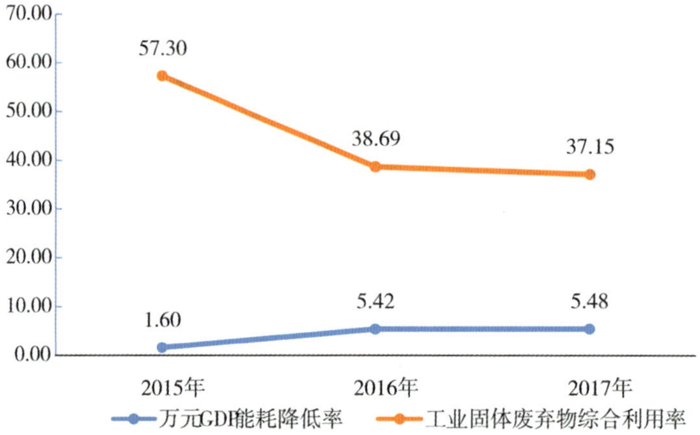

图 6-10　2015—2017 年江西万元 GDP 能耗降低率和工业固体废弃物综合利用率情况(单位:%)

四、下游地区绿色环保指数分析

(一)下游地区总体分析

根据指数测算结果,2015—2017 年下游地区绿色环保指数得分和排名情况如表 6-4 所示。

表 6-4　2015—2017 年下游各省市绿色环保指数得分和排名情况

省市	2015 年		2016 年		2017 年	
上海	0.159	1	0.178	1	0.184	2
江苏	0.154	2	0.158	3	0.185	1
浙江	0.136	3	0.161	2	0.178	3
安徽	0.100	8	0.139	7	0.162	5

从表 6-4 可以看出，2015—2017 年下游地区各省市绿色环保指数整体上呈上升态势，上海从 2015 年的 0.159 增长到 2017 年的 0.184，增加了 0.025，江苏从 2015 年的 0.154 增长到 2017 年的 0.185，增加了 0.031，浙江从 2015 年的 0.136 增长到 2017 年的 0.178，增加了 0.042，安徽从 2015 年的 0.100 增长到 2017 年的 0.162，增加了 0.062，上海、江苏、浙江、安徽绿色环保指数年均增长率依次为 7.57%、9.60%、14.40%、27.28%。2015—2017 年，从绿色环保指数来看，下游地区上海、江苏、浙江分值较高，相差不大，安徽与前三者有一定的差距，但差距在缩小；从绿色环保指数排名来看，上游地区整体在长江经济带处于领先水平，上海、江苏、浙江稳居前三名，安徽排名不断上升，上升 3 个位次。

（二）上海

2017 年上海绿色环保指数得分为 0.184，在长江经济带排名第 2 位，与 2015 年、2016 年相比排名下降 1 位（表 6-4）。上海排名靠前在于其环境治理能力和水平相对较高。2017 年上海工业固体废弃物综合利用率为 94.00%，在长江经济带各省市中最高（图 6-7）；万元 GDP 能耗为 0.3800 吨标准煤、万元 GDP 废水排放量为 6.9200 吨、万元 GDP 废气中烟粉尘排放量为 0.000153 吨、万元 GDP 废气中二氧化硫排放量为 0.0000603 吨，在长江经济带 11 省市数值均较低（图 6-5、图 6-3、图 6-6）。上海排名下降主要是万元 GDP 能耗降低率和万元 GDP 工业废水排放量两项指标排名变动引起的。2015 年，上海万元 GDP 能耗降低率为 3.64%，高于浙江、江西、安徽，万元 GDP 工业废水排放量为 1.8300 吨，在长江经济带排放水平最低；2017 年，上海万元 GDP 能耗降低率仅高于江西、重庆，万元 GDP 工业废水排放量高于湖南、重庆（图 6-8、图 6-9）。

（三）江苏

2015—2017 年江苏绿色环保指数排名呈现轻微波动，2016 年与 2015 年相比下降 1 个位次，2017 年与 2016 年相比上升 2 个位次，2017 年江苏绿色环保指数得分为 0.185，在长江经济带排名第 1 位，与上海接近（表 6-4）。江苏排名靠前也在于其处于工业化后期阶段环保投入水平高，环境治理能力和水平相对较高，2017 年江苏环境治理投资总额为 715.4 亿元。2017 年江苏万元 GDP 能耗为 0.3700 吨标准煤，在长江经济带 11 省市中能耗最低（图 6-5）；万元 GDP 能耗降低率也较高，为 9.76%，在长江经济带排名靠前（图 6-8）；万元 GDP 废水排放量为 6.700 吨，在长江经济带各省市中最低（图 6-3）；工业固体废弃物综合利用率为 92.80%，在长江经济带各省市中较高（图 6-7）；万元 GDP 废气中二氧化硫排放量为 0.00048 吨，在长江经济带各省市中也处于较低水平（图 6-6）。值得注意的是，与下游地区其他省市相比江苏的万元 GDP 工业废水排放量指标偏高，2017 年江苏万元 GDP 工业废水排放量低于浙江，高于上海和安徽，分别比上海、安徽高出 68.93%、9.30%（图 6-11）。

(四)浙江

2017 年浙江绿色环保指数为 0.178,在长江经济带排名第 3 位,与 2015 年相比排名没有变化(表 6-4)。浙江排名靠前也在于其环境治理能力和水平相对较高、环保投入水平高,2017 年浙江环境治理投资总额为 452.9 亿元。2017 年浙江万元 GDP 能耗 0.3883 吨标准煤、万元 GDP 废水排放量 8.7686 吨、万元 GDP 废气中烟粉尘排放量 0.0002492 吨、万元 GDP 废气中二氧化硫排放量 0.0003496 吨,在长江经济带 11 省市数值均较低(图 6-5、图 6-3、图 6-6);万元 GDP 能耗降低率为 9.51%,在长江经济带各省市中较高(图 6-8);工业固体废弃物综合利用率为 89.85%,在长江经济带各省市中也较高(图 6-7)。值得注意的是,2017 年浙江万元 GDP 工业废水排放量指标值偏高,为 2.3744 吨,在下游地区最高(图 6-11)。

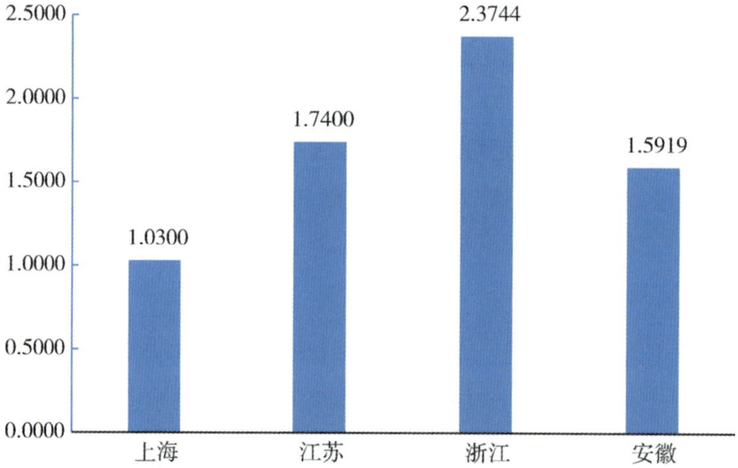

图 6-11　2017 年长江经济带下游地区万元 GDP 工业废水排放量情况(单位:吨)

(五)安徽

2017 年安徽绿色环保指数得分为 0.168,在长江经济带排名第 5 位,与 2015 年相比排名上升 3 位(表 6-4)。安徽绿色环保指数在 2015—2017 年排名逐年上升在于其主要考察指标数值趋优,其中,万元 GDP 能耗、万元 GDP 废水排放量、万元 GDP 工业废水排放量、万元 GDP 废气中烟粉尘排放量、万元 GDP 废气中二氧化硫排放量 5 个指标数值均有明显下降,除万元 GDP 能耗指标外,其他 4 个指标年均下降均在 17%以上;万元 GDP 能耗降低率和工业固体废弃物综合利用率两项指标数值均有增长,前者平均每年增加 2.71%;后者平均每年上升 1.20%(表 6-5)。

表 6-5 2015—2017 年安徽主要基础指标及增长情况

指标	万元 GDP 能耗(吨标准煤)	万元 GDP 能耗降低率(%)	万元 GDP 废水排放量(吨)	万元 GDP 工业废水排放量(吨)	万元 GDP 废气中烟粉尘排放量(吨)	万元 GDP 废气中二氧化硫排放量(吨)	工业固体废弃物综合利用率(%)
2015 年	0.5599	2.80	12.7525	3.2463	0.0024807	0.0021817	88.50
2016 年	0.5264	6.00	9.8603	2.0576	0.0013322	0.0011676	82.60
2017 年	0.4831	8.22	8.6549	1.5919	0.0010393	0.0008713	90.90
年均增速(%)	−7.11	71.34	−17.62	−29.97	−35.27	−36.80	1.35

第二节 长江经济带绿色发展举措

一、政策推进情况

(一)贯彻执行政策文件较多、内容丰富

2017 年以来,长江经济带沿线各省市积极行动出台了不少的意见、条例、实施方案、行动计划等,多数省市多达 10 多项,内容涉及环境保护、污染防治、生态修复、生物多样性、绿色产业发展等多方面(表 6-6)。各省市都出台了蓝天保卫战三年行动实施方案和生态环境损害赔偿制度改革工作实施方案,大部分省市出台了城镇人口密集区危险化学品生产企业搬迁改造实施方案、畜禽养殖废弃物资源化利用工作方案、生活垃圾分类制度实施方案、湿地保护修复制度实施方案等,部分省市在本区域特色领域方面进行了制度探索,如云南省对云茶产业、贵州省对森林扩面提质等出台了指导意见。

表 6-6 2017 年以来长江经济带各省市出台绿色发展主要相关政策文件

省市	出台文件
上海	《上海市建筑垃圾处理管理规定》《上海市环境保护约谈规定(试行)》《上海市 2018—2020 年环境保护和建设三年行动计划》《上海市都市现代绿色农业发展三年行动计划(2018—2020 年)》《上海市支持餐厨废弃油脂制生物柴油推广应用暂行管理办法》《上海市清洁空气行动计划(2018—2022 年)》《2018 年上海市大气污染防治方案》《上海生态环境损害赔偿制度改革工作实施方案》《上海市生活垃圾管理条例》《关于推进本市绿色生态城区建设的指导意见》等

续表

省市	出台文件
江苏	《江苏省"十三五"太湖流域水环境综合治理行动方案》《江苏省"两减六治三提升"专项行动实施方案》《省政府办公厅关于推进生态保护引领区和生态保护特区建设的指导意见》《江苏省生态环境监测网络建设实施方案》《江苏省湿地保护修复制度实施方案》《江苏省生态河湖行动计划(2017—2020年)》《江苏省畜禽养殖废弃物资源化利用工作方案》《关于聚焦突出环境问题依法推动打好污染防治攻坚战的决议》《江苏省打赢蓝天保卫战三年行动计划实施方案》《江苏省化工行业整治提升方案》《江苏省生态环境损害赔偿制度改革工作实施方案》《江苏省环境基础设施三年建设方案(2018—2020年)》《江苏省生态环境监测监控系统三年建设规划(2018—2020年)》《江苏省长江保护修复攻坚战行动计划实施方案》等
浙江	《浙江省餐厨垃圾管理办法》《浙江省2017年大气污染防治实施计划》《浙江省治污水暨水污染防治行动2017年实施方案》《浙江省生态文明体制改革总体方案》《浙江省建设项目环境保护管理办法》《浙江省清废行动实施方案》《浙江省畜禽养殖废弃物高水平资源化利用工作方案》《浙江省海洋生态建设示范区创建实施方案》《浙江省打赢蓝天保卫战三年行动计划实施方案》《浙江省生态环境损害赔偿制度改革工作实施方案》《浙江省水域保护办法》《浙江省农业农村污染治理攻坚战实施方案的通知》《浙江省生态环境保护工作责任规定》等
安徽	《安徽省长江经济带化工污染整治专项行动工作方案》《安徽省人民政府关于大力发展以农作物秸秆资源利用为基础的现代环保产业的实施意见》《安徽省2017年蓝天行动实施方案》《安徽省委安徽省人民政府关于建立林长制的意见》《安徽省湿地保护修复制度实施方案》《安徽省畜禽养殖废弃物资源化利用工作方案》《安徽省环境保护条例》《安徽省城镇人口密集区危险化学品生产企业搬迁改造实施方案》《关于全面推广新安江流域生态补偿机制试点经验的意见》《安徽省人民政府关于建立固体废物污染防控长效机制的意见》《安徽省打赢蓝天保卫战三年行动计划实施方案》《安徽省生态环境损害赔偿制度改革工作实施方案》等
江西	《江西省人民政府办公厅关于加快推进畜禽养殖废弃物处理和资源化利用的实施意见》《江西省生活垃圾分类制度具体实施方案》《江西省重污染天气应急预案》《江西省人民政府办公厅关于改革创新林业生态建设体制机制加快推进国家生态文明试验区建设的意见》《江西省打赢蓝天保卫战三年行动计划实施方案》《鄱阳湖生态环境综合整治三年行动计划(2018—2020年)》《江西省生态环境损害赔偿制度改革工作实施方案》《坚决打好工业污染防治攻坚战实施方案》《江西省人民政府办公厅关于加强全省水生生物保护工作的实施意见》《江西省节约用水办法》等

续表

省市	出台文件
湖北	《湖北省控制污染物排放许可制实施方案》《湿地保护修复制度实施方案》《湖北省污染防治攻坚战行动方案》《湖北省生态环境损害赔偿制度改革工作实施方案》《湖北省深化环境监测改革提高环境监测数据质量实施方案》《支持全省沿江化工产业转型升级实施意见》《湖北省推广“虾稻共作稻渔种养”模式三年行动方案》《进一步推进全省生态环境问题整治工作方案》《湖北省打赢蓝天保卫战三年行动计划实施方案》《湖北省环境空气质量生态补偿暂行办法》《湖北省环境空气质量考核预警和重污染天气应对工作管理办法》《省人民政府办公厅关于依法有序推进煤矿总体关停退出的意见》《湖北省长江保护修复攻坚战工作方案》《湖北省沿江化工企业关改搬转工作方案》《湖北省城市黑臭水体整治工作方案》《湖北省农业面源污染整治工作方案》《湖北省长江干线非法码头专项整治工作方案》等
湖南	《湖南省河道采砂管理办法》《湖南省饮用水水源保护条例》《湖南省大气污染防治条例》《湖南省土壤污染防治工作方案》《湖南省人民政府办公厅关于加快推进畜禽养殖废弃物资源化利用的实施意见》《湖南省湿地保护修复制度工作方案》《长株潭两型试验区清洁低碳技术推广实施方案(2017—2020年)》《湖南省人民政府办公厅关于健全生态保护补偿机制的实施意见》《关于坚持生态优先绿色发展深入实施长江经济带发展战略大力推动湖南高质量发展的决议》《湖南省推进城镇人口密集区危险化学品生产企业搬迁改造实施方案》《湖南省“蓝天保卫战”实施方案(2018—2020年)》《湖南省污染防治行动计划(2018—2020年)》《湖南省长株潭城市群生态绿心地区保护条例》等
重庆	《重庆市湿地保护修复制度实施方案》《重庆市畜禽养殖废弃物资源化利用工作方案》《重庆市生活垃圾分类制度实施方案》《重庆市控制污染物排放许可制实施计划》《重庆市推进城镇人口密集区危险化学品生产企业搬迁改造工作实施方案》《重庆市贯彻国务院打赢蓝天保卫战三年行动计划实施方案》《关于印发重庆市空气重污染天气应急预案的通知》《重庆市人民政府办公厅关于建立深入推进农村生活垃圾治理长效机制的意见》《重庆市生活垃圾分类管理办法》《重庆市人民政府办公厅关于加强长江水生生物保护工作的实施意见》《重庆市农业农村污染治理攻坚战行动计划实施方案》等
四川	《四川省湿地保护修复制度实施方案》《四川省人民政府办公厅关于加快推进畜禽养殖废弃物资源化利用的实施意见》《四川省节能减排综合工作方案(2017—2020年)》《四川省蓝天保卫行动方案(2017—2020年)》《沱江流域水质达标三年行动方案》《四川省生态保护红线划定方案》《关于下达四川省城镇人口密集区危险化学品生产企业搬迁工作任务的通知》《四川省农村生活污水治理五年实施方案》《四川省生活垃圾分类制度实施方案》《关于全面加强生态环境保护坚决打好污染防治攻坚战的实施意见》、打好污染防治攻坚“八大战役”实施方案、《四川省完善生态环境准入促进绿色发展实施方案》《四川省大气污染防治考核暂行办法》《四川省生态环境损害赔偿制度改革工作实施方案》等

续表

省市	出台文件
贵州	《省人民政府办公厅关于健全生态保护补偿机制的实施意见》《贵州省环境保护十大污染源治理工程实施方案》《贵州省十大行业治污减排全面达标排放专项行动方案》《贵州省湿地保护修复制度实施方案》《贵州省生活垃圾分类制度实施方案》《贵州省控制污染物排放许可制实施方案》《贵州省打好农业面源污染防治攻坚战实施方案》《贵州省畜禽养殖废弃物资源化利用工作方案》《贵州省城镇人口密集区危险化学品生产企业搬迁改造实施方案》《贵州省绿色制造三年行动计划(2018—2020年)》《贵州省生态环境损害赔偿制度改革工作实施方案》《贵州省打赢蓝天保卫战三年行动计划》《生态优先绿色发展森林扩面提质增效三年行动计划(2018—2020年)》等
云南	《云南省控制污染物排放许可制实施计划》《云南省生态环境监测网络建设工作方案》《云南省人民政府关于加强节能降耗与资源综合利用工作推进生态文明建设的实施意见》《云南省人民政府办公厅关于健全生态保护补偿机制的实施意见》《云南省土壤污染防治工作方案》《云南省人民政府办公厅关于贯彻落实湿地保护修复制度方案的实施意见》《云南省畜禽养殖废弃物资源化利用工作方案》《云南省城镇人口密集区危险化学品生产企业搬迁改造实施方案》《云南省生态环境损害赔偿制度改革试点工作实施方案》《云南省打赢蓝天保卫战三年行动实施方案》《云南省人民政府关于推动云茶产业绿色发展的意见》《云南省人民政府办公厅关于加强长江水生生物保护工作的实施意见》等

(二)上、下游绿色发展各有侧重

除共同推进的领域外，上、中、下游绿色发展、环境保护各有侧重点。下游地区在绿色发展一些制度层面和重要领域进行了积极探索。上海出台政策文件内容全面，其中垃圾分类立法与实施走在全国前列。江苏在生态河湖建设、化工行业整治提升、环境基础设施建设等方面重点部署。浙江在生态文明体制改革、海洋生态示范区建设、建设项目环境保护管理、生态环境保护工作责任等制度方面进行重点探索，建立并实施生态环境保护年度目标责任制和考核评价制度。安徽在流域生态补偿、林长制等方面进行了重点推进，全面推广新安江流域生态补偿机制，探索全省大气环境质量补偿工作。中游对长江流域重点区域出台了更密更严的环境保护政策。湖北全面启动长江大保护十大标志性战役，建立健全生态环境监测网。湖南和江西加强了区域重点生态功能区的保护，湖南出台了《湖南省长株潭城市群生态绿心地区保护条例》，江西制定了《鄱阳湖生态环境综合整治三年行动计划(2018—2020年)》。上游地区各省市根据各自特色进行了绿色发展部署。重庆对农村生活垃圾、农业农村污染治理、长江水生生物保护制定了实施方案。四川针对长江大保护出台了打好污染防治攻坚“八大战役”实施方案和生态环境准入实施方案。贵州对绿色制造、森林扩面提质增效进行了积极部署。云南对云茶产业绿色发展、水生生物保护积极探索制度规范。

二、体制机制建设情况

(一)生态省建设有效推进

生态保护红线是保障和维护国家生态安全的底线和生命线。长江经济带各省市均发布了生态保护红线划定方案,积极推进生态红线勘界定标试点,11 省市共划定生态保护红线 54.42 万平方千米,其中陆域生态红线 51.845 万平方千米,长江河口及海域生态红线 2.575 万平方千米,前者约占国土面积的 25%,后者约占管辖海域面积 28%。各地积极探索生态文明发展路径和模式,江苏省南京市高淳区、浙江省安吉县、安徽省芜湖县、湖南省张家界市武陵源区、湖北省保康县、江西省井冈山市、四川省成都市温江区、贵州省仁怀市、云南省保山市等 25 个县区入选第二批国家生态文明建设示范市县,湘江流域和洞庭湖山水林田湖草生态保护修复工程等获批国家试点。

(二)生态补偿机制逐步建立

长江经济带各省市积极落实财政部等 4 部委《关于加快建立流域上下游横向生态保护补偿机制的指导意见》,云南、贵州、四川 3 省签署赤水河流域上、下游横向生态保护补偿协议,共同出资 2 亿元设立赤水河流域横向生态保护补偿基金,各省市纷纷出台省内流域上、下游横向生态保护补偿机制。如湖北省出台了《关于建立省内流域横向生态补偿机制的实施意见》,意见要求选择通顺河、黄柏河、天门河、梁子湖、陆水河等 5 个流域及相关 20 个县市区,在 2018 年实施流域横向生态保护补偿试点;到 2020 年省内长江流域相关市县 60%以上建立横向生态补偿机制。其中,通顺河、黄柏河流域生态补偿模式打造了跨界河流污染综合治理的样板,成为湖北水污染防治的亮点。此外,为促进区域环境空气质量持续改善,长江经济带积极探索大气污染补偿。如湖北、湖南两省分别制定了《湖北省环境空气质量生态补偿暂行办法》《湖南省环境空气质量奖惩暂行办法》,推动大气污染防治。

(三)生态环境损害赔偿改革积极推进

作为 2016 年全国生态环境损害赔偿制度改革试点省市,江苏省、湖南省、重庆市、贵州省、云南省积极推进试点建设,先行一步完成系统化的生态环境损害赔偿相关管理制度建设。2018 年长江经济带大部分省市进一步出台了生态环境损害赔偿制度改革工作实施方案,部分省市出台了配套实施方案,江西省配套出台了生态环境损害调查、赔偿磋商、损害修复监督管理以及赔偿资金管理等试行办法,湖北省高级人民法院制定出台了《关于贯彻执行〈湖北省生态环境损害赔偿制度改革实施方案〉的实施意见(试行)》等。

(四)长三角生态环境一体化积极探索

早在 2014 年,由长三角地区和国家 8 部委组成的“长三角区域大气污染防治协作机制”正式启动。2018 年 10 月,长三角地区共同签署《长三角区域环境保护标准协调统一工作备忘录》,长三角地区生态环境一体化在区域大气和水污染防治协作、联防联控上有了统一标准。此后,长三角地区相继签订了《长三角城市环境保护合作(合肥)宣言》《长三角近岸海域海洋生态环境保护与建设行动计划》《长三角地区危险废物环境监管联动工作方案》《长三角地区循环经济资源综合利用协同发展合作协议》《关于建立长三角区域生态环境保护司法协作机制的意见》等多项合作协议,长三角生态制度协同稳步推进。2019 年,国务院批复《长三角生态绿色一体化发展示范区总体方案》,示范区率先探索长三角高质量生态一体化的体制机制建设。

第三节 长江经济带绿色发展典型实践

一、浙江美丽中国的先行者和示范者

浙江作为习近平生态文明思想的重要萌发地和"两山"理念的发源地,近年来认真学习贯彻落实习近平绿色发展思想,积极践行绿水青山就是金山银山的理念,充分发挥政府在绿色发展过程中的主导和引领作用,注重绿色制度建设和发挥市场机制作用,坚持全方位全地域持续推进,绿色浙江建设卓有成效,成为美丽中国建设先行示范区。

(一)确立"生态优先"的价值导向

2003 年 7 月,时任浙江省委书记的习近平同志代表省委,提出了指导浙江长远改革发展的"八八战略",包括进一步发挥浙江生态优势、创建生态省、打造"绿色浙江"。浙江历届省委省政府将绿色发展纳入政府的决策,建立和健全生态可持续发展制度,提高政府在绿色发展中的导向性作用,引领全省形成绿色发展氛围。

浙江各级党委政府高度重视生态文明宣教工作,将生态文明宣教作为宣教工作的重要组成部分,媒体积极开展生态文明宣教,全国排名前 10 位的绿色公众号中,浙江有 4 个。此外,近年来,浙江通过每年开展"生态日"活动,评选"浙江省生态文明教育基地",绿色家庭、绿色学校创建等形式,厚植生态文化,持续倡导勤俭节约、绿色低碳、文明健康的生活方式和消费方式,使绿色发展方式和生活方式成为全社会的高度自觉。2016 年 5 月,浙江海盐发布全国第一个县域绿色发展地方标准《县域绿色发展评价指标》。2017 年 8 月,浙江湖州出台《关于开展生活方式绿色化行动的实施意见》,绿色出行成为公民自觉,湖州公共自行车年租借量已达到 210 余万人次,接近全市总人口数。

(二)积极推进市场机制创新和先行先试

充分发挥市场在环境保护、环境资源配置中的决定性作用,浙江将生态环境资源推向市场,引导社会资本参与生态环境保护,发挥市场在生态治理中的作用。近年来,浙江在生态保护补偿、水权交易、排污权交易、矿业权交易等方面进行了市场化改革和实践,并取得了成

功经验。2008 年，浙江成为全国第一个实施省内全流域生态补偿的省份。2009 年，浙江率先出台排污权有偿使用和交易试点相关规定。2010 年，浙江最早开展省级层面的排污权有偿使用和交易试点。2017 年，浙江出台《关于建立健全绿色发展财政奖补机制的若干意见》，对各市、县（市、区）按照生态绿色发展的各项指标，实施财政奖惩制度。如开化是浙江实施绿色发展财政奖补机制的重点县，以出境水水质为例，从 2017 年起，省财政提高对开化县的奖惩标准，出境水水质按Ⅰ类、Ⅱ类、Ⅲ类占比，每年提高每 1%分别给予 180 万元、90 万元和 45 万元奖励，反之，按Ⅳ类、Ⅴ类占比，每年上升每 1%分别扣罚 90 万元、180 万元。地区环境治理成果与地方经济利益完全挂钩，有效地提升了地方政府主动加大环境保护的力度。

除此之外，以率先绿色示范促进绿色高质量发展。2016 年 10 月，浙江获批创建全国首个“畜牧业绿色发展示范省”。2017 年 3 月，浙江发布《浙江省绿色农业行动计划》。2018 年 7 月，浙江发布《浙江省农业绿色发展试点先行区三年行动计划（2018—2020 年）》，重点推进产业结构、生产方式、经营机制三大“调整”和养殖业污染、农业投入品、田园环境三大“治理”。浙江省成为第一批国家农业可持续发展试验示范区暨农业绿色发展试点先行区，也是目前全国唯一以整省推进方式实施的省份。浙江丽水探索开展全国首个生态产品价值实现机制试点建设，推动 GDP 和 GEP 规模总量协同较快增长、GDP 和 GEP 转化效率持续较快增长的“两个较快增长”。

（三）建立严格问责机制

浙江在绿色发展实践中，建立严格的问责机制，强化绿色发展制度建设。一是加强源头严防。提高企业进驻的环境门槛，将高污染、重污染企业拒之门外，充分运用“亩均论英雄”改革等手段，实现从“招商引资”向“招商选资”的转变，从而为浙江迈向高质量发展提供更为完善和有利的要素保障。二是坚持过程严管。完善信息公开披露机制，及时发布河流水质、空气质量、污水处理设施达标排放情况等信息。建立企业环保信用信息“黑名单”，加大环保失信信息的曝光力度。三是落实后果严惩。健全生态环境保护责任追究制度，对未达到区域环境保护目标、污染减排目标、环境质量目标的相关责任人进行生态危害问责。发布《浙江省水土保持条例》《浙江省生态环境保护工作责任规定》等，建立环境损害惩治制度和生态环境保护责任追究制度。

二、江苏以绿色金融助力产业转型升级

江苏是经济强省、工业大省，平衡经济高增长和绿色发展的压力巨大。作为全国最早对生态文明建设进行谋划部署的省份之一，江苏较早提出“环保优先、节约优先”方针，不断提高政府的生态服务能力，坚持用最严格措施保护生态环境，通过一系列制度改革，努力解决发展中率先遇到的问题，推动江苏产业绿色转型升级。

（一）构建支持绿色金融的政策体系

作为经济大省，江苏总体产业结构偏重、污染物排放量大，一些地区环境基础设施建设、企业绿色化改造融资渠道偏窄，资金成本高。江苏积极推动解决环境治理融资难、融资贵的问题。江苏省生态环境厅联合省财政厅等在国内首创了“环保贷”绿色金融产品，通过设立风险补偿资金池鼓励银行向环保企业发放贷款，首期投入4亿元，将撬动银行资金80亿元，70%用于民营企业，有效缓解环保企业融资难、融资贵的压力。2018年10月，江苏省生态环境厅等9部门联合发布了《关于深入推进绿色金融服务生态环境高质量发展的实施意见》，明确对绿色债券、环境基础设施资产证券化给予贴息，对为绿色债券发行提供担保的第三方机构予以奖励，对中小企业绿色集合债担保进行风险补偿等措施，全面支持绿色债券发行增量扩面。2018年12月，江苏省金融业联合会绿色金融专业委员会成立。2019年，江苏省生态环境厅、江苏省地方金融监督管理局、江苏省财政厅等7部门联合印发了《江苏省绿色债券贴息政策实施细则（试行）》《江苏省绿色产业企业发行上市奖励政策实施细则（试行）》《江苏省环境污染责任保险保费补贴政策实施细则（试行）》《江苏省绿色担保奖补政策实施细则（试行）》等4个文件。江苏省生态环境厅的统计数据显示，自2018年以来，江苏地区共发行绿色债券52只，发行规模256亿元。

（二）推动传统产业绿色转型

作为中国纺织第一大省、钢铁第二大省，江苏较早推动了传统产业转型升级和优化布局，长江大保护战略实施加速了这一进程，江苏一方面按照调高、调优、调绿的要求，大力推动产业迈向中高端，着力培育发展绿色产业，从源头上减少污染排放；另一方面，按照全省各区域功能定位，优化产业空间布局，提升产业绿色水平，着力解决“重化围江”等突出问题。

近年来，江苏积极推进绿色制造发展，2016年专门出台《江苏省绿色制造体系建设实施方案》，方案提出建设绿色工厂、发展绿色园区、开发绿色设计产品等重点任务，并开展全省绿色制造示范创建计划企业评选。江苏钢铁企业按照“绿色制造示范企业”的创建要求，在节能环保等方面加强建设，取得了长足进步。2018年，全省吨钢颗粒物排放量同比下降9.7%，吨钢二氧化硫排放量同比下降4.1%，吨钢综合能耗同比下降1.7%。钢铁企业全部实现“持证排污”，中天钢铁成为全省首家达到超低排放的企业。生态优先、绿色转型也是纺织行业实现高质量发展的必由之路。江苏从内部入手，加大环保投入，大力实施品牌战略，加快智能制造步伐，促进纺织企业发展循环经济、提升绿色制造水平。国望高科、旭荣针织、无锡百和织造、斯尔克纤维、黑牡丹纺织、丹毛纺织等企业被工信部认定为绿色工厂。2018年，江苏省纺织工业协会授予沭阳经济技术开发区、盐城市纺织染整产业园“江苏纺织绿色发展示范区”荣誉称号。其中，沭阳县立足“生态”，以“智能化”为突破口，2016年规划建设了全国首个智能针织园区——沭阳智能针织产业园；盐城市纺织染整产业园自2015年以来将高端染整、面料生产打造成园区核心产业，发展科技、绿色含量高的纺纱和织造，成为中国绿色染整研发生产基地。2017 年、2018 年，江苏累计创建国家绿色工厂 97 家、绿色园区 9 家、绿色供应链管理企业 4 家，数量居全国第一。

同时，为保护沿江生态，江苏也一直在不断推动化工产业转型升级，大力对化工产业进行整治，开启化工新时代。江苏化工业发展大致经历了从"小化工""大化工""重化工"到"园区化工"等几个阶段。特别是 2018 年以来，出台了《江苏省化工行业整治提升方案》，以壮士断腕的决心对化工以及其他落后产能进行清理整治，并从污染物排放净统筹资金中，专门安排 4 亿元支持化工园区转型升级。化工整治提升方案明确了 2020 年底前将被依法关闭退出的企业类型，包括太湖一级保护区内的企业、长江干支流两侧 1 千米范围内企业等，整治方案还严格化工产业准入门槛，如"新建化工项目原则上投资额不低于 10 亿元(列入国家《战略性新兴产业重点产品和服务指导目录(2016)》的项目除外)"。

三、湖北以"双十"战役推动长江经济带绿色高质量发展

党的十八大以来，特别是 2016 年 1 月推动长江经济带发展座谈会召开以来，湖北坚持高位推进，强化规划引领，大力推动绿色长江建设。2018 年 4 月习近平总书记考察长江、视察湖北并发表重要讲话，为长江经济带发展和湖北改革发展一些根本性、全局性问题再次指明方向，对新时代湖北改革发展赋予历史使命，湖北全面启动落实长江大保护十大标志性战役和高质量发展十大战略性举措，积极推进长江生态环境改善，以良好的生态环境质量为高质量发展提供环境容量支撑。

(一)全面启动"双十"战役

2018 年上半年，湖北全面启动长江大保护十大标志性战役，并制定了长江大保护十大标志性战役工作方案。该战役包括沿江化工企业专项整治、城市黑臭水体整治、农业面源污染整治、非法码头整治、非法采砂整治、饮用水水源地保护、沿江企业污水减排、磷石膏污染整治、固体废物排查和城乡垃圾治理等。经过近一年的治理，长江大保护十大标志性战役取得积极成效。实施城市黑臭水体专项治理，全省完成 123 条黑臭水体整治；实施农业面源污染专项治理，建设 25 个部级专业化统防统治与绿色防控融合示范基地；启动化工企业"关改搬转"，关改搬转沿江化工企业 115 家；实施长江两岸造林绿化，完成造林绿化 2.05 万亩。实施船舶污染专项治理，出台了《关于引导推进湖北省港口和船舶污染物接收转运处置设施等建设实施方案》等激励约束政策，完成 58 个泊位岸电建设，完成 50%以上已建集装箱码头岸电设施改造，完成 50%的船舶污染物接收转运处置设施建设；实施城乡生活污水治理，全省 135 个城市(含县城)污水处理厂已全面实施提标改造工作，建制乡镇拟新建污水处理项目 647 个等。

启动实施加快绿色产业发展、构建绿色综合立体交通走廊等长江经济带绿色发展十大战略性举措。十大战略涵盖 58 个重大事项，91 个重大项目，规划总投资 1.3 万亿元，截至

2018年11月底，58项省级重大事项全部启动，91项重大项目中73项开工建设，完成投资2488亿元。绿色产业加快发展，2017年湖北数字经济总量达1.21万亿元，武汉东湖高新区集聚“互联网＋”企业1800余家，软件和信息技术服务业实现主营业务收入1537亿元。2018年湖北5家企业的项目入选国家级智能制造试点示范项目，武汉、黄石、荆门、鄂州等重化工业城市积极发展电子信息、生物医药、航空航天、海洋工程装备等新产业。绿色综合立体交通走廊初步构建，湖北国际物流核心枢纽配套项目开工建设，武汉1140江海直达集装箱船实现首航，10座长江大桥、沿江高速等项目加快实施。绿色宜居城镇建设快速推进，所有市州城市全部建成数字化城市管理平台，城市公园绿地500米服务半径覆盖率达到85%。积极开展绿色发展示范，推动武汉实施长江经济带绿色发展示范。积极实施园区循环发展引领行动，5个国家级和9家省级园区循环化改造示范试点全部制定循环化改造指标体系。大力发展绿色金融，环境污染责任保险为250余家企业提供18.33亿元风险保障。支持绿色交易平台发展，湖北碳配额二级市场成交量和交易额均占全国1/3。积极倡导绿色生活方式和消费模式，100余家企业获国家级绿色饭店和绿色餐饮评定，限塑成果得到巩固。

（二）全面推动绿色发展

2017年1月，湖北省第十二届人民代表大会第五次会议通过《关于大力推进长江经济带生态保护和绿色发展的决定》，将生态环境建设和绿色发展提升到新的法治高度。除积极推进长江“双十”战役外，湖北还建立了长江经济带生态保护和绿色发展项目建设库、储备库，入库项目1.23万个，总投资8.67万亿元；建立健全生态环境监测网络和体系，出台《湖北省深化环境监测改革提高环境监测数据质量实施方案》《湖北省环境空气质量考核预警和重污染天气应对工作管理办法》等政策文件，全面完成全省56座新建国考断面水质自动站建设以及已建65座国考断面水质自动站设备更新与功能升级等。此外，湖北积极优化绿色发展软环境。精简和下放省级环评审批权限，省政府发文将纸浆造纸、轨道交通等13个行业类别的项目环评文件审批权限下放给地市；在法定时限的基础上，将环评文件的审批时限压缩1/3。深化生态环境领域的“放管服”改革，对区域性统一评价试点开发区、工业园区，降低入园建设项目环评类别，简化相应评价内容。推进环评审批“一张网”建设，全省环保行政审批事项在省政务服务平台实现“一站式”办理，通过网络直接登记备案的项目达到85%以上，开辟绿色通道，提供全过程指导与服务，保证鄂州国际物流核心枢纽项目等一批重大项目转运实施。

四、重庆以市场化和法制化深入推进环境治理

2016年1月，习近平总书记在重庆视察时指出：保护好三峡库区和长江母亲河，事关重庆长远发展，事关国家发展全局；要深入实施“蓝天、碧水、宁静、绿地、田园”环保行动，建设长江上游重要生态屏障，使重庆成为山清水秀美丽之地。重庆积极贯彻习近平总书记视察

重庆重要讲话精神，推动环境保护与经济发展内在统一，坚持水、气、土壤、声等多要素系统治理，深入推进环境治理市场化、法制化，不断提高环境管理能力和水平，不断提高生态环保治理体系和治理能力现代化。

（一）深入推进环境治理市场化

2015年，重庆同时成立资源与环境交易所（后更名为重庆资源与环境交易中心）、重庆环保投资有限公司和重庆环保产业股权投资基金，规范排污权交易市场，推进生态环境治理市场化。资源与环境交易所成为全市统一的污水、垃圾、废气排污权指标交易平台。2017年，共有4600多家企业参与排污权有偿使用和交易，成交金额1.70亿元，排污权管理系统新增开户企业2000多家。环保投资公司以PPP模式推进乡镇污水治理，推动乡镇污水处理设施全覆盖，实现投资集约化、建设规范化、运营专业化。环保股权投资基金引导社会资本投入环保产业，已设立5支环保产业基金，储备项目规模50亿元，重点投向三峡库区重大环保基础设施建设。2016年，重庆加快开发环保大数据平台，建立环投网络公司，建设全市一体化的环保物联网。通过“依托现有环保平台，吸引社会资本积极参与”的市场化方式，推动生态环境监测网络建设，探索国家平台与地方平台互联互通机制及市场化运营模式。为提升林地价值，鼓励社会资本参与国土绿化，2018年，重庆又在全国首创提出了“林票”制度研究工作，即通过市场化生态补偿机制，将2022年全市森林覆盖率达到55%左右作为各区县的共同目标，发达地区、企业可以通过购买异地造林服务，为落后地区造林提供资金，形成横纵向森林生态补偿的新机制。此外，重庆还建立了再生资源公司，发挥了激活市场配置环境资源的作用，推进资源充分利用。

（二）构建新型环境监管执法体系

以加强环保法规制度建设为基础，重庆不断构建和完善环境监管法治体系。2016年，重庆借助在全国率先实施环保机构监测监察执法垂直管理制度改革的契机，积极构建新型环境监察体系，出台了《重庆市环保机构监测监察执法垂直管理改革实施方案》《重庆市环境保护工作责任规定（试行）》《重庆市党政领导干部生态环境损害责任追究实施细则（试行）》《重庆市环境保护督察办法（试行）》等。为了将环境监察工作制度化、常态化、长效化，确保环境保护决策部署落到实处，2016年，重庆还出台了《重庆市环境监测服务社会化管理办法》《重庆市生态保护红线划定方案》《重庆市生态环境损害赔偿制度改革试点实施方案》《生态环境监测网络建设工作方案》《重庆市贯彻落实土壤污染防治行动计划工作方案》等一系列环保法规和工作方案。这些环保法规和工作方案，组成了以《重庆市环境保护条例》为核心、相关专项法规和政府规章为配套、地方环保标准为补充的环保法规制度体系。

以环保法规制度体系为依托，加强环保监管执法队伍建设。全市1020个乡镇全部设立环保机构并配置专兼职环保工作人员3000多人，在全国率先形成市、区县、乡镇三级环境监管体系。此外，重庆积极加强环保行政执法与司法衔接机制建设，构建环保行政部门与公检法联席会议、案件移送、联合处置、信息共享、重大案件会商督办等联动机制。截止到2018年底，重庆市高级人民法院、5个中级人民法院和5个区法院设立环境资源审判庭，对全市环境资源民事、刑事、行政案件实行跨区域集中管辖。

第四节　长江经济带绿色发展存在问题及建议

一、存在问题

（一）区域环境保护压力依然较大

由于历史问题，长江经济带面临的生态环境形势仍然较严峻，目前，长江依然承载着大量的污染物排放基数，沿线规模以上的排污口有6000多个。生态环境部通报2019年一季度全国水环境目标任务完成情况，在《长江保护修复攻坚战行动计划》涉及的12个消劣断面中，荆门的拖市、马良龚家湾，十堰的神定河口、泗河口，荆州的运粮湖同心队，楚雄的西观桥等6个断面水质仍为劣Ⅴ类。此外，宜昌的铁路大桥（小桂林）断面由2018年一季度Ⅱ类降为劣Ⅴ类，为长江流域新增的劣Ⅴ类断面。此外，沿线地方政府特别是中、上游地区地方政府财政资金紧张，未来在生态环境治理和绿色发展方面存在较大资金缺口。

（二）面临化工企业提质升级后续问题

一是资金筹措压力大。根据湖北省沿江化工企业关改搬转任务清单，湖北需要关改搬转化工企业478家。江苏沿江化工企业有4000多家，按照新的政策规定，有大量的企业面临关改搬转，资金需求量大，化工企业搬迁相当于重建，企业自筹资金难度较大，加上政府债务管控严格，资金筹措压力大。二是搬迁后土地、林地指标缺乏，环境遗留问题处理难度大。企业关停搬迁后遗留的废水、固废、土壤修复等环境问题需要治理，企业搬迁后面临用地、设备重置等问题，耕地占补平衡指标在市域内极难落实。三是化工园区审批周期长。化工园区面临优化提升基础设施和园区的优化设计，不仅带来排污成本、技术改造成本提高的问题，而且园区配套码头建设、集中供热项目以及港口规划环评等审批报批周期长、审批难度大、工作推进缓慢。同时沿江市县明确了化工产业具体的搬迁工作，若按该计划实施，则存在规划审批滞后导致的项目建设审批依据不足等问题。

（三）绿色技术人才应用不足

新技术、新产业、新业态和新模式等新经济培育发展缓慢，绿色生产技术有待提升。如磷石膏是磷化工产业的副产品，截至2018年底，湖北省宜昌市全市11个磷石膏渣场已堆存约8710万吨，年综合利用量近410万吨，受技术、市场、税收政策的影响，磷石膏现有处置办法主要是科学堆存，大规模综合利用难以实现。交通基础设施生态友好程度和运输装备清洁低碳水平有待提高，内河港口的绿色化水平普遍不高。人才难引进，除少数大城市外，中西部地区特别是区位不优地区智能装备制造、生物医药、电子信息等技术密集型企业难以引进中高端专业人才。

（四）区域绿色发展不平衡，区域协调机制不能有效发挥作用

整体上看，长江经济带呈现上游绿色环保指数排名靠后、绿色技术水平不高、生态环境好，下游绿色环保指数靠前、绿色技术水平高、生态环境压力大的状态，上、中、下游地区在产业结构、绿色技术、环境治理存在梯度差。上、中、下游地区绿色协同发展缺乏政策支持，沿线省市环境管理体制机制、环境保护执法存在壁垒，缺乏协同治理的机制和与政策法规，绿色商品流通互认统一市场、绿色技术人才流动等资源要素流动壁垒依然存在。政府间在环境治理目标与标准、治理政策与绩效考核上存在差异，在排污标准和环境监督政策方面缺乏协同。虽然水环境保护与治理推行了河长制、湖长制，但在流域发生重大水灾或者旱灾时，上、下游河长协同联动机制有待完善。

二、对策建议

（一）以绿色化、智能化、高端化为导向，深入推动产业转型升级

围绕增强创新能力、加快关键技术突破、提升绿色智能化水平等，推动产业转型发展。用高新技术改造传统产业，促进传统产业向价值链高端攀升，提高生产能效和资源利用效率。大力实施“互联网＋”制造行动，推广信息技术在传统行业的广泛应用，以装备制造、机械、材料、化工等行业为重点，加大数字化车间和智能工厂建设。大力推进绿色制造，在长江经济带积极推行绿色制造标准化提升工程，鼓励各省市开展省级绿色工厂创建活动。推动产业创新高端发展，培育电子信息、汽车、装备制造、家电等优势世界先进产业集群，加快高端隐形冠军企业培育。优化农业产业结构，积极发展生态农业、生态养殖业，发展乡村旅游和观光农业，加大对家禽肥料和建筑垃圾的资源化利用。大力发展现代服务业，推动信息服务、港航物流、电子商务、现代金融、旅游等现代服务业集聚发展。

（二）加大部分行业和地区绿色发展政策支持

引导政策性银行、保险及担保机构加大对沿江化工搬迁改造任务重的地区政策性信贷资金支持。中央、省市县多级联动，综合运用风险补偿、贷款贴息、财政增信等方式，鼓励政策性银行以及国有银行、保险公司、再担保机构等金融集团，为化工企业搬迁改造、化工园区建设多渠道融资提供支持。出台省级化工企业关改搬转遗留环境问题治理规范，针对企业关停搬迁后遗留的废水、固废、土壤修复等环境问题制定统一的规范和标准。对搬迁企业、转型企业、停产企业的再发展问题加强政策扶持和引导，在项目审批、资金融通、土地审批等方面给予大力支持。加大中西部欠发达地区环保任务重地区的生态补偿力度和交通等基础设施建设，特别是中游没有享受到西部大开发的相关政策的沿江地区，处在环境保护的前沿地区，环境保护、防洪与加快发展的压力大。引导在这些地区设立绿色融资担保基金，推动

绿色技术银行建设，鼓励民间资本通过 PPP 的模式参与重大绿色项目和设施建设。

（三）鼓励因地制宜发展引进绿色技术和人才

深入落实创新驱动战略，提升整个经济带高端装备制造、人工智能、新一代信息技术、新能源、新材料等产业技术水平，鼓励进行产品的全生命周期设计和生态设计。促进新能源高效利用，下游重点发展太阳能技术，上游和中游重点发展水电技术，推进太阳能综合开发利用，提升新能源并网关键技术。注重运用财税手段，在乡村振兴中推行太阳能发电应用、风能发电等，积极探索循环技术及其应用，推广秸秆腐熟还田技术，支持秸秆代木、商品有机肥等新技术新产业，实现美丽乡村。扎实推进节能降耗，逐步建立省级和长江经济带节能技术推广应用网上平台。建设推广绿色港口技术和产品，全面推广使用清洁能源，加快推进内河港口岸电建设，实施船舶污染物接收、转运、处置联单制度。聚焦重点领域，加强绿色人才培养。注重培养引进战略性新兴产业创新人才，积极引进和培育环境保护、生态修复、循环技术、可再生能源、绿色交通、新能源、新材料和生物多样性等领域人才以及绿色管理人才、法律人才等。动态调整高校教学内容和课程设置，加大战略性新兴产业技术技能人才等绿色人才的培养。

（四）逐步建立完善绿色协同机制

以长江沿线生态环境机构为依托，建立长江经济带上、中、下游政府及生态组织绿色发展协同机制。推动经济带沿线政府、行业协会在污染物排放标准、环境管理规章制度、环境治理政策上协同，推动建立环境治理公共信息平台，推动制定环保服务标准与指导性价格，加强沿线省市跨区域重大环保基础设施建设与环境治理合作。建立流域污染联防联控机制，建立河道、湖泊等污染联动机制，落实区域环境治理边界与相关责任。建立绿色发展目标与产业协同机制，在长江经济带各省市产业发展目标、产业发展战略、产业群布局方面融入绿色发展，包括生产绿色农产品、发展绿色加工制造业、绿色建筑产业。逐步建立上下游生态保护补偿与补贴制度等，逐步建立长江沿线水权、林权、排污权交易与水资源交易制度。探索生态环境多元化供给的服务市场化定价机制，探讨多元化投资下资源与环境基础设施有偿使用与收费制度。建立政府、环保组织与环保协会、居民多元主体共同提升环境治理的机制。

第七章　长江经济带社会共享发展报告

2015—2017 年长江经济带社会事业总体发展良好，11 省市城乡一体化水平、居民可支配收入、教育事业、医疗卫生、就业、社会保险等各方面均取得了显著的成果，社会事业稳步前进、城市治理能力不断提升。同时，相关数据显示，各省市之间、城乡之间社会事业发展的区域差距仍然客观存在，呈现出社会事业发展的短板。2020 年是实施“十三五”规划的收官之年，未来长江经济带各省市应制定促进地区社会功能互补的协调性举措，并关注城乡一体化进程中大规模人口迁移对社会事业造成的影响，同时应注重发挥节点城市在城市群社会事业发展过程中的引领作用，进一步推动社会事业共享发展。

第一节　社会共享指数分类分析

2017 年长江经济带 11 省市的社会事业发展的体量和质量有稳步提升，居民可支配收入稳定增长，教育事业得到推动，科技成果丰富，医疗资源可达性提高，就业增长，空气质量有所改善。同时，长江经济带地域广阔，覆盖的东中西三大区域中的 11 省市社会事业发展程度还存在差距。

一、居民收入高于全国水平，城乡收入差距较大

居民可支配收入水平是经过初次分配和再分配后的最终收入指标，可以直接反映当地居民生活水准的高低。2017 年，长江经济带各省市常住居民人均可支配收入总体均有较大幅度的增长，平均增速为 9.4%，高于全国的平均增速 9.0%。从均值看，2017 年全国居民人均可支配收入为 25974 元，同期长江经济带 11 省市居民人均可支配收入均值为 27872 元，高于全国水平 7.31%。从单一省市居民人均可支配收入绝对量看，长江经济带各省市差距较大，最高为上海，达 58988 元；其次为浙江和江苏，分别为 42046 元和 35024 元；最低为贵州，16704 元，仅为上海居民人均可支配收入的 28.32%。

城乡居民人均可支配收入差距是反映当地城乡一体化水平的重要指标。2017 年长江经济带 11 省市城镇居民人均可支配收入平均增速为 8.55%，高于全国水平的 8.3%。农村居民人均可支配收入平均增速为 9.02%，高于全国水平的 8.6%。2017 年，长江经济带 11 省市城镇居民人均可支配收入平均为 37196 元，农村居民人均可支配收入平均为 15298 元，二者比值达 2.43。从单一省市的发展情况看，贵州城乡居民收入差距最大，城乡居民人均可

支配收入比达 3.28，其次为云南 3.14，最低为浙江 2.05，其次为上海 2.25。

二、教育事业稳步推进，人口教育结构发生变化

教育是促进个体发展的重要手段，最终影响当地经济社会的人才质量和结构。研究生和普通高校本专科在校学生数的规模及比重，可以较好地反映当地人才素质状况，预示经济发展的潜力，也与当地科创水平息息相关。

2017 年长江经济带各省市研究生在校学生总数为 92.52 万人，占全国研究生在校学生总数的 35.06%。普通高校本专科在校学生总数为 1173.47 万人，占全国普通高校本专科在校学生总数的 42.62%，与经济体量比重基本持平。从长江经济带各省市研究生在校学生总数占常住人口总数比重看，上海独树一帜，比重遥遥领先于其他省市，达 6.26‰，湖北位列第 2 位为 2.30‰。从均值来讲，长江经济带 11 省市研究生在校学生数占常住人口比重均值为 1.756‰，略低于全国 1.898‰的水平；普通高校本专科在校生占常住人口比重平均为 20‰，与全国 19.8‰的水平基本持平，其中重庆比重最高为 24.29‰，湖北、江西、江苏、上海比重均超过 20‰。

义务教育是人才培养的基础，也是人力资本发展的后继力量。2017 年长江经济带初中在校学生数为 1990 万人，占全国初中在校学生总量的 44.80%。其中，贵州、江西、云南、江苏、湖南、安徽、重庆初中生占常住人口比重高于全国水平，上海最低仅为 1.702%。2017 年长江经济带小学在校学生数为 4201.43 万人，占全国小学在校学生总量的 41.62%，其中，云南、贵州、江西、湖南小学在校学生数占常住人口的比重高于全国水平，上海最低，仅为 3.25%。

三、医疗卫生事业良性发展，卫生技术人员比重较高

医疗卫生事业是保障社会民生的重要方面，直接关系当地居民生老病养等切身利益。医疗卫生事业的良性发展是促使公民共享经济发展成果的重要组成部分。

2017 年长江经济带各省市医疗卫生事业发展平稳，11 省市医疗卫生机构数总量为 37.97 万个，占全国总量的 38.16%（全国医疗卫生机构数总数 99.5 万个）。其中，医院作为疾病治疗和护理的综合服务场所，其总量为 1.587 万个，占全国总量的 51.19%。通过卫生技术人员反映当地医疗卫生发展状况，以每千人卫生技术人员数可以反映医疗资源的可达性和便利性。2017 年长江经济带 11 个省市卫生技术人员总量为 389.727 万人，占全国卫生技术人员总量的比重为 43.74%，每千人卫生技术人员数平均为 6.57 人，略高于全国平均水平的 6.41 人。从各省市发展情况看，各省市每千人卫生技术人员数差别较大，湖北最高为 8.64 人，其次为浙江 8.15 人，再次为上海 7.77 人，安徽最低仅为 5.00 人。

四、新增就业占全国比重较高，达 68.97 %

城镇新增就业是各省市落实国家就业政策的重要体现，对促进就业增长、维系社会稳定，以及推动经济发展有重要作用。2017 年长江经济带各省市新增城镇就业势头良好，从总量来看，长江经济带 2017 年新增城镇就业总量为 931.81 万人，占全国新增城镇就业 1351 万人的 68.97%，是全国新增就业的中坚力量。

从单一省市的绝对值来看，江苏、浙江和四川为城镇新增就业的领头兵，其中江苏 2017 年新增城镇就业人口 148.6 万人，浙江达到 127.2 万人，四川为 107 万人。总体来看，长江经济带新增城镇就业人口占常住人口比重达到 1.66%，高于全国 0.97%的平均水平。同时，长江经济带各省市内部新增城镇就业人口差距较大，各省市新增城镇就业人口占常住人口比重参差不齐，最高的为重庆，该比重达到 2.4%，上海、浙江、贵州新增城镇就业人口占常住人口比重均超过 2%。此外，城镇登记失业率亦是反映当地就业状况的另一项重要指标，长江经济带各省市失业率控制良好，11 省市年末城镇登记失业率均值为 3.3%，低于同期全国 3.90%的平均水平。

五、森林覆盖率有所提升，空气质量有较大改善

随着经济总量和人口规模增长，人类活动对森林资源的开发利用越加频繁，森林覆盖率的高低可以反映地区对自然资源开发或保护的程度，是反映当地生态平衡的重要指标。2017 年长江经济带 11 省市森林覆盖率平均为 44.49%，其中，江西、浙江均高于 60%，分别达到 63.10%和 61.17%，湖南、云南、贵州森林覆盖率高于 50%，江苏、上海森林覆盖率最低，分别为 22.90%和 16.20%。

空气质量优良率直接影响当地居民的生活和健康，是反映当地宜居程度的重要指标。长江经济带 11 省市空气质量优良率平均为 81.56%，其中贵州最高，为 98.20%，安徽、湖北、上海、湖南、江苏空气质量优良率均低于长江经济带平均水平，其中安徽最低，为 66.70%。

第二节　长江经济带社会共享指数上、中、下游分析

一、上游地区社会共享指数分析

（一）比较分析

根据测算结果，2015—2017 年上游地区 4 省市社会共享指数得分情况如表 7-1 和图 7-1 所示。

表 7-1　　2015—2017 年长江经济带上游社会共享指数得分情况

省市	2015 年	2016 年	2017 年	年均值	增幅(%)	年均增速(%)
云南	0.035	0.047	0.069	0.050	97.1	40.4
贵州	0.014	0.027	0.044	0.028	214.3	77.3
四川	0.061	0.074	0.084	0.073	37.7	17.3
重庆	0.050	0.064	0.080	0.065	60.0	26.5
上游地区均值	0.040	0.053	0.069	0.054	72.5	31.3

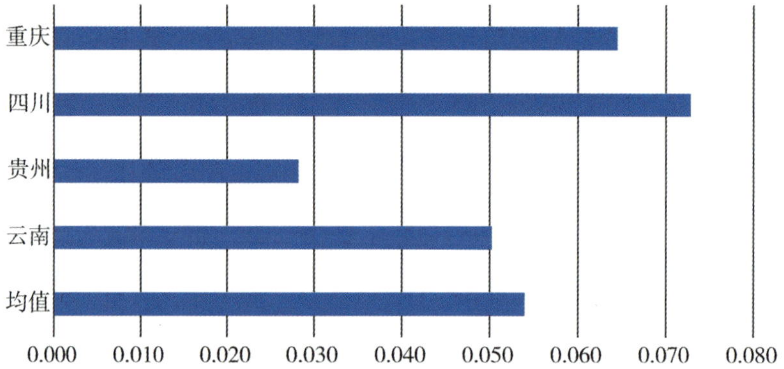

图 7-1　2015—2017 年长江经济带上游 4 省市社会共享指数均值比较

社会共享领域，四川社会共享指数得分最高，其次为重庆，二省市该指数得分均处于上游平均水平之上；云南排名第 3 位，贵州该指数得分居末位。增速方面，贵州遥遥领先排名第 1 位，贵州虽社会共享领域得分居末位，但是发展速度较快，发展前景良好。云南位居第 2 位，重庆第 3 位，四川排名第 4 位。

上游地区属于长江经济带社会经济欠发达地区，2017 年上游居民人均可支配收入为 19946.25 元，远低于下游的 39480.24 元。同时，长江经济带上游地区城镇人均可支配收入为 30749 元，农村人均可支配收入为 10899 元，两者相差 19850，城乡收入比为 2.82：1，城乡居民可支配收入差距相对较大。因此在长江经济带高质量发展过程中，上游地区在牢牢守住长江经济带生态安全战略屏障这一重要的功能地位的同时，要合理推进城镇化发展，注重绿色城镇建设，推动城市生活和消费模式的绿色化转型，促进上游地区经济、社会和生态效益的协调发展。

（二）四川

根据测算结果，2015—2017 年四川社会共享指数和排名情况如表 7-2 所示。

2015—2017 年四川社会共享指数呈上升趋势，总值由 2015 年的 0.061 上升至 2017 年的 0.084，增幅 0.023，3 年间增长 37.70%，年均增长率为 17.3%。与长江经济带其他省市相比而言，四川省社会共享指数得分排名稳定在第 7 位，处于长江经济带 11 省市的中等偏下水平。

表 7-2　　2015—2017 年四川社会共享指数和排名情况

名称	2015 年		2016 年		2017 年	
社会共享	指数	排名	指数	排名	指数	排名
	0.061	7	0.074	7	0.084	7

社会共享类指标中，四川万人拥有卫生机构床位数从 2015 年的 59.57 张上升到 2017 年的 64.61 张，增幅 8.46%；2017 年四川城镇居民人均可支配收入为 30727 元，在 2015 年的基础上增长 17.26%，农村居民人均可支配收入为 12227 元，在 2015 年的基础上增长 19.32%；城乡收入比由 2015 年的 2.56 下降到 2017 年的 2.51；农村居民恩格尔系数由 2015 年的 0.39 降低到 2017 年的 0.37；城市建成区绿地覆盖率从 2015 年到 2017 年增加了 1.35%。

在上游 4 省市中，四川社会共享指数得分最高。近年来，四川在探索社会治理工作中，通过采取社会广泛参与体系建设，事前预防、立体网格化管理、矛盾纠纷的多元化解等措施，已打造出独具特色的共建共治共享四川格局。坚持新时代卫生健康工作方针为指引，深入推进健康四川建设，协调推进深化医药卫生体制改革，推动健康资源共享；坚持共享发展，加快推进脱贫攻坚，发挥国企惠民抓手作用，建立对口帮扶机制，确定脱贫项目，明确脱贫措施，确保贫困户家庭人均可支配收入有较大提升，降低收入差距。

（三）重庆

根据长江经济带高质量发展指数测算结果，2015—2017 年重庆社会共享指数和排名情况如表 7-3 所示。

表 7-3　　2015—2017 年重庆社会共享指数和排名情况

名称	2015 年		2016 年		2017 年	
社会共享	指数	排名	指数	排名	指数	排名
	0.050	9	0.064	9	0.080	9

2015—2017 年重庆社会共享指数呈上升趋势，得分由 2015 年的 0.050 上升至 2017 年的 0.080，3 年间增长 60.0%，年均增长率为 26.5%。与长江经济带其他省市相比而言，重庆市社会共享指数得分排名稳定在第 9 位，处于长江经济带 11 省市的下游水平。

社会共享类指标中，重庆万人拥有卫生机构床位数从 2015 年的 52.40 张上升到 2017 年的 60.79 张，增幅 16.01%；2017 年城镇居民人均可支配收入为 32193.00 元，在 2015 年的基础上增长 18.19%，农村居民人均可支配收入为 12638.00 元，在 2015 年的基础上增长 20.31%；城乡收入比由 2015 年的 2.59 下降到 2017 年的 2.55；农村居民恩格尔系数由

2015 年的 0.40 降低到 2017 年的 0.37；城市建成区绿地覆盖率从 2015 年到 2017 年增加了 0.54%，整体向好，拉动社会共享指数上升。

（四）云南

根据指数测算结果，2015—2017 年云南社会共享指数和排名情况如表 7-4 所示。

表 7-4　　2015—2017 年云南社会共享指数和排名情况

名称	2015 年		2016 年		2017 年	
社会共享	指数	排名	指数	排名	指数	排名
	0.035	10	0.047	10	0.069	10

2015—2017 年云南社会共享指数呈上升趋势，得分由 2015 年的 0.035 上升至 2017 年的 0.069，增幅 0.034，3 年间增长 95.48%，年均增长率为 31.83%。与长江经济带其他省市相比，云南社会共享指数得分排名稳定在第 10 位，处于长江经济带 11 省市的下游水平。

社会共享类指标中，云南万人拥有卫生机构床位数从 2015 年的 50.11 张上升到 2017 年的 57.25 张，增幅 14.25%；2017 年城镇居民人均可支配收入 30996 元，在 2015 年的基础上增长 17.53%；农村居民人均可支配收入 9862 元，在 2015 年的基础上增长 19.65%；城乡收入比由 2015 年的 3.20 下降到 2017 年的 3.14；农村居民恩格尔系数由 2015 年的 0.36 降低到 2017 年的 0.30；城市建成区绿地覆盖率从 2015 年到 2017 年下降了 0.31%；各项指标整体向好，拉动社会共享指数上升。然而云南城镇居民人均可支配收入和农村居民人均可支配收入均低于长江经济带的平均水平，城乡收入差距比其他省市大，城乡发展不协调问题突出。

（五）贵州

根据测算结果，2015—2017 年贵州社会共享指数和排名情况如表 7-5 所示。

表 7-5　　2015—2017 年贵州社会共享指数和排名情况

名称	2015 年		2016 年		2017 年	
社会共享	指数	排名	指数	排名	指数	排名
	0.014	11	0.027	11	0.044	11

2015—2017 年贵州社会共享指数呈上升趋势，得分由 2015 年的 0.014 上升至 2017 年的 0.044，增幅 0.03，3 年间增长 214.3%，年均增长率为 77.3%。与长江经济带其他省市相比，贵州社会共享指数得分排名摆尾，处于长江经济带 11 省市的最低水平。

社会共享类指标中，贵州万人拥有卫生机构床位数从 2015 年的 55.68 张上升到 2017 年的 65.06 张，增幅 16.85%；2017 年城镇居民人均可支配收入 29080 元，在 2015 年的基础上增长 18.31%；农村居民人均可支配收入 8869 元，在 2015 年的基础上增长 20.06%；城乡收入比由 2015 年的 3.33 下降到 2017 年的 3.28；农村居民恩格尔系数由 2015 年的 0.40 降低到 2017 年的 0.38；城市建成区绿地覆盖率从 2015 年到 2017 年上升了 4.69%。

贵州虽然社会共享指数得分居于末位，但是发展速度快，发展前景良好。贵州高度重视社会共享领域的发展，牢牢掌握打赢脱贫攻坚战的主动权制胜权。以供给侧结构性改革为主线，以高端化、绿色化、集约化为主攻方向，努力推动经济社会高质量发展。持续打好农村基础设施建设、易地扶贫搬迁、产业扶贫、教育医疗住房“三保障”“四场硬仗”，深入推进振兴农村经济的深刻的产业革命；强力实施大生态战略行动，加快国家生态文明试验区建设，打好污染防治“五场标志性战役”；坚持教育优先发展，在西部率先实现县域义务教育基本均衡发展。加快推进健康贵州建设，在全国率先实现省市县乡四级远程诊疗，有效缓解山区群众看病难问题。

二、中游地区社会共享指数分析

(一)比较分析

根据测算结果，2015—2017 年中游地区 3 省社会共享指数得分情况如表 7-6 和图 7-2 所示。

表 7-6　　2015—2017 年长江经济带中游社会共享指数情况

地区	省市	2015 年	2016 年	2017 年	年均值	增幅(%)	年均增速(%)
中游地区	江西	0.065	0.074	0.091	0.077	40.0	18.3
	湖北	0.094	0.101	0.113	0.103	20.2	9.6
	湖南	0.076	0.088	0.102	0.089	34.2	15.8
	中游均值	0.078	0.088	0.102	0.090	30.8	14.4

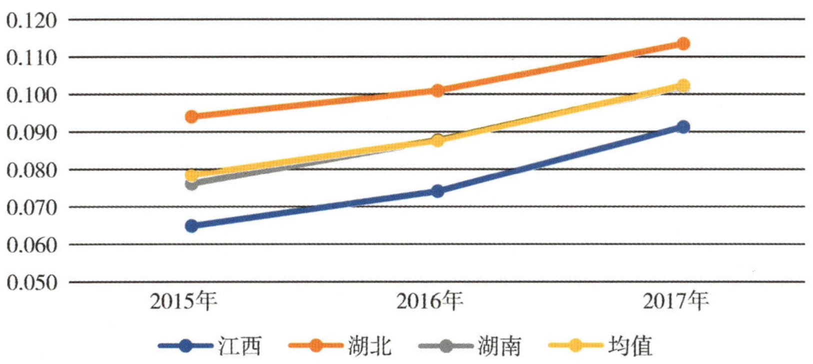

图 7-2　2015—2017 年长江经济带中游 3 省社会共享指数变化情况

社会共享指数方面，湖北社会共享指数得分最高，高于中游均值水平；其次为湖南，略低于中游地区均值水平，基本与均值线重合；江西得分最低，位于中游均值水平以下。增速方面，江西增速最快，湖南排名第2位，两省增速高于中游地区均值。湖北虽然社会共享指数绝对值相对较高，但在增速上优势有所下降；而江西虽然社会共享指数得分在中游3省中最低，但增速却是最高，说明江西省充分利用已有各种资源，改善医疗条件，注重城市和农村均衡发展，促进社会共享快速发展。

（二）湖北

根据测算结果，2015—2017年湖北社会共享指数和排名情况如表7-7所示。

表7-7　2015—2017年湖北社会共享指数和排名情况

名称	2015年		2016年		2017年	
社会共享	指数	排名	指数	排名	指数	排名
	0.094	4	0.101	4	0.113	4

湖北社会共享指数得分从2015年的0.094增长至2017年的0.113，增长20.2%，年均增长9.6%；与长江经济带其他省市相比而言，湖北社会共享指数得分排名稳定在第4位，处于长江经济带11省市的中等偏上水平。

社会共享类指标中，湖北万人拥有卫生机构床位数从2015年的58.75张上升到2017年的63.59张，增幅8.23%；2017年城镇居民人均可支配收入31889.42元，在2015年的基础上增长17.88%；农村居民人均可支配收入13812.09元，在2015年的基础上增长16.62%；城乡收入比由2015年的2.28上升到2017年的2.31，影响湖北社会共享指数得分。农村居民恩格尔系数由2015年的0.30降低到2017年的0.29；城市建成区绿地覆盖率从2015年到2017年上升了0.93%，整体带动社会共享指数提升。

湖北高度重视社会共享领域的发展，第十二届人大常委会第二十三次会议通过了《关于大力推进共享发展的决定》（以下简称《决定》），让困难群体也能共享改革发展成果。《决定》从5个方面作出规定：一是建立健全困境儿童、农村留守儿童和妇女、老年人保护机制，保障妇女、儿童、老年人的生存、发展和安全权益。二是健全城乡特困人员救助供养制度，完善残疾人基本福利制度，实现基本民生兜底保障。三是全面建立重特大疾病医疗救助制度，切实避免大病患者因病致贫、因病返贫。四是建立临时救助制度，帮助因洪灾旱灾等自然灾害、突发性事件造成生产生活困难的群众渡过临时性难关。五是加强社会救助与其他社会保障制度的衔接，统筹推进城乡社会救助体系建设，健全以扶老、助残、爱幼、济困为重点的社会福利制度，推动社会福利由补缺型向适度普惠型转变。

（三）湖南的社会共享指数变化分析

根据测算结果，2015—2017年湖南社会共享指数和排名情况如表7-8所示。

表 7-8　　2015—2017 年湖南社会共享指数和排名情况

名称	2015 年		2016 年		2017 年	
社会共享	指数	排名	指数	排名	指数	排名
	0.076	5	0.088	5	0.102	5

湖南社会共享指数得分从 2015 年的 0.076 增长至 2017 年的 0.102，增长 34.2%，年均增长 15.8%；与长江经济带其他省市相比而言，湖南社会共享得分排名稳定在第 5 位，处于长江经济带 11 省市的中等偏上水平。

社会共享类指标中，湖南省万人拥有卫生机构床位数从 2015 年的 54.74 张上升到 2017 年的 61.98 张，增幅 13.23%；2017 年城镇居民人均可支配收入 33948 元，在 2015 年的基础上增长 17.72%；农村居民人均可支配收入 12936 元，在 2015 年的基础上增长 17.68%；城乡收入比在 2015—2017 年一直稳定在 2.62。农村居民恩格尔系数由 2015 年的 0.33 降低到 2017 年的 0.31；城市建成区绿地覆盖率从 2015 年到 2017 年上升了 1.51%。

(四)江西的社会共享指数变化分析

根据测算结果，2015—2017 年江西社会共享指数和排名情况如表 7-9 所示。

表 7-9　　2015—2017 年江西社会共享指数和排名情况

名称	2015 年		2016 年		2017 年	
社会共享	指数	排名	指数	排名	指数	排名
	0.065	6	0.074	6	0.091	6

江西社会共享指数得分从 2015 年的 0.065 增长至 2017 年的 0.091，增长 40.0%，年均增长 18.3%；与长江经济带其他省市相比，江西社会共享指数得分排名稳定在第 6 位，处于长江经济带 11 省市的中等水平。

社会共享类指标中，江西万人拥有卫生机构床位数从 2015 年的 43.34 张上升到 2017 年的 50.52 张，增幅 16.6%；2017 年城镇居民人均可支配收入 31198.06 元，在 2015 年的基础上增长 17.73%；农村居民人均可支配收入 13241.82 元，在 2015 年的基础上增长 18.88%；城乡收入比由 2015 年的 2.38 下降到 2017 年的 2.36；农村居民恩格尔系数由 2015 年的 0.36 降低到 2017 年的 0.34；城市建成区绿地覆盖率从 2015 年到 2017 年上升了 1.11%，带动社会共享指数提升。

江西抓住保障和改善民生这个“根本目的”，提高人民收入，不断增强人民群众的获得感幸福感安全感。始终把提高脱贫质量摆在首位，坚决打好精准脱贫攻坚战，统筹做好城镇贫困群众脱贫解困工作，确保全面小康路上一个都不掉队。深入实施乡村振兴战略，推动资本、技术、人才等要素向农村流动，加快推进农业农村现代化，缩小城乡收入差距。抓住绿色生态这个“最大优势”，奋力打造美丽中国“江西样板”。牢固树立绿水青山就是金山银山的理念，深入推进国家生态文明试验区建设。推动社会共享领域持续健康发展，努力走出一条具有江西特色的高质量发展新路。

三、下游地区社会共享指数分析

（一）比较分析

根据测算结果，2015—2017 年下游地区 4 省市社会共享指数得分情况如表 7-10 和图 7-3 所示。

表 7-10　　2015—2017 年长江经济带下游地区社会共享指数

地区	省市	2015 年	2016 年	2017 年	总体均值	增幅(%)	年均增速(%)
下游地区	上海	0.127	0.143	0.157	0.142	23.6	11.2
	江苏	0.110	0.126	0.137	0.124	24.5	11.6
	浙江	0.129	0.138	0.153	0.140	18.6	8.9
	安徽	0.059	0.071	0.082	0.071	39.0	17.9
	均值	0.106	0.120	0.132	0.119	24.5	11.6

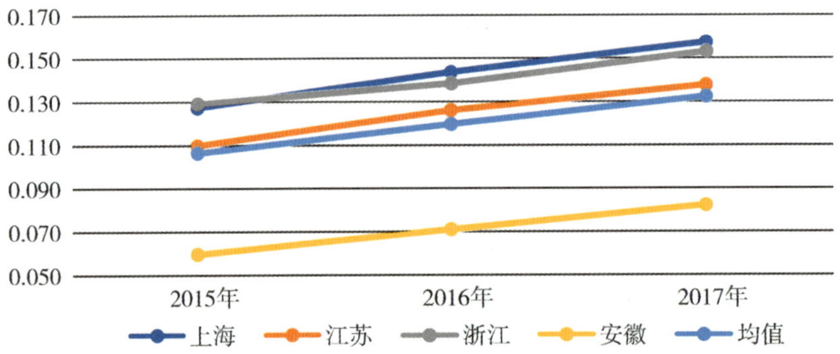

图 7-3　长江经济带下游 4 省市社会共享指数变化趋势

从下游 4 省市比较来看，4 省市社会共享指数得分均呈逐年上升的趋势。2015 年，浙江社会共享指数最高为 0.129，2016 年上海的社会共享指数高于浙江成为第 1 位，并持续保持领先地位。上海 2015—2017 年城镇居民人均可支配收入、农村居民人均可支配收入均保持领先地位，且增长速度最快，使得社会共享指数得分高。上海、江苏和浙江 3 省市社会共享指数比较接近，2015—2017 年排名均为前 3。安徽社会共享指数在 4 省市中最低，且处于下游地区均值水平以下，主要原因在于安徽城乡居民收入较低，其城镇居民人均可支配收入及农村居民人均可支配收入排名低，并且城乡收入差距较大，尤其是农村居民收入短板制约了安徽社会共享水平的提高。在社会共享指数增速方面，安徽增速最快，其次为江苏，上海排名第 3 位；浙江增速在下游地区相对较为缓慢。

(二)上海

根据测算结果,2015—2017 年上海社会共享指数和排名情况如表 7-11 所示。

表 7-11　　2015—2017 年上海社会共享指数和排名情况

名称	2015 年		2016 年		2017 年	
社会共享	指数	排名	指数	排名	指数	排名
	0.127	2	0.143	1	0.157	1

上海社会共享指数得分从 2015 年的 0.127 增长至 2017 年的 0.157,增长 23.6%,年均增速达到 11.2%;与长江经济带其他省市相比而言,上海社会共享指数排名从 2015 年的第 2 位上升至 2016 年、2017 年的第 1 位,为长江经济带 11 省市中的社会共享最高水平。

社会共享类指标中,上海市万人拥有卫生机构床位数从 2015 年的 50.84 张上升到 2017 年的 55.65 张,增幅 9.46%;2017 年城镇居民人均可支配收入 62596 元,远远领先于长江经济带其他省市,在 15 年的基础上增长 18.19%;农村居民人均可支配收入 27825 元,在 2015 年的基础上增长 19.91%;城乡收入比由 2015 年的 2.28 下降到 2017 年的 2.25。农村居民恩格尔系数由 2015 年的 0.35 降低到 2017 年的 0.34;城市建成区绿地覆盖率从 2015 年到 2017 年上升了 0.6%,带动社会共享指数快速提升。

上海处于长三角地区前沿,长三角作为我国最发达的地区之一,为上海的发展提供了强力的支持。近年来,上海围绕创新驱动、经济转型升级的发展主线,按照“稳增长、促改革、调结构、惠民生”的总体要求,深入推进收入分配制度改革,城乡居民收入保持较快增长,继续位居全国前列,收入分配结构日趋合理,收入差距明显缩小,不合理的收入分配关系得到有效改善;新型职业农民教育培训、认定管理、政策扶持“三位一体”的培育体系基本建立,都市现代农业加快发展,新型农业经营主体不断成长,农村改革进一步深化,农民增收渠道不断拓宽;注重充分发挥医疗联合体、三级医疗体系的积极作用,整合各类优质医疗资源,提高医疗资源利用率和医疗服务整体水平。

(三)江苏

根据测算结果,2015—2017 年江苏社会共享指数和排名情况如表 7-12 所示。

表 7-12　　2015—2017 年江苏社会共享指数和排名情况

名称	2015 年		2016 年		2017 年	
社会共享	指数	排名	指数	排名	指数	排名
	0.110	3	0.126	3	0.137	3

江苏社会共享指数得分从 2015 年的 0.110 增长至 2017 年的 0.137,增长 24.5%,年均增速为 11.6%;与长江经济带其他省市相比而言,江苏社会共享得分排名稳定在第 3 位,在

长江经济带11省市中的社会共享水平较高。

社会共享类指标中，江苏万人拥有卫生机构床位数从2015年的51.85张上升到2017年的58.50张，增幅12.83%；2017年城镇居民人均可支配收入43622元，在2015年的基础上增长17.35%；农村居民人均可支配收入19158元，在2015年的基础上增长17.85%；城乡收入比由2015年的2.29上升到2017年的2.30，影响江苏社会共享指数得分。农村居民恩格尔系数由2015年的0.32降低到2017年的0.29；城市建成区绿地覆盖率从2015年到2017年上升了0.17%，带动社会共享指数的提升。

共享发展要突出人民主体地位。江苏在全国率先实施民生幸福工程，提出构建终身教育体系、就业服务体系、社会保障体系、基本医药卫生体系、住房保障体系、养老服务体系等“六大体系”。对低保人口、老年人、在城镇务工的农民工、在特大城市就业的大学毕业生等常住人口、失业人员等特定人群的困难格外关注，切实履行好政府职责，想方设法帮助他们解决实际问题，织牢民生安全网的“网底”。推行全民参保登记计划，将农民工、进城落户农民纳入城镇社会保障体系；推进健康江苏建设，构建现代医疗卫生体系；建立以居家为基础、社区为依托、机构为支撑的社会养老服务体系。

(四)浙江

根据测算结果，2015—2017年浙江社会共享指数和排名情况如表7-13所示。

表7-13　　2015—2017年浙江社会共享指数和排名情况

名称	2015年		2016年		2017年	
社会共享	指数	排名	指数	排名	指数	排名
	0.129	1	0.138	2	0.153	2

浙江社会共享指数得分从2015年的0.129增长至2017年的0.153，增长18.6%，年均增速为8.9%；与长江经济带其他省市相比而言，浙江社会共享指数得分排名从2015年的第1位下降至2017年的第2位，在长江经济带11省市中的社会共享水平较高。

社会共享类指标中，浙江万人拥有卫生机构床位数从2015年的49.20张上升到2017年的55.51张，增幅12.83%；2017年城镇居民人均可支配收入51261元，在2015年的基础上增长17.26%；农村居民人均可支配收入24956元，在2015年的基础上增长18.13%；城乡收入比由2015年的2.07下降到2017年的2.05。农村居民恩格尔系数由2015年的0.31上升到2016年的0.32，2017年下降到0.31；城市建成区绿地覆盖率从2015年到2017年上升了0.17%。

(五)安徽

根据测算结果，2015—2017年安徽社会共享指数和排名情况如表7-14所示。

表 7-14　　2015—2017 年安徽社会共享指数和排名情况

名称	2015 年		2016 年		2017 年	
社会共享	指数	排名	指数	排名	指数	排名
	0.059	8	0.071	8	0.082	8

安徽社会共享指数得分从 2015 年的 0.059 增长至 2017 年的 0.082，增长 39.0%，年均增长 17.9%；与长江经济带其他省市相比而言，安徽社会共享指数得分排名稳定在第 8 位，在长江经济带 11 省市中处于中等偏下水平。

社会共享类指标中，安徽万人拥有卫生机构床位数从 2015 年的 43.52 张上升到 2017 年的 48.85 张，增幅 12.25%；2017 年城镇居民人均可支配收入 31640.32 元，在 2015 年的基础上增长 17.47%；农村居民人均可支配收入 12758.22 元，在 2015 年的基础上增长 17.91%；城乡收入比由 2015 年的 2.49 下降到 2017 年的 2.48。农村居民恩格尔系数由 2015 年的 0.36 下降到 2017 年的 0.34；城市建成区绿地覆盖率从 2015 年到 2017 年上升了 1.04%。

第三节　推动社会共享高质量发展的举措

一、湖北着力推进卫生健康事业高质量发展

推动新旧动能转换，实现卫生健康事业高质量发展，必须着力在卫生健康体系构建与制度设计、资源整合与机制联动、科技与人才保障等关键要素上下功夫。

(一)坚持五项基本医疗卫生制度，构建以“大健康”为核心的制度体系

世界卫生组织指出“100%健康＝15%遗传因素＋17%环境因素＋8%医疗＋60%生活方式”。可见，健康不仅是没有疾病，而且是身体、心理和社会适应的完好状态。为此，构建“大健康”制度体系，应该以分级诊疗、现代医院管理、全民医保、药品供应保障、综合监管这“五项基本医疗卫生制度”为基础，建立起涵盖提高健康水平、普及健康生活、优化健康服务、完善健康保障、建设健康环境、发展健康产业等在内的新制度体系。这个体系在时间和对象上覆盖所有人群，从生命孕育到生命终止。在维护健康主体上，从主要靠医院救治病人维护健康，转向党委政府、社会、行业和个人共同发力，尤其是政府要树立大健康整体观，注重资源配置的均衡性，将健康政策融入万策。在健康干预策略上，坚持预防、保健、治疗“三位一体”，相互联动，协同发力。

(二)整合各方资源，完善“大健康”制度体系的有效协同机制

重点建立健全有利于健康的生活方式、生态环境和经济社会发展的大健康政府治理机

制；建立健全卫生计生部门牵头、各部门各负其责、协调联动的大健康部门协同机制；建立健全以医保资金总额预付、结余留用为核心，以向基层和防控一线倾斜的薪酬制度为重点的激励机制；建立健全以健康期望寿命、国民体质标准、居民健康素养水平、体育锻炼人数、慢性病管理、空气质量优良天数、水质改善情况、公共安全、健康服务业规模等为重要指标、融入党和国家重大政策的大健康评价机制；建立健全纳入各级政府目标责任管理，政府负主体责任、部门联动、社会参与的大健康考核机制。

（三）充分发挥科技、人才的保障作用，推动"大健康"体系创新发展

建立医企研融合创新平台，大力推动慢性病防控、精准医学、智慧医疗等关键技术突破，着力落实创新药物开发、高端医疗器械运用及国产化、适宜技术推广、中医药现代化等任务，全力发展基因组学技术、干细胞与再生医学、新型疫苗、生物治疗等医学前沿技术。大力实施健康人才保障工程，加强基层人才队伍建设，建立公共卫生与临床医学复合型人才培养机制，加强紧缺专业人才培养培训，加强具有国际领先水平的高层次人才队伍建设，推进健康管理人员专业化、职业化。

二、上海居民收入快速增长与城乡收入比下降分析

2018 年，上海市居民收入实现较快增长，增速同比有所提高。农村居民收入增速连续10 年快于城镇居民，城乡居民收入比进一步缩小。

（一）居民收入较快增长，实际增速高于 GDP 增速

2018 年，上海居民人均可支配收入 64183 元，比上年增长 8.8%，扣除价格因素，实际增长 7.1%，同比提高 0.3%。上海居民收入实现较快增长，实际增速高于 GDP 增速 0.5%。

其中，城镇居民人均可支配收入 68034 元，增长 8.7%，扣除价格因素，实际增长 7.0%，同比提高 0.3%。农村居民人均可支配收入 30375 元，增长 9.2%，扣除价格因素，实际增长 7.5%，同比提高 0.3%。农村居民人均可支配收入首次突破 3 万元大关，增速连续 10 年快于城镇居民，城乡居民收入比进一步缩小至 2.24。

（二）收入水平整体提升，四大来源均保持增长

工资性收入占主导地位。2018 年，上海居民人均工资性收入 37137 元，比上年增长 8.1%，增量占可支配收入增量的 53.4%，拉动可支配收入增长 4.7%。主要因素：一是上海经济运行总体平稳，就业结构不断优化，带动职工工资收入稳定增长。二是上海职工最低工资标准的上调和企业工资指导线的发布，助力职工工资水平提高。三是新的工薪所得起征点以及税率调整切实减轻纳税人的税收负担，使个人所得税税负水平更趋合理，有利于提高普通在职职工收入水平。

经营净收入增长较快。2018 年，上海居民人均经营净收入为 1821 元，比上年增长 18.8%。

财产净收入增速趋于合理。2018 年,上海居民人均财产净收入为 9666 元,比上年增长 7.0%。上海房屋出租价格保持稳定,房屋租赁市场需求持续扩大,房屋租赁市场较为活跃,城镇地区居民家庭出租房屋收入增长向好。

转移净收入拉动增收作用显著。2018 年,上海居民人均转移净收入 15559 元,比上年增长 10.7%。主要因素有:一是单位退休人员基本养老金标准和城乡居保基础养老金标准提高。二是城乡居民最低生活保障标准等一系列社会救助标准上调。三是对离退休人员和困难群体的转移支付力度不断加大。

(三)收入水平领跑全国,城乡增速排名靠前

2018 年,上海居民收入绝对水平继续领先全国,居民人均可支配收入是全国平均水平的 2.27 倍。从增速排名看,上海市城镇和农村常住居民人均可支配收入增速分别并列全国第 3 位和第 8 位,排名靠前。

三、江苏就业优先确保“稳就业”

2018 年中央经济工作会议强调,要实施就业优先政策,重点解决好高校毕业生、农民工、退役军人等群体就业。2018 年,江苏城镇新增就业 153 万人,在全国首次达到第一。城镇调查失业率在 4.4%左右,城镇登记失业率为 2.97%。江苏作为产业大省、制造业大省,就业的吸纳能力较好。江苏省委十三届五次全会提出,江苏就业方面不仅要做到自身稳、质量高,还要为全国做贡献。2019 年江苏城镇新增就业目标为 120 万人。

2019 年江苏高校毕业生将达创纪录的 56.2 万人,还要促进 15 万名农村劳动力转移就业,帮扶 8 万名建档立卡低收入农户劳动力就业创业,任务艰巨。新增城镇就业 120 万人的目标正是基于对江苏经济形势总体分析和现实需求的基础上提出来的。

(一)就业创业扶持政策的支撑

就业形势总体稳定的背后是一系列实招、硬招的强力支撑。近年来,江苏省委、省政府把就业创业工作摆上更加重要的位置,密集出台一系列涉及面广、针对性强的就业创业扶持政策。

2018 年底,省政府出台关于做好当前和今后一段时期促进就业工作的实施意见,加快推动困难企业社保费返还、技术技能提升补贴等政策尽快落地实施,并将就业见习补贴范围由离校未就业高校毕业生扩展至 16～24 岁失业青年。新政实施给省内企业和职工带来实惠超过 300 亿元。

2019 年 5 月 1 日起,江苏将养老保险单位缴费比例统一降至 16%。经测算,降费后可给企业减负 230 亿元,对就业稳定起到了很好的推动作用。

(二)经济可持续发展的支撑

稳就业不仅是政策,更是来源于经济的可持续发展。数据显示,2019 年一季度江苏经

济运行稳中向好，江苏规模以上工业增加值同比增长5.3%，其中3月份规模以上工业增加值同比增长9.8%，创2014年8月以来的最高增速。江苏三产服务业增加值同比增长7%，高于GDP增速0.3%。第三产业每100万元增加值吸纳的就业为8.1人，比第二产业高1.6人，就业吸纳能力进一步增强。

经济拉动与政策效果叠加的最直观体现在就业市场的热度上。仅春节后，江苏就密集举办各类就业招聘活动超过2500场次。一季度，江苏公共人力资源市场提供招聘岗位173.28万个(次)，登记求职145.19万人(次)，求人倍率为1.19，就业市场上的岗位数多于求职人数。

(三)解决就业的结构性矛盾

随着产业结构调整和转型升级步伐的加快，就业的结构性矛盾也日益凸显，如部分专业高校毕业生供过于求和紧缺专业人才短缺的就业结构性错配；传统劳动密集型产业通过“机器换人”“智能制造”等方式转型升级，高技能人才短缺等。

为适应地方经济发展对高素质大学生的就业需求，江苏教育主管部门近年来积极调整高等学校专业设置，严格控制重复设置过多、社会需求不大、就业前景不好、现有基础不实的专业，鼓励高校新增专业主要用于社会经济发展急需领域，逐步建立对接社会需求、与就业市场相适应的专业结构调整机制。

江苏人力资源和社会保障部门推出3年10万人的就业见习计划，考核认定2665家就业见习基地，力争使每一个有见习意愿的青年都能获得见习机会。

人社部门还在毕业生离校前后加强与教育部门的信息衔接和资源共享，及时准确掌握毕业生的实名制信息和就业需求，在职业介绍、职业指导、职业培训等方面多方合力，支持高校开展各类求职招聘活动，打造便捷、畅通、高效的就业直通车。

创业是更高层次的就业。近年来，大众创业、万众创新正成为江苏拉动经济增长的新引擎、扩大就业的主阵地。2018年江苏日均新创设企业4500户。2019年江苏将强化创业引领，遴选资助500个江苏省大学生优秀创业项目，引导更多有意愿、有能力的高校毕业生创业创新。

为破解经济转型过程中高技能人才短缺的瓶颈，国务院2019年年初下发通知，要求到2022年，一大批普通本科高等学校向应用型转变，建设50所高水平高等职业学校和150个骨干专业(群)，大幅提升新时代职业技术教育现代化水平，为促进经济社会发展和提高国家竞争力提供优质人才资源支撑。作为中国职业技能教育和培训最发达的地区之一，江苏正积极对接企业需要和市场需求，大规模开展职业技能培训，通过培训升级释放更多人才红利，支撑产业升级。推行终身职业技能培训制度，实施重点群体免费接受职业培训行动，重点面向企业职工、离校未就业高校毕业生、去产能职工、建档立卡低收入农户劳动力、农民工等群体，确保全年培训200万人次以上，做到有培训意愿的劳动者“应培尽培”。

四、浙江"千村示范、万村整治"的久久为功

浙江自2003年实施的"千村示范、万村整治"工程有力支撑了浙江乡村面貌、经济活力、农民生活水平走在全国前列，为我国建设美丽中国、实施乡村振兴战略等带来实践经验。

浙江"千村示范、万村整治"工程推进的16年间，经历3个阶段：2003—2007年示范引领，1万多个建制村推进道路硬化、卫生改厕、河沟清淤等；2008—2012年整体推进，主抓畜禽粪便、化肥农药等面源污染整治和农房改造；2013年以来深化提升，攻坚生活污水治理、垃圾分类、历史文化村落保护利用。

由浅入深，从点到面。随着"千村示范、万村整治"工程广度和深度的拓展，"美丽乡村"的内涵也不断丰富。从美丽生态，到美丽经济，再到美丽生活，"三美融合"带给浙江乡村勃勃生机，这也昭示建设生态文明、构建美丽中国也是一个系统、长期的过程。

浙江以"千村示范、万村整治"工程为重点促进乡村振兴，推动二元结构向城乡融合跃升。以"千万工程"获联合国"地球卫士奖"为新起点，把实施乡村振兴战略、促进城乡协调发展放到更加突出位置。充分发挥好浙商优势和市场优势，推动形成工商资本和人才"上山下乡"的更大热潮；坚持因地制宜、精准施策，补齐美丽城镇建设短板，打造山海协作升级版；发扬工匠精神，更加注重文化内涵，把每一个乡村都作为艺术品来打造；坚持和发展新时代"枫桥经验"，加快构建自治、法治、德治相结合的乡村治理体系，让协调成为浙江发展内生特点。党的十八大以来，浙江城乡居民收入比从2.14缩小至2.04，城镇化率从63.2%提高到68%。截至2017年底，浙江省累计有2.7万个建制村完成村庄整治建设，占浙江建制村总数的97%；74%的农户厕所污水、厨房污水、洗涤污水得到有效治理；生活垃圾集中收集、有效处理的建制村全覆盖，41%的建制村实施生活垃圾分类处理。

五、贵州五措并举提升森林覆盖率

2018年，贵州完成营造林520万亩，森林抚育600万亩，低质低效林改造100万亩，森林覆盖率提高到了57%。2018年11月30日，贵州省人民政府办公厅发布了《关于印发〈生态优先绿色发展森林扩面提质增效三年行动计划(2018—2020年)〉的通知》，到2020年，将实现森林覆盖率达到60%，森林蓄积量达到4.71亿立方米，城市建成区绿化覆盖率达到35%，林业增加值年均增长10%以上，助推生态补偿脱贫78万人的目标。根据计划，重点任务聚焦在扩大森林面积、提升森林质量、强化生态保护、发展林业产业及实施生态脱贫5个方面。

(一)扩大森林面积

大力实施青山工程。开展大规模国土绿化行动，启动新一轮绿色贵州建设，实施项目化集中连片造林，完善造林失败地、因灾受损造林地核销重新造林制度，全域绿化宜林荒山荒

地。实施长江经济带生态修复，对石漠化和水土流失严重区域实施综合治理，提高植被覆盖率。制定严格的封禁措施，扩大封山育林范围，自然恢复生态。加快关停矿山、地质灾害区及采矿、排土、采砂等区域的造林绿化。

大力实施退耕还林还草和种植业结构调整。积极争取国家专项投资，依法依规、科学合理整合其他工程项目，对全省符合政策的耕地实施退耕还林还草。对不能实施退耕还林还草的坡耕地，调整种植结构，增加森林植被。全省重要水源地15°～25°坡耕地主要营造茶叶、花卉苗木和精品水果，25°以上坡耕地主要营造木本粮油和木本中药材等经果林。

大力实施城乡绿化美化。严格控制城镇开发边界，规划控绿、拆违建绿、择空补绿、见缝插绿、立体增绿，开展环城林带绿化、街道绿化、道路绿化、社区绿化、河道绿化，拓宽绿化空间。推进美丽乡村绿化美化，积极开展“四旁”(村旁、宅旁、水旁、路旁)绿化。新建或提升完善城郊周围、旅游景区、交通沿线、河湖沿岸、乡镇村寨等区域绿化美化110万亩以上。创建绿色示范工厂和示范园区，建设生态家园。推行节地生态安葬，推进陵园墓地园林化建设。开展森林城市系列创建活动，到2020年，建成9个国家级森林城市、30个省级森林城市、50个森林乡镇、500个森林村寨、5000户森林人家。

大力实施社会化造林。探索以奖代补、赎买租赁、以地换绿、先建后补、占一补一、贷款贴息、抵押担保等造林绿化方式，引导金融资本、工商资本、社会资本投资参与国土绿化。鼓励家庭、合作社、企业创办林场。创新全民义务植树模式，提高尽责率，完善五级干部义务植树机制，开展“互联网+全民义务植树”活动，组织动员各行各业、社会各界、学校院校通过众筹、领养、募捐等方式参与植树造林，每年义务植树5000万株以上。

(二)提升森林质量

着力提高造林质量。加大良种基地建设，大力培育良种和乡土珍贵树种苗木，推行订单育苗、定向培育、就近生产、本地供应。因地制宜确定造林方式，宜造则造、宜封则封、宜乔则乔、宜灌则灌，重点营造经济林和防护林，扩大混交林比例，培育大径级用材林、珍贵树种、木本粮油、精品水果以及本地特色优势树种。严格执行造林技术规程，加强造林全过程监督管理，工程项目造林成活率达85%以上、保存率达80%以上。

切实加强森林经营。推进森林抚育和退化林修复，优化森林结构，推广多功能近自然森林经营技术和农林复合经营技术，构建健康稳定优质高效的森林生态系统。完成森林抚育1800万亩、低质低效林改造300万亩。

推进国家储备林建设。按照集约化、基地化、规模化、标准化要求，以国有林场为重点，建设国家储备林基地。鼓励和引导乡村林场、林业大户、林业合作社、股份制林场、林业企业等参与国家储备林建设。完成国家储备林建设500万亩以上。

(三)强化生态保护

全面保护天然林和公益林。完善天然林保护制度，全面停止天然林商品性采伐，实现天然林保护全覆盖。严格管护公益林，严格限制建设用地占用公益林地。大力实施公益林地补植或封育，逐步提升生态功能。

全面管控林业生态红线。共抓长江经济带大保护，深入推进“六个严禁”执法专项行动，依法打击破坏森林资源行为。建立森林资源一体化监测体系，全方位、全天候监测监管森林资源、湿地资源。

全面保护和恢复湿地资源。完善湿地保护制度，建立多部门共管的湿地保护协调机制，形成以湿地保护区、湿地公园、湿地保护小区为基本格局的保护治理体系。全省湿地保有量不低于315万亩，建成湿地公园70个、湿地保护小区200个，湿地保护率达到50%以上。草海力争建成国际重要湿地。

全面构建生物多样性保护网络。对现有保护地进行功能界定和优化重组，新建或晋升2～3个省级自然保护区，分期构建生态廊道和森林步道，提升生态系统的质量和稳定性。统筹山水林田湖草，探索建设以国家公园为主体的自然保护地体系，启动习水、赤水等国家公园建设。建立健全野生动物肇事补偿制度，提升创建珍稀濒危野生动物人工繁育、野生植物保育基地，组织开展珍稀濒危物种野外救护、极小种群资源拯救，启动珍稀野生动物野化放归工程，升级改造各类动（植）物园，确保黔金丝猴、黑叶猴、银杉、楠木、大厂茶等种群扩大、数量稳步回升。

全面加强森林防火和林业有害生物防治。加强森林火灾预防、扑救、保障三大能力建设，构建全民联防、全民联控机制。市（州）县组建森林防火专业队伍，乡（镇）组建森林防火消防队，村（组）建立森林义务消防队。加强森林防火隔离带、防火通道和防火预警监测系统建设，新建县级防火用房5000平方米以上、视频监控系统200套以上，年度森林火灾受害率控制在0.8‰以内。提升林业有害生物应急防控能力，建立外来入侵物种监测体系和全过程可追溯检疫监管体系，年度林业有害生物成灾率控制在2‰以下、无公害防治率90%以上。

（四）发展林业产业

建设产业基地。优化生态林、用材林、经济林比例，调整林种结构，提升森林经济效益。建设刺梨、油茶、核桃、竹、花卉苗木及珍贵林木、木本中药材、工业原料林、生态精品水果、生态有机茶叶、国家储备林等十大林业产业基地。推进林业产业集聚发展，构建林产品精深加工产业集群和产业带，开发高端精品，拓展刺梨、油茶、核桃等贵州特色生态产品的市场占有率。

发展林下经济。加大林地空间利用力度，发展立体复合型经营，以林草、林茶、林药、林菌、林蜂、林禽、林畜、森林产品采集、野生动物驯养繁殖等为主，发展周期短、见效快的绿色富民产业。全省林下经济建设利用林地面积3000万亩以上，其中林下种植500万亩、林下养殖1500万亩、林下产品采集加工700万亩、森林景观利用300万亩。

发展森林旅游和森林康养。依托优质森林资源，开发观光、休闲、养生、体育、探险、理疗等特色旅游产品。打造森林生态旅游精品路线10条，建成国家生态旅游示范区4个以上，国家级森林公园30个，省级森林公园45个，森林康养基地100个，森林旅游占全省旅游总收入的30%以上。

培育市场主体。鼓励支持造林大户、合作组织、林业企业等经营主体发展林业产业。建立健全林业产权交易平台，完善集体林权制度改革，推行林地所有权、承包权、经营权“三权”分置，放活林地经营权。加快贵州森林资源资产评估体系建设，促进森林资源资产化。建设林业电子商务平台，利用京东、淘宝、阿里巴巴等网络营销平台发布全省林产品信息，扩大林产品交易，助力“黔货出山”。实施刺梨、油茶、核桃等森林生态标志产品建设试点。建立森林认证体系，打造一批独具贵州特色的绿色森林生态品牌产品。建成国家级林业产业示范园区3个以上，国家级龙头企业10家以上，省级龙头企业200家以上；打造林业产业大县20个以上，培育亿元级产值林业企业30家以上。

(五)实施生态脱贫

推进森林生态效益补偿脱贫。完善森林生态效益补偿机制，到2020年将地方公益林补偿标准提高到每年每亩15元。及时兑现森林生态效益补偿资金，带动30万建档立卡贫困户、100万贫困人口增收。

推进森林保护购买服务脱贫。按照“应聘尽聘”的原则，继续从建档立卡贫困人口中选聘生态护林员，2020年护林员队伍规模达9.67万人，带动建档立卡贫困户5.2万户、20万人脱贫。开发多种形式的林业公益岗位，组织贫困人口参与森林防火、天然林保护和巡山护林。鼓励有条件的地区为生态护林员缴纳意外伤害保险、见义勇为保险，按规定缴纳医疗保险，防止因灾因病返贫。

推进森林生态赎买脱贫。开展森林生态赎买和资产置换试点，国家级和省级自然保护区、国家湿地公园、国家森林公园等重点区位内禁止采伐的非国有商品林调整为公益林。

推进国土绿化脱贫。生态建设资金、项目、人才、技术向贫困地区倾斜，营造林任务优先安排在贫困地区。组建脱贫攻坚造林专业合作社，吸纳贫困人口参与造林和管护，增加贫困人口劳务收入。利用“互联网+生态建设+精准扶贫”新模式，在深度贫困地区推广单株林木碳汇精准扶贫经验。实施精品林业助推精准扶贫和乡村振兴计划，发展降香黄檀、楠木、红豆杉等珍贵林木，实现生态建设、生物多样性保护与脱贫攻坚、乡村振兴协同推进。

主要参考文献

[1] 白洁. 协同创新推动长江经济带高质量发[N]. 湖北日报，2018-06-13.

[2] 白洁. 湖北推进长江经济带建设的政策体系及重点举措[J]. 长江技术经济，2019，3(03)：31-35.

[3] 陈丽媛. 长江生态保护修复要久久为功[N]. 湖北日报，2019-04-22.

[4] 陈维灯，王翔. 是什么让重庆颜值更高气质更佳[N]. 重庆日报，2019-03-10.

[5] 陈张书. 推进制造强省建设[N]. 潇湘晨报，2019-10-09.

[6] 成长春，徐长乐. 长江经济带世界级产业集群战略研究[M]. 上海：上海人民出版社，2018.

[7] 高唯. 总书记力挺的民营经济[N]. 浙江日报，2019-11-01.

[8] 贵州省人民政府办公厅关于印发生态优先绿色发展森林扩面提质增效三年行动计划(2018—2020 年)的通知[Z]. 2018-11-30.

[9] 何建华. 共享发展的浙江经验[J]. 中共浙江省委党校学报，2017，33(03)：72-77.

[10] 何寿奎. 长江经济带环境治理与绿色发展协同机制及政策体系研究[J]. 当代经济管理，2019(8)：57-63.

[11] 胡晓军. 江西：绿色生态促高质量发展[N]. 光明日报，2019-03-04.

[12] 胡永进，何文泉. 安徽省首次发布创新发展指数[N]. 中国信息报，2018-12-25.

[13] 湖北省人大常委会关于大力推进共享发展的决定[N]. 湖北日报，2016-07-29.

[14] 金梁. 浙江绿色发展财政奖补机制实施一年初见成效[N]. 浙江日报，2018-06-08.

[15] 李剑军. 湖北长江经济带十大战略性举措成果丰硕[N]. 湖北日报，2019-10-08.

[16] 刘慧，陈蓉蓉. 久久为功，让新农村魅力无穷——浙江扎实推进“千村示范、万村整治”工程纪实[N]. 经济日报，2018-12-30.

[17] 刘开雄. 重庆在推进西部大开发形成新格局中展现新作为[N]. 新华网，2019-09-11.

[18] 刘洋. 云南：绿色发展“三张牌”[N]. 云南日报，2019-03-20.

[19] 刘伊曼，赵玲玲. 绿色发展的技术支撑研究[J]. 现代商贸工业，2019，40(19)：

187-188.

[20] 鲁明川. 绿色发展的浙江之路[N]. 浙江日报，2019-02-18.

[21] 彭智敏，汤鹏飞，吴晗晗，等. 长江经济带高质量发展指数报告[M]. 武汉：长江出版社，2018.

[22] 秦尊文. 长江经济带城市群战略研究[M]. 上海：上海人民出版社，2018.

[23] 秦尊文. 长江经济带研究与规划[M]. 武汉：湖北人民出版社，2015.

[24] 申斯春，蔡怀平. 江苏开启“化工新时代”[J]. 环境经济，2019(12)：44-47.

[25] 守护一江碧水两岸青山建设山清水秀美丽之地[DB/OL]. http://news.cnr.cn/native/gd/20170110/t20170110_523463854.shtml.

[26] 孙志刚，谌贻琴. 夺取脱贫攻坚同步小康的全面胜利[N]. 人民日报，2019-07-31.

[27] 王慧敏，王珂. 上海高质量发展：海纳百川势如虹[N]. 人民日报，2019-09-15.

[28] 王甜. 科技赋能，制造业注入“绿”动能[N]. 新华日报，2019-9-4.

[29] 王运才，蓝天蔚，戴艳. 改善民生是最大的责任[J]. 老区建设，2012(05)：8-12.

[30] 王振. 长江经济带蓝皮书(2016-2017)[R]. 北京：社会科学文献出版社，2018，1(1)：295-308.

[31] 魏少平. 江苏打出绿色金融“组合拳”[N]. 中国化工报，2019-08-23.

[32] 吴晗晗. 湖北推进长江经济带绿色发展举措及思路建议[N]. 人民长江报，2018-11-03(005).

[33] 吴先满，张立冬. 民生改善与江苏经济发展转方式提质效[J]. 唯实，2016(05)：55-59.

[34] 喻文苏，张晓莉. 四川“卫生＋”推动健康资源共享[J]. 医学与社会，2019，32(03)：48.

[35] 张忠家. 推动长江经济带发展要正确把我五个关系[N]. 经济日报，2019-08-08.

[36] 张韩虹. 2018 年生态治理成果丰硕——江苏探索绿色高质量发展新路[N]. 江苏经济报，2019-04-29.

[37] 张韩虹. 江苏纺织劲刮“绿色”清风[N]. 江苏经济报，2019-9-6.

[38] 张晋. 以新旧动能转换推进卫生健康事业高质量发展[J]. 政策，2018(07)：54-56.

[39] 张竞. 2018 年四川旅游迈入“万亿级”产业集群[N]. 四川日报，2019-02-19.

[40] 张静. 以创新合作推动长江中游城市群高质量发展[N]. 湖北日报，2018-05-04.

[41] 张可. “就业优先政策”首次置于宏观政策层面，江苏今年定下 120 万“小目标”

[DB/OL]. http://www.sohu.com/a/299684195_260204.

[42] 张鹏丹. 四川省社会组织参与社会治理的现状与对策研究[D]. 成都:西南交通大学,2017.

[43] 张海涛. 大数据融合推动贵州转型升级高质量发展[N]. 贵阳日报,2019-06-20.

[44] 赵向往,吕子卉. 南通举办 2019 中国森林旅游节[N]. 中国绿色时报,2019-08-28.

[45] 郑雪. 习近平绿色发展思想及实现路径探析——基于"绿色浙江"建设实践[J]. 中共桂林市委党校学报,2017,17(03):19-22.

[46] 2018 年上海居民收入 64183 元,上海人均收入增速多少[DB/OL]. http://www.mnw.cn/news/cj/2143736.html.

后　记

推动长江经济带发展，是以习近平同志为核心的党中央作出的重大决策，是关系国家发展全局的重大战略。2018 年 4 月，习近平总书记调研深入推动长江经济带发展并主持召开座谈会，强调要正确把握五大关系，使长江经济带成为引领我国经济高质量发展的生力军。2019 年 10 月，中国共产党第十九届中央委员会第四次全体会议通过了《中共中央关于坚持和完善中国特色社会主义制度、推进国家治理体系和治理能力现代化若干重大问题的决定》，报告明确指出“坚持和完善社会主义基本经济制度，推动经济高质量发展”。实现高质量发展是推动长江经济带发展的重要路径和目标，而开展长江经济带高质量发展的评价是其中一项重要任务。

湖北省社会科学院研究团队在 2018 年长江经济带高质量发展指数研究的基础上，于 2019 年再次启动了该指数的研究。本书就是这项研究的主要成果，全书共 7 章内容，首席专家为彭智敏，各章节执笔人及具体分工情况如下：第一章周睿全；第二章汤鹏飞、冯盛、谭颖；第三章汤鹏飞；第四章吴晗晗；第五章白洁；第六章李春香；第七章赵霞，全书由彭智敏统稿，汤鹏飞、吴晗晗为技术负责人。湖北省社科院区域经济学专业的研究生冯盛、康晓倩、谭颖、刘威、艾东、朱艳娟参与了数据的收集与整理，为指数测算和书稿完成打下了良好的基础。

在本书完成之际，有以下几点感想：一是长江经济带高质量指数评价是一个动态持续的过程。由于国家高质量发展统计监测指标体系、绩效评价体系正在研究建立中，尚未正式出台，2018 年和 2019 年完成的长江经济带高质量发展指数研究是一个不断探索、研究的过程，未来，我们湖北省社会科学院的研究团队将持续地、深入地推进这一研究。二是长江经济带高质量指数评价是一个不断吸收理论和实践成果的过程。当前，我国诸多学者从理论层面开始了长江经济带高质量发展评价的研究，江苏省、湖北省等省市也从实践层面开展了高质量发展考核的评价，无论是学者的理论研究，还是各省市的实践探索，为下一步丰富和完善本指数报告研究提供了借鉴和参考。三是长江经济带高质量指数评价是一个不断完善的过程。尽管我们团队为长江经济带高质量发展指数的相关研究付出了大量的时间和精力，但受多种因素的影响，研究依然存在着一些局限性和值得深入研究的内容，也难免存在一些疏忽和错误，恳请读者批评指正！在未来的研究中，我们将不断完善指标体系和评价方法，并愿意充分吸收同仁的相关成果，共同完善长江经济带高质量发展指数的评价。

本项目的研究得到了多方的支持，湖北省社会科学院的张忠家书记对本项目研究和图书出版工作一直非常重视，并给予了具体指导，刘光远院长、杨述明副院长、袁北星副院长、魏登才秘书长等院领导对本项研究都提出了不少建设性意见。长江出版社为本书编辑出版付出了辛勤劳动，谨此一并致谢！

30 多年前，湖北省社会科学院开始关注、重视长江流域经济社会发展研究，并在全国率先成立了专门的研究机构——长江流域经济研究所，但关于长江经济带高质量发展是一项全新的理论研究，其实践探索仍然任重道远。希望本书的研究能对促进这一伟大的事业作出一份贡献，期待与我国学者和相关政府部门共同携手，完善长江经济带高质量发展的评价体系，助力长江经济带高质量发展。

彭智敏

2019 年 11 月 30 日于武汉东湖